그리스도를 닮아 가는 삶의 원리

작은 예수의 영성

2

그리스도를 닮아 가는 삶의 원리
작은 예수의 영성 2 인도자용

지은이 이영훈
펴낸이 김명식
펴낸곳 (주)넥서스

초판 1쇄 인쇄 2014년 2월 20일
초판 2쇄 발행 2014년 2월 28일

출판신고 1992년 4월 3일 제311-2002-2호
121-840 서울시 마포구 양화로 8길 24
Tel (02)330-5500 Fax (02)330-5555

ISBN 978-89-6790-770-9 04230
978-89-6790-766-2 (세트)

www.nexusbook.com
넥서스CROSS는 (주)넥서스의 기독 브랜드입니다.

그리스도를
닮아 가는
삶의 원리

A Little Jesus-The Spiritual Formation

작은 예수의 영성 2

이영훈 지음

| 인도자용 |

넥서스CROSS

머리말

예수님을 닮아 가는 것이 영성의 목적입니다

요즈음 '영성'(靈性)이라는 말이 우리 사회 다방면에서 언급되고 있습니다. 그리스도인들과 교회뿐 아니라 기업을 비롯한 세상 사람들까지 영성을 이야기하기 시작했습니다. 미래학자들은 21세기에는 '정보화시대'가 끝나고 '영성의 시대'가 열릴 것이라 말하고 있습니다. 그리하여 세계적인 기업들은 영성을 경영전략으로 활용하려는 움직임을 보이고 있습니다. 그러나 세상이 말하는 영성은 온전하지 못합니다. 그들은 영성의 근본을 이해하기보다는 상업적으로 이용하기에 바쁠 따름입니다.

성경이 가르치는 영성은 무엇보다 예수 그리스도의 십자가 복음에 철저히 기초합니다. 인간은 본래 하나님에게 찬양과 경배를 드리며 살도록 지음 받았지만, 인간의 죄로 인하여 하나님과의 관계가 파괴되고 말았습니다. 그래서 모든 사람은 죄 가운데 태어나서 죄 가운데 살다가 죄 가운데 죽을 수밖에 없는 존재가 되었습니다. 그러나 하나님은 예수 그리스도를 이 땅에 보내셔서 십자가에 못 박혀 죽게 하심으로써 인류의 모든 죄를 대속하셨습니다. 그리하여 누구든지 예수님을 구주로 영접하기만 하면 구원을 받습니다. 하나님과의 관계가 다시 회복되는 것입니다.

이처럼 십자가 대속의 은혜로 구원받아 하나님의 자녀가 된 우리는 '작은 예수'가 되어 그 은혜에 대한 감사와 감격 가운데 예수님이 가신 길을 따라가야 합니다. 예수님처럼 사랑하고, 예수님처럼 순종하며, 예수님처럼 겸손한 자세로 이웃과 사회를 섬기며 살아야 합니다. 기독교 영성의 목표는 다른 데 있지 않습니다. 예수님처럼 되는 것, 예수님을 닮아 가는 것이 바로 우리가 추구하는 영성의 목적입니다.

그러나 이것은 우리 인간의 힘과 노력으로는 가능하지 않습니다. 우리가 '작은 예수'로서 살아가기 위해서는 항상 성령으로 충만함을 받아야 합니다. 매사에 성령님을 인정하고 환영하고 모셔 들여야 합니다. 성령님이 아니고는 아무도 예수님을 닮아 갈 수 없기 때문입니다. 우리는 성령님의 인도하심을 따라 말씀과 기도로 주님과 교제하는 훈련을 받아야 합니다. 그래야만 절대 긍정의 믿음을 통해 고난과 역경을 이겨내고, 예수 그리스도의 복음을 증거하며 열매 맺는 삶을 살아갈 수 있습니다.

《작은 예수의 영성》은 예수님을 믿고 그분을 닮아 가기를 소망하며 꿈꾸는 이 땅의 '작은 예수'들을 위해 기획되었습니다. 이 책으로 훈련하는 모든 분이 성령님의 인도하심을 따라 예수님과 함께 죽고 예수님과 함께 사는 '작은 예수'가 되어 하나님에게 크게 쓰임 받게 되시기를 간절히 기도드립니다.

여의도순복음교회 당회장

이영훈 목사

추천사

작은 예수로 살 길을 제시하는 고마운 책

예수님은 이 땅에 오셔서 영혼 구원과 치유, 죄 용서와 사랑, 온유와 겸손, 꿈과 희망 등 수많은 것을 보여 주셨습니다. 그리고 보혜사 성령님을 보내셔서 우리로 성령 충만함을 받아 예수님의 발자취를 따라 살도록 하셨습니다(벧전 2:21). 우리가 예수님의 흔적을 따라 살면서 우리도 그와 같은 열매를 맺으면 작은 예수가 되는 것입니다.

그런데 작은 예수로서 이 세상을 살아가는 것은 굉장히 힘든 일입니다. 왜냐하면 세상이 우리가 작은 예수로 살아가는 것을 그냥 바라만 보고 있지 않기 때문입니다. 우리가 작은 예수로서 하나님의 말씀을 증거하고, 병든 세상을 고치고, 절망에 빠진 사람들에게 희망을 전하는 성령 충만한 삶을 살면 세상이 우리를 싫어하고 수많은 고난에 빠뜨리기 때문입니다. 그러므로 우리가 작은 예수로 살기로 작정한 다음에는 고난받을 각오를 하고 살아가야 합니다.

예수님도 우리가 작은 예수로 살아가면 세상이 우리를 미워할 것이라고 말씀하셨습니다(요 15:18~19). 바울 사도도 우리가 그리스도와 함께 영광을 받기 위하여 고난도 받아야 한다고 말했습니다(롬 8:17). 그러나 우리가 고난을 두려워하지 않아도 되는 것은 예수님이 이미 십자가에서 세상을 다 이겨 놓으셨으므로 우리가 성령 충만을 통해 날마다 예수님과 동행하면 어떠한 고난도 이겨낼 수가 있기 때문입니다(요 16:33).

이영훈 목사님의《작은 예수의 영성》에는 우리가 작은 예수로서 이 세상에서 하나님에게 영광을 돌리며 살 수 있는 길이 자세히 제시되어 있습니다. 저는 이 교재를 통해 많은 성도가 작은 예수의 삶을 살아갈 수 있기를 바라며 기쁜 마음으로 추천합니다. 아무쪼록 이 책을 통해 보다 많은 그리스도인이 명실상부한 작은 예수가 되어 어둔 세상을 밝히는 빛과 소금의 직분을 다함으로써 하나님에게 영광 돌리시기를 희망합니다.

여의도순복음교회
원로목사 조용기

교재 활용법

그리스도를 닮아 가는 작은 예수들에게

1. 본 교재는 그리스도인들이 예수 그리스도를 닮은 '작은 예수'가 되어 가는 일에 도움을 드리기 위해 고안되었습니다.

단지 성경 지식을 배우는 차원을 넘어서서, 지금도 살아 계시는 예수님과의 만남 속에서 그분을 알고, 그분을 닮아 가는 일에 초점을 맞추시기 바랍니다. 또한 이 일이 나의 힘과 능력으로 되지 않고 오직 성령님의 인도하심에 순종할 때에만 가능하다는 사실을 인정하고, 매 순간 성령님을 의지하시기 바랍니다.
기도수첩을 활용하여 훈련을 받는 동안 경험하게 될 하나님의 응답을 기록하십시오. 서로를 위해 중보기도하며 작은 예수로 성장해 갈 과정을 기대하십시오.

2. 본 교재는 처음부터 끝까지 읽어 가면서 꼭 기억해야 할 중심 성경 말씀을 손으로 기록하고, 질문에 답을 쓰도록 고안되었습니다.

교재를 단순히 읽는 데서 그치면 안 됩니다. 책을 공부하면서 배운 성경적 원리를 여러분의 삶에 적용해야 합니다. 이를 위해서는 먼저 교재에 나와 있는 성경을 쓰면서 깊이 묵상하고, 질문에 답을 적어야 합니다. 교재의 많은 부분이 말씀 공부(쓰기)와 묵상, 기도를 통해 예수님을 닮아 가도록 여러분을 이끌어 줄 것입니다.

3. 본 교재의 성경 구절과 예화를 충분히 활용하시기 바랍니다.

매 단락마다 본문의 이해를 돕기 위한 성경 구절과 예화들이 있습니다. 우리는 어느 구절, 어느 이야기에서 하나님이 은혜를 주시고 깨달음을 주실지 모릅니다. 그러므로 작은 한 부분이라도 놓치지 말고 이를 통해 말씀하시는 주님의 음성에 귀를 기울이시기 바랍니다.

4. 은혜받은 부분이나 궁금한 것이 있으면 기록하시기 바랍니다.

교재를 읽으면서 느낀 바를 그때그때 양쪽의 여백에 기록하는 것이 좋습니다. 작은 것 하나라도 하나님이 주신 깨달음이 있다면 잊지 말고 복습할 수 있도록 반드시 기록하시기 바랍니다. 또한 책을 읽으면서 이해가 되지 않거나 궁금한 점이 있으면 적어 두었다가 모임 시간에 질문을 해도 좋습니다.

5. 정해진 시간에 모임에 참석하여 훈련을 받으시기 바랍니다.

예수님을 따르는 길은 좁고 협착하여 찾는 이가 적습니다(마 7:14). 그 길을 가기 위해서는 교회에서 주 안에서 형제자매가 된 다른 성도들의 도움을 받는 것이 반드시 필요합니다. 정기적으로 모임에 참석하여 함께 공부하면서 각자의 삶을 공유하고 받은 은혜와 결단을 나눌 때 큰 유익이 있다는 사실을 발견하게 될 것입니다.

모임 진행 방법

찬양과 기도	1. 함께 찬송합니다. 2. 미리 정해진 순서에 따라 모임을 위해 대표 기도합니다.
출석 및 과제 점검	1. 출석을 체크하고 예습(교재 읽기, 성경 쓰기, 문제 풀기), 중보기도(기도수첩) 등의 과제를 점검합니다. 2. 성경 암송 과제를 점검하고 함께 암송합니다.
배움과 나눔	1. 예습하면서 가장 마음에 와 닿은 내용을 돌아가면서 이야기하는 것으로 시작합니다. 2. 각 과의 핵심 주제를 생각하면서 진행하십시오. 3. 성경을 읽고 답하는 질문은 한 사람이, 개인적인 생각이나 느낌을 묻는 질문은 여러 명이 대답하도록 하십시오. 각 과의 마지막에 생각을 정리하는 질문은 가급적 모든 사람이 나누도록 합니다. 4. 어느 특정한 부분에 시간을 너무 많이 할애하지 않도록 주의하십시오.
마무리	1. 단원의 핵심을 간단히 정리합니다. 2. 함께 찬송합니다. 3. 인도자가 단원 주제에 맞는 기도 제목을 제시하고 함께 통성으로 기도합니다(중보기도도 함께). 인도자가 마무리 기도를 한 후에 주기도문으로 마칩니다. 4. 다음 모임에 대해 안내합니다(핵심요약을 보고 다음 단원을 짧게 소개한 뒤에 과제를 확인합니다).

BEFORE

작은 예수의 영성 1

5장

절대긍정의 믿음의 영성

13 절대 긍정의 믿음의 근거

14 절대 긍정의 믿음을 소유해야 하는 이유

15 절대 긍정의 믿음을 소유하기 위한 훈련

우리가 받은 구원은 필연적으로 우리로 하여금 절대 긍정의 믿음을 소유하게 만듭니다. 왜냐하면 절대 긍정의 믿음은 하나님의 말씀, 예수 그리스도의 십자가 고난과 부활, 하나님의 사랑 안에서 예수 그리스도를 통해 우리에게 허락된 영생 천국과 다시 오실 예수님에 대한 소망을 근거로 하기 때문입니다. 절대 긍정의 믿음은 단순한 낙관주의적 사고방식이나 미래에 대한 막연한 기대가 아닙니다. 요행을 바라는 마음이나 더 나은 삶을 위한 방법론도 아닙니다. 절대 긍정의 믿음은 기독교 신앙의 본질입니다. 성경에 기록된 믿음의 사람들과 기독교 역사 가운데 하나님에게 귀하게 쓰임 받은 믿음의 선배들은 모두 절대 긍정의 믿음을 소유한 사람들이었습니다. 이는 절대 긍정의 믿음을 소유한 사람만이 하나님의 비전을 발견할 수 있고, 어떠한 고난과 역경 속에서도 그 비전을 성취할 수 있다는 것을 보여 주는 것입니다. 하나님은 지금도 절대 긍정의 믿음을 소유한 일꾼들을 찾고 계십니다.

이번 과에서는 절대 긍정의 믿음은 무엇을 근거로 하고 있으며, 왜 우리가 절대 긍정의 믿음을 소유해야 하며, 절대 긍정의 믿음을 소유하기 위해서 무엇을 훈련해야 하는지에 대해서 구체적으로 알아보도록 하겠습니다.

13 절대 긍정의 믿음의 근거

내가 확신하노니 사망이나 생명이나 천사들이나 권세자들이나
현재 일이나 장래 일이나 능력이나 높음이나 깊음이나 다른 어떤 피조물이라도
우리를 우리 주 그리스도 예수 안에 있는 하나님의 사랑에서 끊을 수 없으리라
〈로마서〉 8:38~39

핵심 요약 1. 하나님은 사랑이며, 우리와 사랑의 교제를 나누기 원하신다.
2. 아담과 하와의 범죄 때문에 하나님과 인간 사이의 교제가 깨어졌다. 그러나 하나님은 인간을 포기하지 않고 구원하기 원하셨다.
3. 하나님은 범죄한 인간을 구원하기 위해 독생자 예수 그리스도를 이 세상에 보내셨다.
4. 우리를 향한 하나님의 사랑을 끊을 수 있는 것은 존재하지 않는다.
5. 우리는 하나님을 '아빠 아버지'라고 부를 수 있게 되었다.

절대 긍정의 믿음은 이 세상의 지식과 지혜를 근거로 하지 않습니다. 절대 긍정의 믿음의 근거는 성경 말씀 자체입니다. 즉 우리는 성경에서 말하고 있는 삼위일체 하나님의 성품과 역사하심을 배움으로써 절대 긍정의 믿음을 소유할 수 있습니다. 또한 절대 긍정의 믿음은 성공적인 삶을 살거나 더 나은 삶의 조건을 얻기 위해 애쓰는 인간의 노력이나 의지가 아닙니다. 그것은 하나님이 우리에게 원하시는 분명한 영성이며 신앙의 자세입니다.

1. 우리를 사랑하는 좋으신 하나님 아버지

많은 사람이 하나님을 무섭고 엄격한 분으로 생각합니다. 죄를 지은 사람을 즉각 심판하고, 쉽게 용서하지 않으시는 분으로 생각합니다. 그러나 하나님은 사랑이십니다(요일 4:8). 하나님은 사랑 안에서 인간과 교제하기 위해 인간을 창조하셨습니다. 심판하고 멸망시키려고 창조하지 않으셨습니다. 벌을 주려고 자녀를 낳는 부모는 없습니다. 부모는 자녀와 사랑의 교제를 나누길 원합니다. 자녀가 자신을 두려워하고 피하는 것을 좋아할 부모는 없습니다. 하나님도 마찬가지입니다. 피조물인 우리와 사랑의 관계를 맺기 원하시는 것은 분명한 하나님의 뜻입니다. 이처럼 하나님은 사랑이시며 그 사랑 안에서 우리와 교제하기 원하시는 분이심을 우리가 분명히 알면 절대 긍정의 믿음을 소유할 수 있습니다.

오스왈드 챔버스(Oswald Chambers) 목사님의 《놀라운 하나님의 사랑》이라는 책이 있습니다. 제1차 세계 대전을 배경으로 한 이 책은 절망에 빠진 사람들에게 위로와 용기를 주는 말씀이 담겨 있습니다. 챔버스 목사님은 이 책에서 절망의 상황 속에서 가장 먼저 회복되어야 하고 가장 먼저 붙들어야 할 것이 하나님의 사랑이라고 말합니다.

모든 사람은 각각 영적 전쟁을 치러야 합니다. 이해할 수 없는 상황, 모순되어 보이는 모든 상황 속에서도 '하나님은 사랑이시라'는 것을 믿어야 합니다. 그리스도인에게 가장 중요한 것은 어떠한 상황에서든지 하나님의 사랑을 믿고 하나님을 향한 완벽한 신뢰를 유지하는 것입니다.

✣ 13~15과

- 시작 찬송: 370장, 302장
- 복음성가: 전능하신 나의 주 하나님은, 나의 안에 거하라
- 마무리 찬송: 310장

〈요한일서〉 4:8

사랑하지 아니하는 자는 하나님을 알지 못하나니 이는 하나님은 사랑이심이라

오스왈드 챔버스 (1874~1917)

찰스 스펄전의 설교를 듣고 십대에 회심했다. 에딘버러대학에서 예술과 고고학을 공부했지만 부르심을 받고 더눈(Dunoon)대학에서 신학을 공부한 후 목사가 되었다. 미국, 영국, 일본 등지를 순회하며 성경을 가르쳤으며, 영국에 성경대학을 세우고 그곳에서 강의하였다. 저서인《주님은 나의 최고봉》은 출간 이후 전 세계적으로 사랑을 받으면서 기독교의 고전 중에 고전이 되었다.

우리가 하나님의 사랑 안에 거할 때 모든 두려움과 문제를 다 물리치고 주님 안에서 기쁨과 평안함을 누리며 살아갈 수 있습니다. 그러므로 우리는 "하나님 아버지, 내 마음속에 하나님의 그 풍성한 사랑을 물 붓듯이 부어 주옵소서. 하나님의 사랑 안에 잠기게 하여 주옵소서. 사랑의 바다에 빠져 헤엄치게 하여 주옵소서. 사랑으로 인하여 모든 어려움을 이기고 승리의 삶을 살아갈 수 있게 하여 주시옵소서"라고 기도해야 합니다. 하나님의 사랑이 우리와 함께하는 한 우리는 어떠한 문제도 넉넉히 이길 수가 있습니다. 하나님의 사랑은 우리 삶의 무한한 자원이기 때문입니다.

하나님은 사랑의 교제를 나누기 원하여서 인간을 창조하셨지만, 아담과 하와의 범죄로 인해 하나님과 인간 사이에 문제가 생겼습니다. 죄가 하나님과 인간 사이를 가로막은 것입니다. 죄에 빠진 인간은 거룩하신 하나님에게 나아갈 수 없게 되었습니다. 죄의 삯인 사망을 피할 수 없게 되었습니다. 그러나 하나님은 인간을 포기하지 않으셨습니다. 하나님은 인간을 구원하기 원하셨습니다. 하나님은 아담과 하와가 죄를 범한 후, 인간을 구원하고자 하는 계획을 다음과 같이 말씀하셨습니다.

> 내가 너로 여자와 원수가 되게 하고 네 후손도 여자의 후손과 원수가 되게 하리니 여자의 후손은 네 머리를 상하게 할 것이요 너는 그의 발꿈치를 상하게 할 것이니라(창 3:15)

하나님은 아담과 하와가 범죄했을 때 그 즉시 심판하거나 벌을

✣ 심판

'심판'은 옳고 그름에 대해 판결을 내리는 것을 의미하며, 성경에서는 하나님이 내리시는 저주나 형벌을 받는 것을 뜻하는 말로 자주 사용되었다. 하나님은 예수 그리스도를 믿는 '믿음'과 그에 따르는 '행위'를 보고 모든 사람을 심판하신다.

내리지 않으셨습니다. 심판 대신 아담과 하와에게 구원의 계획을 말씀하셨습니다.

아담과 하와의 범죄 이후로 세상은 죄악이 가득하게 되었지만 하나님은 인간의 구원을 포기하지 않으셨습니다. 하나님은 사랑이며, 하나님의 그 사랑은 변하지 않기 때문입니다. 하나님은 이 세상을 사랑하십니다(요 3:16). 그런데 이 세상을 생각해 보십시오. 사랑할 만한 세상입니까? 나라와 나라, 민족과 민족 간의 전쟁이 끊이지 않습니다. 끔직한 범죄가 그치지 않을 뿐만 아니라 우상숭배, 물질만능주의, 타락한 문화가 가득합니다. 그러나 하나님은 이러한 세상을 사랑하십니다. 하나님이 이 세상을 구원하시는 방법은 사랑이며, 사랑으로 이 세상을 변화시키기 원하십니다.

내가 확신하노니 사망이나 생명이나 천사들이나 권세자들이나 현재 일이나 장래 일이나 능력이나 높음이나 깊음이나 다른 어떤 피조물이라도 우리를 우리 주 그리스도 예수 안에 있는 하나님의 사랑에서 끊을 수 없으리라 (롬 8:38~39)

하나님이 우리를 얼마만큼, 어떻게 사랑하시는지 적어 보세요.

우리를 향한 하나님의 사랑을 끊을 수 있는 방법은 존재하지 않습니다. 사람의 사랑은 변합니다. 사람의 사랑은 상대방이 나에게 주는 혜택이 있어야 지속됩니다. 상대방이 나를 사랑하지 않거나, 내가 바라는 것을 채워 주지 않으면 그 사랑은 식고 맙니다. 그러나 하나님의 사랑은 인간의 사랑과 차원이 다릅니다. 하나님은 조건 없이 사랑하시고, 혜택이 없어도 사랑하십니다. 하나님은 인간이 여전히 죄 가운데 빠져 하나님을 외면하고 살 때에 인간을 향한 하나님의 사랑을 보여 주셨습니다.

우리가 아직 죄인 되었을 때에 그리스도께서 우리를 위하여 죽으심으로 하나님이 우리에 대한 자기의 사랑을 확증하셨느니라(롬 5:8)

하나님이 변함없는 사랑으로 우리를 사랑하는 분임을 우리가 믿는다면 우리는 결코 부정적인 사람이 될 수 없습니다. 우리는 영원히 변함없는 하나님의 사랑 안에 있기 때문에 이 세상에서 겪는 일들로 인해 좌절하고 낙심할 이유가 없습니다. 하나님의 사랑은 우리 앞에 놓인 어떠한 문제와 고난도 극복하게 하는 힘과 능력입니다.

우리는 하나님을 아버지라고 부를 수 있습니다.

너희는 다시 무서워하는 종의 영을 받지 아니하고 양자의 영을 받았으므로 우리가 아빠 아버지라고 부르짖느니라(롬 8:15)

하나님은 우리의 아버지가 되시고 우리는 하나님의 아들딸입니다. 아버지가 자녀를 돌보아 주고 필요한 것을 채워 주는 것은 당연한 일입니다. 아버지는 자녀의 잘나고 못남을 떠나서 자녀이기 때문에 사랑합니다. 하나님도 우리가 세상에서 성공을 거두었든 그렇지 않든, 능력이 있든 없든, 그것과 관계없이 우리가 자녀이기 때문에 그 이유 하나만으로 우리를 사랑하고 돌보아 주십니다. 하늘에 계신 하나님 아버지께서는 자녀인 우리에게 좋은 것을 주십니다. 악한 부모도 자신의 자녀에게는 좋은 것을 주려고 한다면 사랑이신 하나님이 자녀인 우리에게 좋은 것을 주시지 않을 이유가 없습니다.

> 너희가 악한 자라도 좋은 것으로 자식에게 줄 줄 알거든 하물며 하늘에 계신 너희 아버지께서 구하는 자에게 좋은 것으로 주시지 않겠느냐(마 7:11)

2. 우리와 같이 되신 예수 그리스도

핵심요약 1. 예수님은 우리의 감정, 그리고 우리가 겪는 모든 일에 대해 공감하시는 분이다.
2. 예수님은 하나님이지만 우리와 같은 인간의 몸을 입고 이 땅에 오셨다.
3. 예수님은 인간이 겪을 수 있는 일들, 죄의 유혹까지도 다 겪으셨지만 죄는 없으시다.
4. 예수님은 특별히 가난하고 병들고 사회적으로 소외된 사람들을 더욱 사랑하셨다.

우리는 지금 극단적인 개인주의를 조장하는 포스트모더니즘 시대를 살고 있습니다. 이러한 개인주의는 사람으로 하여금 자기중심적인 삶을 살게 하고, 다른 사람의 아픔과 슬픔에 동감하지 못하는 성향을 갖도록 만듭니다. 온라인상에서 익명으로 올린 악성 댓글에 많은 사람이 고통받는 것을 볼 수 있습니다. 또한 SNS를 통해서 자기를 표현하고 서로의 의견을 공유하며 나누는 것처럼 보이지만 그 속에서 인격적인 교제와 교감은 이루어지지 않습니다.

우리나라는 지난 수년 동안 경제협력개발기구(OECD) 가입 국가 중 자살률 1위라는 오명을 안고 있습니다. 그런데 이처럼 많은 사람이 스스로 목숨을 끊을 때 그들에게 필요했던 것은 공감과 소통이었습니다. 자신이 현재 겪고 있는 아픔과 슬픔, 불안을 공감하고 마음을 나눌 사람이 필요했을 것입니다. 사람들은 자신의 마음을 알아주는 이가 없다고 생각하기 때문에 극단적으로 선택하게 됩니다. 그리고 자신이 저지른 잘못에 대한 죄책감과, 그 문제에서 빠져 나올 수 없다는 절망감 때문에 극단적인 선택을 합니다.

인간의 삶을 편리하게 하는 과학 문명이 아무리 발달하고, 인간의 오감을 자극하는 셀 수 없이 많은 문화 콘텐츠가 쏟아져 나와도 그러한 것이 인간에게 참기쁨과 만족을 줄 수 없습니다. 인간이 진정으로 바라는 것은 진실한 사랑과 위로입니다. 우리가 바라는 진실한 사랑과 위로는 우리가 깊이 이해받고 공감받을 때 느낄 수 있습니다. 그런데 우리에게는 우리의 상한 심령을 깊이 이해하고 공감하는 분이 있습니다. 바로 예수 그리스도이십니다.

예수님은 하나님이십니다. 그런데 하나님이신 예수님이 피조물인 인간의 몸을 입고 이 세상에 오셨습니다. 시간과 공간의 제한을 받지 않는 예수님이 인간의 몸을 입고 시간과 공간의 제한을 받는 존재가 되셨습니다. 온 우주 만물을 창조하신 분이 작은 별 지구에 사람의 모습으로 오셨습니다. 우리에게 오셔서 직접 하나님의 말씀을 전하고 이야기를 나누며, 눈물을 닦아 주고, 질병을 고쳐 주셨습니다.

〈빌립보서〉 2장 6~7절 말씀을 적어 보세요.

그는 근본 하나님의 본체시나 하나님과 동등 됨을 취할 것으로 여기지 아니하시고 오히려 자기를 비워 종의 형체를 가지사 사람들과 같이 되셨고

맥스웰 몰츠 박사는 성형외과 의사입니다. 어느 날 그의 병원에 한 부인이 찾아왔습니다. 그녀의 남편은 집에 불이 나자 부모님을 구하러 들어갔다가 얼굴에 심한 화상을 입었습니다. 결국 부모님은 세상을 떠나게 되었는데, 그는 자신이 하나님의 저주를 받았다고 생각하며 방에 틀어박혀 문을 잠그고 바깥으로 나오지 않았습니다. 아내가 아무리 간청을 해도 문밖으로 나오지 않았습니다. 이 이야기를 들은 몰츠 박사는 부인에게 남편의 성형을 도울 수 있다고 말했습니다. 그러자 부인은 자신이 몰츠 박사를 찾은 것은 그 때문이 아니라며 이렇게 말했습니다. "박사님, 제 얼굴을 남편의 얼굴처럼 일그러뜨려 주세요. 제가 남편처럼 돼서 남편의 고통을 나눌 수 있다면 남편도 원래대로 돌아올 겁니다." 부인의 말을 들은 몰츠 박사는 충격을 받았습니다. 그리고 부인의 집을 찾아 남편이 있는 방문을 두드리며 아내가 몰츠 박사에게 했던 말을 그대로 전했습니다. 잠시 후, 방문이 열리고 남편이 걸어 나왔습니다.

예수님이 인간의 몸을 입고 우리에게 오신 이유가 그 부인의 마

맥스웰 몰츠 (1889~1975)
미국의 성형외과 의사로서 암스테르담대학, 파리대학, 로마대학 등에 재직했다. 성형외과 의사로서 그는 수많은 상담과 수술을 통해, 사람들에게 절실한 것은 외모의 교정보다는 '실패'와 '부정적 신념'으로 왜곡된 내면의 자아 이미지를 바꾸는 '마음의 성형 수술'이라는 사실을 깨달았다. 그리고 진정한 변화와 자아 혁명을 위한 성공 실천 프로그램을 창안하는 데 몰두했다. 저서로《새로운 얼굴, 새로운 미래》,《피그말리온 박사》,《성공의 법칙》등이 있다.

음과 같습니다. 우리와 함께 아파하며 눈물을 흘리시려고 우리에게 오셨습니다. 우리와 같이 되어서 우리를 동감해 주시려고 오신 것입니다.

〈히브리서〉 기자는 예수님은 인간이 겪을 수 있는 일들, 죄의 유혹까지도 다 겪어 보셨기 때문에 우리의 마음을 충분히 동감하실 수 있는 분이라고 말합니다. 그렇기 때문에 우리를 불쌍히 여기는 예수님이 때를 따라 도와주실 것을 믿고 은혜를 베푸시는 예수님에게 나아가라고 말합니다.

✣은혜
구약에서는 하나님이 경건한 자와 고통당하는 자에게 베푸시는 인자와 긍휼을 나타내고, 신약에서는 하나님이 죄인을 용서하고 구속하신 사랑을 가리킨다. 하나님이 예수님의 십자가 대속을 통해 값없이 베풀어 주신 구원이 바로 은혜이다(엡 2:8).

〈히브리서〉 4장 16절 말씀을 적어 보세요.

그러므로 우리는 긍휼하심을 받고 때를 따라 돕는 은혜를 얻기 위하여 은혜의 보좌 앞에 담대히 나아갈 것이니라

〈히브리서〉 4:15
우리에게 있는 대제사장은 우리의 연약함을 동정하지 못하실 이가 아니요 모든 일에 우리와 똑같이 시험을 받으신 이로되 죄는 없으시니라

〈히브리서〉 4장 15절 말씀을 보면, 예수님은 우리의 마음을 동감할 수 없는 분이 아닙니다. 예수님은 우리가 세상에서 겪는 일들을 똑같이 겪으셨고, 우리가 직면하는 시험을 똑같이 받으셨습니다. 예수님은 세상에 계실 때 하나님의 아들로서 특별대우를 받지 않으셨습니다. 그렇기에 우리는 예수님의 긍휼하심을 받고, 늘 우리를 도우시는 은혜를 얻기 위해 그 보좌 앞에 담대히 나아갈 수 있는 것입니다.

예수님은 목수의 집안에서 태어나 자랐고, 서른 살이 될 때까지

평범한 목수로 사셨습니다. 예수님은 가정 안에서 아픔을 겪기도 하셨습니다. 형제들이 예수님의 공생애 사역을 이해하지 못할뿐더러 예수님을 메시아로 인정하지 않았습니다.

유대인의 3대 절기 중에 하나인 초막절이 다가왔을 때 예수님의 형제들이 예수님에게 와서 "당신이 행하는 일을 제자들도 보게 여기를 떠나 유대로 가소서"(요 7:3)라고 말했습니다. 초막절에는 유대인들이 예루살렘에 모여 들기 때문에 사람들의 이목을 받기에 좋은 때였습니다. 형제들은 "스스로 나타나기를 구하면서 묻혀서 일하는 사람이 없나니 이 일을 행하려 하거든 자신을 세상에 나타내소서"(요 7:4)라는 말로 예수님을 압박했습니다. 그들은 예수님이 정치, 경제, 문화, 종교의 중심지인 예루살렘에 가서 그 능력을 나타내기를 원했습니다. 예수님을 믿어서가 아니었습니다. 예수님의 말과 행동을 예루살렘에서 검증받으라는 요구였습니다. 자신을 하나님의 아들이라고 말하는 예수님이 갈릴리와 같은 변방에서 활동하는 것이 형제들에게는 못마땅하고 의심스러웠던 것입니다. 그들은 예수님을 믿지 못해 예수님에게 인간적으로 요구하며 그분의 마음을 아프게 했습니다.

예수님은 심지어 귀신이 들렸다는 비난도 받으셨습니다(요 7:20). 바리새인과 서기관과 대제사장은 예수님을 곤경에 빠뜨릴 생각만 하며 원색적인 비난과 공격을 마다하지 않았습니다. 3년 반 동안 공들여 훈련시킨 제자들은 예수님의 십자가 고난 앞에서 남이 되었습니다.

〈요한복음〉 7:20
무리가 대답하되 당신은 귀신이 들렸도다 누가 당신을 죽이려 하나이까

이처럼 예수님은 육체의 고통은 말할 것도 없고, 마음이 찢기는

고통과 외로움을 겪으셨습니다. 그렇기 때문에 우리가 상한 마음을 가지고 예수님에게 나아가면 예수님은 우리를 이해하고 안아주십니다. 우리의 마음을 깊이 이해할 수 있는 예수님이 우리와 항상 함께하신다는 것을 믿는다면, 우리 삶에 어떤 고난이 닥쳐오고 극심한 고통이 우리의 마음을 짓눌러도 이겨낼 수 있습니다. 절대 절망으로 부정적인 생각이 가득해도 예수님을 마음에 모시면 우리 마음은 절대 긍정의 믿음으로 가득 차게 됩니다.

혼자라고 생각될 때, 죄책감에 시달릴 때, 감당할 수 없는 문제들로 인해 고통스러울 때 우리를 잘 알고 이해하고 불쌍히 여기시는 예수님에게 나아가십시오. 우리를 도와주시는 예수님을 향한 절대 긍정의 믿음을 가지고 예수님에게 담대히 나아가십시오. 어제나 오늘이나 영원토록 동일하신 예수님은 항상 우리와 함께하십니다. 예수님은 우리의 숨소리보다도 가까이 계십니다.

예수님은 특별한 애정을 가지고 사회적 약자들을 대해 주셨습니다. 당시 사람들은 어린이들을 경시하고 엄하게 대했습니다. 그래서 제자들은 기도해 주기를 바라고 자녀들을 데리고 예수님에게 온 부모들을 꾸짖었습니다(막 10:13). 그러나 예수님은 어린이들이 오는 것을 금하지 않으셨습니다. 여성들도 사회적으로 인정받지 못하기는 어린아이들과 마찬가지였습니다. 인원을 셀 때 어린아이들과 여성들은 제외될 정도였습니다. 그러나 예수님의 제자 중에는 여성도 많았습니다. 당시로서는 파격적인 일이었습니다. 바리새인과 서기관이 예수님을 시험하기 위해 간음하다가 잡힌 여자를 끌고 왔을 때에도 예수님은 그 여성을 정죄하지 않으셨

〈마가복음〉 10:13
사람들이 예수께서 만져 주심을 바라고 어린 아이들을 데리고 오매 제자들이 꾸짖거늘

습니다. 그에게 용서를 베풀어 주시고 돌을 들어 치려는 자들로부터 보호해 주셨습니다.

이처럼 예수님은 모든 찬양과 존귀를 받아야 마땅한 하나님이자 지극히 거룩한 하나님이시지만 이 세상의 연약한 자, 천대받는 자를 멀리하지 않으십니다. 아무리 죄가 많은 사람이라도 예수님은 다 맞아 주십니다. 긍휼히 여겨 주시고 용납해 주십니다.

우리는 깨어지기 쉬운 질그릇과 같은 존재입니다. 그러나 보배로운 예수님이 우리 안에 계시기 때문에 어떠한 절망적인 상황에서도, 답답한 상황에서도 승리할 수 있습니다. 우리 안에 계신 예수님은 세상을 이기셨습니다. 그리고 예수님은 우리로 하여금 세상에 대하여 이기기를 원하십니다. 우리는 우리 안에 계신 예수님의 능력을 힘입어 세상을 이기고 평안을 누릴 수 있습니다.

우리가 이 보배를 질그릇에 가졌으니 이는 심히 큰 능력은 하나님께 있고 우리에게 있지 아니함을 알게 하려 함이라 우리가 사방으로 우겨쌈을 당하여도 싸이지 아니하며 답답한 일을 당하여도 낙심하지 아니하며 박해를 받아도 버린 바 되지 아니하며 거꾸러뜨림을 당하여도 망하지 아니하고(고후 4:7~9)

〈요한복음〉 16장 33절 말씀을 적어 보세요.

이것을 너희에게 이르는 것은 너희로 내 안에서 평안을 누리게 하려 함이라 세상에서는 너희가 환난을 당하나 담대하라 내가 세상을 이기었노라 우리가 평안할 수 있는 이유는 무엇인가요?

핵심 요약 1. 예수님 안에서 우리가 어떠한 존재인지를 깨달아야 한다.
2. 예수님은 의인이 아니라 죄인을 불러 구원하기 위해 오셨다.
3. 예수님은 십자가 상의 단 한 번의 희생 제사로 우리의 모든 죄를 용서해 주셨다.
4. 예수님이 부활하심으로 말미암아 사망의 법이 무너지고 생명의 법이 세워졌다.
5. 예수 그리스도의 구원 사역의 정점은 십자가다. 십자가는 고난을 승리로 바꾼 절대 긍정의 믿음의 현장이자 근원이다.

〈로마서〉5:7~8

의인을 위하여 죽는 자가 쉽지 않고 선인을 위하여 용감히 죽는 자가 혹 있거니와 우리가 아직 죄인 되었을 때에 그리스도께서 우리를 위하여 죽으심으로 하나님이 우리에 대한 자기의 사랑을 확증하셨느니라

3. 예수 그리스도의 십자가와 부활

이 시대는 소유와 능력으로 사람을 평가합니다. 그래서 사람들은 자신의 소유와 능력에서 존재의 의미를 찾으려고 합니다. 능력과 소유가 없으면 보잘것없는 인생, 아무런 가치가 없는 인생이라고 생각합니다. 그러나 우리는 소유와 능력이 아닌 예수님 안에서 우리가 어떠한 존재인지를 깨달아야 합니다. 예수님은 우리를 살리기 위해서 십자가에 못 박혀 죽으시고 부활하셨습니다.

예수님은 의인을 부르러 오신 것이 아닙니다. 죄인을 불러 구원하려고 오셨습니다. 예수님은 우리가 죄인이기 때문에 사랑하십니다. 우리가 연약하기 때문에 사랑하십니다(막 2:17).

죄인에게 기대할 수 있는 것은 없습니다. 그래서 죄인을 가까이하고 싶어 하는 사람도 없습니다. 죄인을 대신해서 죽을 사람은 더더욱 없습니다. 그러나 예수님은 죄인을 위해 죽으셨습니다(롬 5:7~8).

예수님은 십자가 상의 단 한 번의 희생 제사로 우리의 모든 죄를

용서해 주셨습니다.

> 그는 저 대제사장들이 먼저 자기 죄를 위하고 다음에 백성의 죄를 위하여 날마다 제사 드리는 것과 같이 할 필요가 없으니 이는 그가 단번에 자기를 드려 이루셨음이라(히 7:27)

우리의 모든 죄는 예수님이 치르신 단 한 번의 희생으로 용서받게 된 것입니다. 만약 예수님이 우리가 과거와 현재에 지은 죄만 용서하신다면 예수님의 구원은 불완전한 것이 되고 맙니다. 예수님의 십자가 대속은 앞으로 우리가 지을 죄에 대한 용서도 포함합니다.

예수님의 죽으심으로 말미암아 사탄은 더 이상 인간을 참소할 수 없게 되었습니다. 인간이 지을 수 있는 모든 죄에 대한 대가를 예수님이 십자가 죽음으로 치르셨기 때문입니다(롬 8:1~2). 예수님을 믿는 사람은 죄와 사망의 법에서 해방되었습니다. 아무리 큰 죄를 짓는다고 할지라도 예수님의 보혈의 능력을 믿고 회개하고 나아가면 정죄를 받지 않습니다. 예수님이 십자가에서 모든 죄에 대한 대가를 치르셨기 때문에 무죄가 선포됩니다.

대속
'대속'이란 죄를 알지도 못하는 예수님이 우리를 대신하여 죽으신 것을 가리킨다. 그 결과 우리의 죄는 사해졌으며, 우리는 그리스도 안에서 하나님의 의가 되었다(고후 5:21).

회개
회개는 자신의 생각을 바꿔 잘못을 뉘우치고 돌이켜 하나님에게로 향하는 것을 뜻한다. 그러므로 회개는 단순히 '마음의 변화'만을 의미하는 것이 아니라 다시금 똑같은 잘못을 행하지 않으려고 '돌이키는' 적극적인 '행동의 변화'까지 포함한다.

〈베드로전서〉 2장 24절 말씀을 적어 보세요.

친히 나무에 달려 그 몸으로 우리 죄를 담당하셨으니 이는 우리로 죄에 대하여 죽고 의에 대하여 살게 하려 하심이라 그가 채찍에 맞음으로 너희는 나음을 얻었나니 예수님이 우리를 위해 고난당하심으로 말미암아 우리는 새로운 삶을 살아갈 수 있게 되었습니다. 우리는 죄에게 종노릇하는 삶이 아니라 하나님의 자녀로서 의로운 삶을 살 수 있게 된 것입니다. 하나님의 마음을 기쁘게 하는 의로운 삶을 살아갈 능력이 예수님의 십자가로부터 공급된 것입니다.

또한 예수님의 십자가는 우리에게 전인적인 구원을 가져다 주었습니다. 〈요한삼서〉 1장 2절은 "사랑하는 자여 네 영혼이 잘됨 같이 네가 범사에 잘되고 강건하기를 내가 간구하노라"고 말합니다. 우리는 예수 그리스도의 고난받으심을 통해 영혼이 구원받고 범사에 형통하며 육신이 건강한 축복을 얻게 되었습니다.

예수님의 십자가 고난은 죽음으로 끝나지 않았습니다. 예수님은 돌아가신 지 3일 만에 부활하여서 40일 동안 제자들에게 보인 후, 승천하셔서 지금 하나님의 보좌 우편에 앉아 계십니다.

예수님은 부활하심으로써 사망의 법을 깨뜨리셨습니다. 죄를 지은 사람은 사망이라는 벌을 받아야 하는데 예수님이 대신 사망의 벌을 받았고 부활하신 것입니다. 그래서 누구든지 예수님이 자신의 죄를 대신해 죽고 부활하신 것을 믿으면 모든 죄를 용서받고 영생을 선물로 받게 됩니다. 예수님은 "나는 부활이요 생명이니 나를 믿는 자는 죽어도 살겠고 무릇 살아서 나를 믿는 자는 영원히 죽지 아니하리니"(요 11:25~26)라고 말씀하셨습니다. 예수님이 부활하심으로 말미암아 사망의 법이 무너지고 생명의 법이 세워진 것입니다. 예수님은 부활의 첫 열매가 되어서 우리로 하여금 그 뒤를 따르게 하셨습니다.

예수님은 부활하심으로써 산 제물이 되셨습니다. 구약시대에는 하나님에게 드려지기 위해서 모든 제물은 다 죽어야 했습니다. 사람이 지은 죄의 대가를 치르기 위해 대신 짐승이 피를 흘리고 살이 찢겨 하나님에게 바쳐져야 했습니다. 그래서 구약의 모든 제물은 죽은 제물이었습니다. 그러나 예수님은 인류의 죄를 짊어지고 십자가에 못 박혀 살이 찢기고 피 흘려 죽으셨지만 다시 살아나셨습니다. 죽은 제물로 끝나지 않으시고 산 제물이 되셨습니다. 살아나셔서 하나님 보좌 우편에 앉아 계십니다. 따라서 우리도 하나님에게 바쳐진 삶을 살아가는 산 제물의 삶을 살아갈 수 있게 된 것입니다.

> 그러므로 형제들아 내가 하나님의 모든 자비하심으로 너희를 권하노니 너희 몸을 하나님이 기뻐하시는 거룩한 산 제물로 드리라 이는 너희가 드릴 영적 예배니라(롬 12:1)

산 제물의 삶은 죄에 대하여 죽고 의에 대하여 사는 삶입니다. 원수 마귀에게 종노릇하는 것에서 해방되어 하나님의 자녀로서 승리하며 사는 삶입니다. 또한 산 제물의 삶은 신실한 예배자의 삶인 것입니다.

예수님을 믿는 우리는 예수님의 부활로 말미암아 사망을 향해 가는 존재가 아니라 영생을 향해 가는 존재가 되었습니다. 하나님의 뜻대로 살 수 없는 존재였지만 하나님의 뜻대로 살 수 있는 존재가 되었습니다. 하나님의 영광을 위해 살 수 없는 존재였지만 하나님의 영광을 위해 살 수 있는 존재가 되었습니다.

예수 그리스도의 구원 사역의 정점은 십자가입니다. 십자가는 고난을 승리로 바꾼 절대 긍정의 믿음의 현장이자 근원이라고 할 수 있습니다. 또한 부활의 능력이 있기에 세상에서 어떠한 고난을 당해도 망하지 않습니다. 영생의 소망을 가지고 이 세상에서 담대히 승리할 수 있습니다.

4. 합력하여 선을 이루시는 하나님

핵심요약 1. 하나님은 우리 삶을 다스리고 계시다.
2. 하나님은 자녀에게 결코 나쁜 것을 주시지 않는다.
3. 하나님이 우리 삶에 허락하신 모든 일이 합력하여 선을 이룰 것을 믿으면 절대 긍정의 믿음이 샘솟게 된다.

하나님은 우리 삶을 다스리시고 계십니다. 물론 하나님은 우리 인간을 자유의지를 가진 온전한 인격체로서 존중해 주시지만 인간 생사화복의 주관자는 하나님이십니다. 하나님은 우리 삶이 궁극적으로 선한 열매를 맺도록 역사하고 계십니다. 아무리 우리가 칠흑같이 어두운 밤을 지나고 있다고 할지라도 우리에게는 하나님이 예비하신 희망의 새 아침이 기다리고 있습니다. 하나님은 자녀들에게 결코 나쁜 것을 주지 않으십니다(마 7:11). 물론 하나님의 자녀들도 삶의 시련을 만나고 신앙의 고난을 겪습니다. 그러나 그러한 시련과 고난에는 항상 하나님의 뜻이 있습니다. 우리 앞에 놓인 시련과 고난 자체가 하나님의 목적이 아닙니다. 하나님은 시련과 고난을 통해 우리에게 참된 평안과 희망을 주기 원하십니다.

〈마태복음〉7:11
너희가 악한 자라도 좋은 것으로 자식에게 줄 줄 알거든 하물며 하늘에 계신 너희 아버지께서 구하는 자에게 좋은 것으로 주시지 않겠느냐 다음의 성경 말씀을 적어 보세요.

〈예레미야서〉 29장 11절

야훼의 말씀이니라 너희를 향한 나의 생각을 내가 아나니 평안이요 재앙이 아니니라 너희에게 미래와 희망을 주는 것이니라

〈로마서〉 8장 18절

생각하건대 현재의 고난은 장차 우리에게 나타날 영광과 비교할 수 없도다

우리를 위한 하나님의 생각/계획은 무엇인가요?

요셉이 형들의 손에 의해 노예로 팔려 갔을 때, 또 억울한 누명을 쓰고 감옥에 갇혔을 때 인간적으로 보면 그의 인생은 끝장난 것 같았습니다. 그러나 하나님이 그 절망적인 상황 속에서도 그를 지키고 보호하고 형통하는 은혜를 주셨습니다. 그리고 궁극적으로 꿈을 이루어 주고 그를 높여서 모든 사람에게 하나님의 은혜를 전하는 귀한 종이 되도록 하셨습니다.

요셉이 하나님의 은혜로 애굽의 총리가 되어 7년간 풍년이 들었을 때 곡식을 모아 놓고 그 뒤에 다가온 7년간의 흉년 동안 모든 백성을 살렸으니 얼마나 큰일을 이루었습니까? 훗날 요셉을 노예로 팔았던 형들이 아버지 야곱이 죽고 난 후에 '아이고, 큰일 났다! 요셉이 우리에게 복수하면 어떻게 하지? 우리를 감옥에 넣으면 어떻게 할까?'라고 걱정할 때에 요셉은 다음과 같이 말했습니다.

> 당신들은 나를 해하려 하였으나 하나님은 그것을 선으로 바꾸사 오늘과 같이 많은 백성의 생명을 구원하게 하시려 하셨나니 당신들은 두려워하지 마소서 내가 당신들과 당신들의 자녀를 기르리이다 하고 그들을 간곡한 말로 위로하였더라(창 50:20~21)

이 말은 곧 "형들은 나를 해롭게 하려고 했지만 하나님은 오히려 그 모든 것이 합력하여 선을 이루게 하시고 나를 통하여 많은 생명을 구원하게 하셨으니 형들은 두려워하지 마십시오. 나는 복수하지 않습니다. 하나님이 나를 이렇게 인도하셨습니다"라는 긍정적인 믿음의 고백입니다.

누가 자기에게 해를 끼치면 '두고 보자!' 하고 밤마다 복수의 칼을 가는 사람들이 있는데, 우리 예수 믿는 사람들은 그러면 안 됩니다. 요셉을 보십시오. 성경 어디에도 요셉이 속상해서 밤마다 이를 갈며 형들에게 복수의 칼을 갈았다는 말이 없습니다. 요셉은 단 한 번도 원망하거나 불평하거나 남을 저주하거나 모함하거나 헐뜯거나 부정적으로 말한 적이 없습니다. 그는 절대 긍정의 믿음을 가지고 묵묵히 인내했습니다. 그렇기 때문에 하나님이 요셉을 형통하게 하셨습니다. 노예로 팔려도 형통하고, 감옥에 갇혀도 형통하고, 총리가 되어도 형통하고, 요셉의 일생 동안 하나님이 그와 함께하시며 형통의 복을 주신 것입니다.

하나님이 우리의 삶을 주관하고 계시며 우리 삶에 허락하신 모든 일을 합력하여 선을 이루어 주실 것을 믿으십시오. 그러면 절대 긍정의 믿음이 샘솟게 됩니다. 시련과 고난이 시련과 고난으로 보이지 않고 축복의 통로로 보이게 됩니다.

5. 우리의 모든 필요를 채워 주시는 하나님

이 세상에서 우리의 삶은 하나님에게 영광을 올려 드리기 위한 도구입니다. 따라서 우리 삶의 유일한 목적은 하나님의 영광을 위한 것이 되어야 합니다. 곧 먼저 하나님의 나라와 하나님의 의를 구하며 살아야 합니다. 우리가 먼저 그의 나라와 그의 의를 구하는 삶을 살면 하나님은 우리의 삶을 책임져 주십니다.

예수님이 제자들에게 모본 기도를 가르쳐 주시면서 일용할 양식을 주실 것을 구하라고 말씀하셨습니다(눅 11:3). 여기서 '일용할 양식'을 구하라는 것은 매일 먹고 살 것을 위해 기도하라는 말씀이 아닙니다. 하나님이 매일의 삶을 책임져 주실 것을 믿으라는 말씀입니다. 그리고 그 믿음을 가지고 살면서 먼저 그의 나라와 의를 구하는 삶으로 나아가라는 말씀입니다.

핵심요약 1. 우리의 삶은 하나님에게 영광을 올려 드리기 위한 도구며, 우리가 먼저 그의 나라와 그의 의를 구하면 하나님은 우리의 삶을 책임지신다.
2. 예수님은 제자들에게 모본 기도를 가르쳐 주면서 일용할 양식을 주실 것을 구하라고 말씀하셨는데, 이는 매일 먹고 살 것을 위해 기도하라는 말씀이 아니다. 하나님이 매일의 삶을 책임져 주실 것을 믿으라는 말씀이다.
3. 예수님이 하늘 보좌를 버리고 이 세상에 인간의 몸을 입고 오신 것은 우리를 부요하게 하기 위함이며, 예수님을 믿는 모든 사람은 하나님의 자녀로서 하나님 나라의 상속자가 되고 이 땅에서 풍성한 삶을 살아갈 수 있다.

애굽을 탈출한 이스라엘 백성이 광야를 지날 때 하나님은 그들이 먹을 양식으로 만나와 메추라기를 내려 주셨습니다. 그런데 하나님은 그날 먹을 만큼의 만나와 메추라기를 거두게 하셨습니다(출 16:16). 만약 남은 것이 있으면 다음날이 되었을 때 벌레가 생기고 냄새가 나서 먹을 수 없었습니다(출 16:19~20). 다만 안식일을 앞두고는 이틀치를 거두게 하셨습니다. 하나님이 일용할 만큼만 만나와 메추라기를 거두게 하신 것은 일종의 시험이었습니다(출 16:4). 광야와 같은 척박한 환경에서 거할지라도 오늘 먹여 주신 하나님이 내일도 먹여 주실 것을 믿는 믿음이 이스라엘 백성에게 있는지를 하나님은 보기 원하신 것입니다. 그래서 일용할 양식을 구하라는 말씀은 우리가 삶을 살아가는 데에 필요한 것을 하나님이 매일 공급해 주실 뿐만 아니라 우리 삶 전체를 하나님이 책임져 주실 것이라는 믿음으로 살라는 것입니다. 이것은 역설적으로 하나님은 우리 매일의 삶을 책임져 주신다는 말씀입니다.

〈출애굽기〉 16:4
보라 내가 너희를 위하여 하늘에서 양식을 비 같이 내리리니 백성이 나가서 일용할 것을 날마다 거둘 것이라 이같이 하여 그들이 내 율법을 준행하나 아니하나 내가 시험하리라

예수님은 목숨을 위하여 무엇을 먹을까 마실까 몸을 위하여 무엇을 입을까 염려하지 말라고 말씀하셨습니다. 그리고 공중의 나는 새도, 들에 핀 백합화도 다 먹이고 입히시는데, 하나님의 자녀 된 우리를 돌보시는 것은 물론이거니와 우리 삶에 무엇이 필요한지를 다 알고 계시다고 말씀하셨습니다. 삶의 기본적인 필요 때문에 걱정하는 것은 하나님을 믿지 않는 자들이 하는 것입니다.

나의 하나님이 그리스도 예수 안에서 영광 가운데 그 풍성한 대로 너희 모든 쓸 것을 채우시리라(빌 4:19)

인도 첸나이에서 사역하는 최성자 선교사님의 책《인도하심》에 다음과 같은 일화가 나옵니다. 인도 선교사로 파송된 지 얼마 되지 않았을 때 파송한 교회에서 후원을 취소한다고 연락이 왔습니다. 이제 겨우 사역의 기반을 마련하고 본격적으로 사역에 임하려던 차에 전해진 청천벽력과도 같은 소식이었습니다. 하지만 달리 선교비를 마련할 방법이 없었습니다. 결국 최 선교사님은 한국에 돌아와 다른 후원 교회를 찾기 위해 애를 썼습니다.

최성자 (1965~)
25년 간 선교사로 사역 중이다. 무에서 유를 창조하는 기적을 매일 맛보며 인도에서 거침없이 사역하고 있다. 인도 목회대학원 교수이며 인도 사모대학 학장이기도 하다.

그러던 어느 날 최 선교사님이 한국대학생선교회에서 순장으로 있을 때 순원이었던 한 자매에게 연락이 왔습니다. 그 자매는 간암 말기로 생명이 위태로운 상태였는데, 순장이었던 최 선교사님이 보고 싶다는 것입니다. 그러나 최 선교사님은 그 자매의 연락을 받고 먼저 당황스러운 마음이 들었습니다. 왜냐하면 최 선교사님이 순장으로 있을 때 순원이라고는 그 자매 한 명뿐이었는데 이런저런 핑계를 대며 자매를 양육하는 일에 힘쓰지 않았기 때문입니다. 그리고 대학을 졸업한 후로는 서로 연락하지 못하고 지내다가 정말 오랜만에 연락이 되었던 것입니다.

최 선교사님은 그 자매가 자신을 어떻게 기억하고 있을지 몰라 조마조마한 마음으로 만났습니다. 그러나 자매는 선교사님의 모습을 보고 반가워하며 진심으로 기뻐했습니다. 최 선교사님은 자매와 이런저런 이야기를 나누다가 자연스럽게 선교 후원이 끊겨서 잠시 한국에 나와 있게 된 사정을 이야기했습니다. 그러자 자매는 자신이 선교비를 후원하겠다고 나섰습니다. 약속대로 자매는 병마와 싸우는 중에도 잊지 않고 매달 선교사님에게 선교비를 보냈습니다. 그런데 놀랍게도 매달 선교비를 보내면서 자매의 건강이 좋아지기 시작했습니다. 결국 자매는 암이 완치되었고, 사랑하는 사람을 만나 결혼하여 아이도 둘이나 낳게 되었습니다. 이처럼 하나님은 생각하지 못한 방법으로 최 선교사님 부부에게 선교 후원자를 붙여 주셨고, 후원한 자매에게는 놀라운 기적을 베풀어 주셨습니다. 이처럼 하나님은 먼저 그의 나라와 의를 구하며 사는 자녀들의 삶을 돌보시고 책임져 주십니다.

〈고린도후서〉8:9
우리 주 예수 그리스도의 은혜를 너희가 알거니와 부요하신 이로서 너희를 위하여 가난하게 되심은 그의 가난함으로 말미암아 너희를 부요하게 하려 하심이라

인간은 궁핍하게 살도록 창조되지 않았습니다. 하나님은 에덴동산을 다 지은 다음에 아담과 하와를 창조하셨습니다. 인간이 살 수 있는 모든 환경을 마련한 다음 아담과 하와를 창조하신 것입니다. 그리고 하나님은 아담과 하와가 하나님과 온전한 교제 가운데서 풍성한 삶을 살아가기를 원하셨습니다. 에덴동산에는 어떠한 궁핍이나 결핍도 존재하지 않았습니다. 그러나 아담과 하와가 범죄한 이후로 문제가 생겼습니다. 아담으로 말미암아 땅이 저주를 받아 가시덤불과 엉겅퀴를 내서 아담의 삶을 고단하게 만들었던 것입니다. 하나님 안에서 부족할 것이 없는 풍요로운 삶은 깨어지고 수고하고 땀을 흘려야 먹고 살 수 있는 삶이 인간에게 주어진 것입니다.

아담에게 이르시되 네가 네 아내의 말을 듣고 내가 네게 먹지 말라 한 나무의 열매를 먹었은즉 땅은 너로 말미암아 저주를 받고 너는 네 평생에 수고하여야 그 소산을 먹으리라 땅이 네게 가시덤불과 엉겅퀴를 낼 것이라 네가 먹을 것은 밭의 채소인즉 네가 흙으로 돌아갈 때까지 얼굴에 땀을 흘려야 먹을 것을 먹으리니 네가 그것에서 취함을 입었음이라 너는 흙이니 흙으로 돌아

갈 것이니라 하시니라(창 3:17~19)

그러나 예수님이 모든 인류의 죄를 대속해 죽으시고 부활하심으로써 하나님과 인간 사이의 관계를 회복시키셨습니다. 곧 우리 삶을 황폐하게 만드는 모든 저주를 속량하여 주신 것입니다. 그래서 예수님을 믿는 모든 사람은 하나님의 자녀로서 하나님 나라의 상속자가 되고 이 땅에서 풍성한 삶을 살아갈 수 있게 되었습니다. 이것은 영적인 차원뿐만 아니라 우리가 살아가는 데 현실적으로 필요한 모든 것을 포함합니다. 예수님은 우리를 부요하게 하기 위해서 모든 것을 포기하고 가난하게 되셨습니다(고후 8:9).

하나님 나라
'하나님 나라'는 예수님이 선포하신 복음의 핵심으로, '하나님의 통치', 즉 '하나님이 임금으로 다스리심'을 뜻한다. 〈마태복음〉에서는 '하늘나라'(천국)라는 표현을 사용하는데, 여기서 '하늘'은 하나님이나 하나님의 이름을 대신하여 경외하는 의미로 사용한 것으로 이해해야 한다.

〈고린도후서〉 9장 8절 말씀을 적어 보세요.

하나님이 능히 모든 은혜를 너희에게 넘치게 하시나니 이는 너희로 모든 일에 항상 모든 것이 넉넉하여 모든 착한 일을 넘치게 하게 하려 하심이라

하나님은 우리에게 모든 것을 넉넉하게 주시겠다고 약속하셨습니다. 본인의 생각은 어떤지 적어 보세요.

하나님은 우리가 어려운 현실에 좌절하고 낙심한 나머지 삶의 희망을 잃어버리고 비관적인 모습으로 살아가는 것을 원하지 않으십니다. 때를 따라 돕는 은혜로 우리 삶의 필요를 채워 주셔서 하나님을 향한 변함없는 믿음으로 어려움을 이겨 낸 절대 긍정의 산 증인이 되기를 원하십니다. 하나님이 주신 복을 이웃과 나누며 선한 일에 힘쓰기를 원하십니다.

그러므로 우리가 현재 재정적으로 어려움을 겪고 있거나 궁핍한 가운데 고통을 겪고 있다고 할지라도 먼저 하나님의 나라와 의를 구하며, 하나님을 의지하는 절대 긍정의 믿음을 가지면 하나님은 우리의 삶을 반드시 책임져 주십니다.

핵심요약 1. 성령님은 오늘날 예수 그리스도를 영접한 모든 사람에게 임하신다.
2. 성령님은 우리에게 임하여서 권능을 주고, 우리의 성품을 변화시켜 주고, 성도 개인의 신앙과 교회의 덕을 세우기 위해 은사를 주신다.
3. 성령님은 예수님의 제자인 우리가 세상에서 담대히 복음을 증거하며 세상의 빛과 소금된 사명을 온전히 감당할 수 있도록 역사하신다.
4. 성령님은 우리의 연약함을 도와주시고, 우리를 위해 중보하신다.

6. 성령으로 우리와 함께하시는 주님

승천하기 전 예수님의 약속대로 마가의 다락방에서 기도하던 120명의 제자들에게 성령님이 임하셨습니다. 성령님이 강림하신 이날의 사건은 120명의 제자들에게만 국한된 것이 아닙니다. 성령님은 오늘날 예수 그리스도를 영접한 모든 사람에게 임하십니다. 그러므로 우리는 지금 성령의 시대를 살고 있습니다. 예수님은 지금 우리와 성령으로 함께하고 계십니다.

성령님은 우리에게 임하셔서 권능을 주십니다. 〈사도행전〉 1장 8절은 "오직 성령이 너희에게 임하시면 너희가 권능을 받고 예루살렘과 온 유대와 사마리아와 땅 끝까지 이르러 내 증인이 되리라 하시니라"고 말씀합니다. 성령님이 주시는 권능은 예수 그리스도의 증인된 삶을 살 수 있는 권세와 능력입니다. 이 권능을 받으면 능력이 넘치는 복음 증거자가 될 수 있습니다. 성령님이 주시는 권능을 받은 사람은 사도들이 복음을 증거했을 때 귀신이 떠나가고, 병자가 치유함을 받고, 수많은 사람이 그들의 죄를 회개하고 돌아오게 했던 것과 같은 놀라운 일들을 행할 수 있게 됩니다.

성령님은 성령의 열매를 맺게 하십니다. 우리의 성품을 변화시켜 주십니다. 요즘 사람들은 더 나은 인격을 소유하기 위해 자기 개발에 힘쓰고, 관계의 기술을 익히려고 많은 노력을 기울입니다. 다른 사람에게 좋은 사람으로 보이려고 애쓰는 것입니다. 그러나 죄로 물든 인간의 성품은 인간의 힘으로 선하게 변화될 수 없습니다. 성령님이 우리 안에 내주하시면서 주님의 성품을 닮아가도록 변화시켜 주셔야 가능합니다. 성령님은 우리가 "사랑과 희락과 화평과 오래 참음과 자비와 양선과 충성과 온유와 절제"의 성품을 소유할 수 있도록 우리를 변화시켜 주십니다.

> 오직 성령의 열매는 사랑과 희락과 화평과 오래 참음과 자비와 양선과 충성과 온유와 절제니 이같은 것을 금지할 법이 없느니라(갈 5:22~23)

또한 성령님은 성도 개인의 신앙과 교회의 덕을 세우기 위해 은사를 주십니다. 은사는 성경을 바르게 이해하고 가르치며, 하나님의 뜻을 온전히 깨닫게 하는, 병자를 치유하는 등 하나님의 기적을 나타내는 능력입니다. 동시에 예수 그리스도의 몸된 교회를 섬기

✣은사

'은사'는 성령님이 우리에게 나누어 주시는 다양한 '선물들'을 말한다. 이는 인간의 공로로 받는 보상이 아니라, 하나님이 값없이 주시는 선물이다. 신약 성경에는 여러 가지 성령의 은사가 롬 12:6~8, 고전 12:8~10 등에 기록되어 있다.

며 그리스도의 복음을 더욱 강력하게 전파하는 도구입니다.

성령님은 예수님의 제자로 복음을 위해 헌신하는 우리에게 세상에서 담대히 복음을 증거하며 구별된 삶을 살아갈 수 있는 능력을 주십니다. 그리고 복음으로 세상을 정복하고 다스리며 세상의 빛과 소금된 사명을 온전히 감당할 수 있도록 역사해 주십니다. 그러므로 세상 사람들이 부러워하는 능력과 재능이 없다고 낙심할 이유가 없습니다. 세상이 줄 수 없는 더 큰 능력과 은사가 우리에게 있습니다. 성령님이 우리에게 공급해 주는 이러한 놀라운 선물들이 우리에게 허락된다는 것을 생각한다면 우리는 모든 상황 속에서 절대 긍정의 믿음으로 나아갈 수 있습니다.

성령님은 우리의 연약함을 도와주십니다(롬 8:26 상반절). 사람은 자신의 연약함을 부끄러워하고 감추려고 합니다. 다른 사람보다 부족하거나 연약하면 세상에서 뒤처지고 도태된다는 두려움이 있기 때문입니다. 또 무시당할 수 있다고 생각하기 때문입니다. 그러나 우리는 우리의 연약함을 부끄러워하거나 그로 인해 위축될 이유가 없습니다. 우리에게는 우리의 연약함을 도와주시는 성령님이 계시기 때문입니다. 어떤 사람은 신앙생활을 하면서 자신의 연약함에 지나치게 집중합니다. 자꾸 자신의 연약함을 들여다보다가 결국에는 그리스도인으로서 능력을 완전히 상실해 버립니다. 자신의 연약함에 집중하면 그 연약함에서 벗어날 수 없습니다. 그 연약함이 너무도 커 보여서 주님을 바라보지 못하고, 그 연약함에 압도되어 주님의 능력을 의지할 수 없게 되는 것입니다. 그러면 작은 어려움만 생겨도 좌절하고 낙심하게 됩니다. 자신의 연약함

〈로마서〉8:26 상반절
이와 같이 성령도 우리의 연약함을 도우시나니

으로 인해 아무것도 할 수 없다고 생각하고 비관적인 인생을 살게 됩니다. 그러나 성령님이 도우시면 우리의 연약함은 지극히 작은 것이라는 점을 기억해야 합니다.

성령님은 말할 수 없는 탄식으로 우리를 위해 중보해 주십니다(롬 8:26 하반절). 사람이 극심한 고난을 당하면 기도하는 것이 어렵습니다. 단 한 마디의 기도도 나오지 않을 때가 있습니다. 그러나 우리가 마땅히 기도할 바를 알지 못할 때라도 성령님은 깊은 탄식으로 우리를 위해 기도해 주십니다. 누구도 나를 위해 기도해 줄 사람이 없다는 생각이 들면 괴롭지만, 그럴 때 우리를 잊지 않고 우리를 위해 중보하는 성령님이 계시다는 것을 믿으면 절대 긍정의 믿음으로 나아갈 수 있습니다.

〈로마서〉8:26 하반절
우리는 마땅히 기도할 바를 알지 못하나 오직 성령이 말할 수 없는 탄식으로 우리를 위하여 친히 간구하시느니라

성령님은 또한 모든 것을 생각나게 하십니다. 예수님은 십자가 고난을 앞두고 제자들에게 말씀하셨습니다.

> 보혜사 곧 아버지께서 내 이름으로 보내실 성령 그가 너희에게 모든 것을 가르치고 내가 너희에게 말한 모든 것을 생각나게 하리라(요 14:26)

성령님은 우리 안에 거하시는 탁월한 선생님입니다. 어떠한 시련과 역경이 다가온다 할지라도 그것들을 이겨 낼 수 있는 지혜와 지식을 가르쳐 주시고 주님의 말씀을 생각하며 믿음으로 살 수 있도록 역사해 주십니다.

성령님이 우리에게 하시는 일을 적어 보세요.

1. 권능, 힘을 주신다.
2. 성령의 열매를 맺게 하신다.
3. 성령의 은사를 주신다.
4. 우리의 연약함을 도와주신다.
5. 우리를 위해 중보하신다.
6. 예수님이 가르치신 모든 것을 생각나게 하신다.

핵심 요약 1. 우리는 주님이 계신 곳, 사망과 애통, 탄식과 아픈 것이 없는 천국이라는 분명한 목적지가 있다.
2. 천국에서 우리가 받게 될 가장 큰 상급이자 기쁨은 바로 예수님이다.
3. 예수님은 천국에 올라가신 모습 그대로 다시 오신다.

7. 영생 천국과 다시 오실 예수님

우리는 갈 곳이 예비되어 있습니다. 이 세상에서의 삶은 잠시 머물다 떠나는 나그네의 삶입니다. 그러나 분명한 것은 목적지가 있는 나그네 길이라는 점입니다. 예수님을 믿는 우리는 세상 사람들처럼 이 세상에서 방황하는 나그네가 아닙니다. 우리는 주님이 계신 곳, 사망과 애통, 탄식과 아픈 것이 다시없는 천국이라는 분명한 목적지가 있습니다.

내가 들으니 보좌에서 큰 음성이 나서 이르되 보라 하나님의 장막이 사람들과 함께 있으매 하나님이 그들과 함께 계시리니 그들은 하나님의 백성이 되고 하나님은 친히 그들과 함께 계셔서 모든 눈물을 그 눈에서 닦아 주시니 다시는 사망이 없고 애통하는 것이나 곡하는 것이나 아픈 것이 다시 있지 아니하리니 처음 것들이 다 지나갔음이러라(계 21:3~4)

고난도 아픔도 다 끝이 있습니다. 우리에게는 완전한 승리와 회복이 있는 저 천국이 있습니다. 그러므로 오늘 우리가 겪고 있는 고난과 아픔으로 인해 슬픔에 잠겨 주님이 우리에게 주신 소중한 하루하루를 허비할 이유가 없습니다. 날마다 더 많은 이에게 예수 그리스도라는 생명의 복음을 증거하며, 이 땅에서 하나님의 나라가 이루어지도록 최선을 다해야 합니다.

천국에서 우리가 받게 될 가장 큰 상급이자 기쁨은 바로 예수님입니다. 우리를 위해 죽으시고 부활하셔서 하나님 보좌 우편에 앉으신 예수님을 만나게 된다는 것은 가장 큰 영광입니다. 우리가 세상에서 어려움을 당했다고 좌절하고 낙심하며, 원망과 불평을 일삼는 삶을 살면 주님을 볼 면목이 없습니다. 주님이 주신 사명을 위해 최선을 다하다가 주님을 만나게 된다면 주님 품에 기쁨으로 안길 수 있습니다.

예수님은 천국에 올라가신 모습 그대로 다시 오십니다. 그때가 언제인지는 알 수 없지만 예수님은 반드시 다시 오시며, 예수님은 결코 우리를 고아와 같이 내버려 두지 않으십니다.

내가 너희를 고아와 같이 버려두지 아니하고 너희에게로 오리라(요 14:18)

이르되 갈릴리 사람들아 어찌하여 서서 하늘을 쳐다보느냐 너희 가운데서 하늘로 올려지신 이 예수는 하늘로 가심을 본 그대로 오시리라 하였느니라 (행 1:11)

세상 끝날까지 우리와 함께하시며 우리를 천국으로 인도하기 위해서 반드시 다시 오십니다.

예수님을 믿는 우리에게 있어서 이 세상은 잠시 잠깐 머무는 정거장에 불과합니다. 이 세상에서의 삶이 우리에게 끝이 될 수 없습니다. 어떠한 고난과 역경이 다가온다 할지라도 우리에게는 우리가 세상을 떠나는 날 우리를 맞아 주실 예수님이 계시고 영원한 안식을 누릴 수 있는 천국이 있습니다.

우리가 절대 긍정의 믿음을 소유하는 것은 하나님의 분명한 뜻입니다. 하나님을 바르게 알고 하나님을 위해 헌신하는 삶을 사는 사람의 믿음은 절대 긍정의 믿음일 수밖에 없습니다. 우리 삶을 통해 하나님에게 영광을 돌리고 주님을 다시 만나는 그날까지 승리하는 삶을 살기 위한 해답은 절대 긍정의 믿음입니다. 절대 긍정의 믿음으로 흔들림 없이 담대히 전진할 때 우리 삶에 하나님의 놀라운 기적의 역사가 나타날 것입니다.

우리가 절대 긍정이라는 믿음을 가질 수 있는 근거를 자신만의 언어로 적어보세요.

1. 하나님은 우리를 사랑하시는 좋으신 분이다.
2. 우리에게 필요한 모든 것을 채워 주신다.
3. 예수님은 우리를 위해 이 세상에 오시고, 죽으시고 부활하셨다. 그런 예수님만 믿으면 두려울 것이 없다.
4. 성령님으로 우리와 함께하시는 주님이 모든 걸 도와주신다.
5. 우리에게는 천국이라는 목적지가 있다. 그리고 예수님은 다시 오시겠다고 약속하셨다.

과제

- 다음 주 예습
- 중보 기도
- 하나님이 나를 위해 세워 놓으신 계획은 무엇인가 생각하고 적어 오기
- 잠 4:23 암송하기

14 절대 긍정의 믿음을 소유해야 하는 이유

내가 확신하노니 사망이나 생명이나 천사들이나 권세자들이나
현재 일이나 장래 일이나 능력이나 높음이나 깊음이나 다른 어떤 피조물이라도
우리를 우리 주 그리스도 예수 안에 있는 하나님의 사랑에서 끊을 수 없으리라
〈로마서〉 8:38~39

핵심 요약 1. 우리는 반드시 마음속에 꿈을 품고 그에 따른 목표를 세우고 나아가야 한다. 꿈이 있는 사람만이 현실에서 만나는 어려움을 돌파하고 성공적인 삶을 살아갈 수 있다.
2. 세상은 우리가 품은 하나님의 꿈을 이루도록 가만히 두지 않는다.
3. 우리가 절대 긍정의 믿음으로 충만할 때만이 하나님의 꿈을 이루어 드릴 수 있다.

1. 하나님의 비전을 성취할 수 있습니다

우리 예수님을 믿는 사람은 반드시 마음속에 꿈을 가지고 목표를 세우고 나아가야 됩니다. 꿈이 있는 사람이 현실에서 만나는 어려움을 돌파하고 성공적인 삶을 살아갈 수 있습니다.

우리가 비전을 가지고 있다면 우리는 자신의 한계를 넘어서 나아갈 수 있다 (오스왈드 챔버스)

그런데 우리가 소유해야 할 꿈은 내 개인의 유익이나 만족, 명예, 인기를 위한 꿈이 아니라 주님이 주시는 거룩한 꿈, 즉 하나님의 영

광을 위한 꿈이어야 합니다. 〈요한일서〉 2장 16절은 "이는 세상에 있는 모든 것이 육신의 정욕과 안목의 정욕과 이생의 자랑이니 다 아버지께로부터 온 것이 아니요 세상으로부터 온 것이라"고 말합니다. 나의 유익과 만족, 명예와 인기를 위해 취하는 모든 꿈은 세상으로부터 온 것입니다. 하나님에게서 온 것이 아닙니다.

그러면 주님이 주시는 꿈은 무엇입니까? 그 꿈은 '먼저 하나님의 나라와 그의 의를 구하는' 거룩한 꿈입니다(마 6:33). 우리는 하나님의 나라, 하나님의 의, 하나님의 영광을 구하는 꿈을 품어야 합니다. 그런데 우리가 품은 하나님의 꿈은 세상으로부터 온 것이 아니기 때문에 이 세상은 우리가 하나님의 꿈을 이루도록 가만히 두지 않습니다. 원수 대적 마귀는 때로는 세상의 유혹으로, 때로는 시련과 역경으로 우리가 하나님의 꿈을 포기하도록 만듭니다. 따라서 우리가 절대 긍정의 믿음으로 충만할 때만이 하나님의 꿈을 이루어 드릴 수 있습니다.

✣ 13~15과
- 시작 찬송: 370장, 302장
- 복음성가: 전능하신 나의 주 하나님은, 나의 안에 거하라
- 마무리 찬송: 310장

〈마태복음〉 6:33
그런즉 너희는 먼저 그의 나라와 그의 의를 구하라 그리하면 이 모든 것을 너희에게 더하시리라

믿음의 조상 아브라함

하나님은 자식이 없는 아브라함에게 하늘의 별을 바라보고 꿈을 갖게 하셨습니다. 아브라함은 나이가 들어 노년이 될 때까지 자녀가 없었습니다. 그럼에도 불구하고 하나님이 자신에게 밤하늘의 뭇별처럼 많은 자손을 주신다는 꿈을 믿음으로 바라보았더니 백 세가 되어 아들을 낳았습니다.

하나님이 꿈을 주시고 그것을 이루어 주시는 이와 같은 기적은 지금 우리에게도 일어납니다. 우리가 현실을 바라보고 "안 된다.

할 수 없다. 나는 버림받은 인생이다. 부모가 나를 돌보지 않는다. 나는 힘들고 어려운 환경에서 자라서 되는 일이 없다"라고 생각하며 자기 자신을 절망으로 몰아가면 기적이 일어날 수 없습니다. 하나님이 주신 꿈을 바라보고 절대 긍정의 믿음으로 그 꿈이 이루어진 모습을 입술로 시인해야 합니다. 사람들에게 버림받고 아무도 도와주지 않아도 하나님이 붙들어 주시면 그때부터 기적은 일어납니다. 하나님에게 붙들리면 위대한 하나님의 사람이 되는 것입니다.

절대 긍정의 믿음을 통해 우리가 선포하는 모든 믿음의 선언은 하나님이 우리에게 주신 꿈을 이루는 원동력입니다. 절대 긍정의 믿음을 통해 나오는 말 한 마디 한 마디가 하나님의 비전이 이루어지는 계단이 되는 것입니다.

강영우 (1944~2012)
중학교 시절 사고로 실명하였고, 뒤이어 모친과 누나를 잃고 일찍이 맹인 고아가 되었다. 그러나 온갖 어려움 속에서도 신앙과 굳은 의지로 1972년 연세대학교 교육학과를 졸업하였고, 미국 피츠버그대학교에 유학하여 1976년에는 한국 최초의 시각 장애인 박사(교육학 전공 철학박사)가 되었다. 《미국 명사 인명사전》과 《세계 명사 인명사전》에 각각 2000년, 2001년부터 수록되고 있으며, 우리나라의 중학교 영어 교과서에 '현대의 영웅'으로 소개되었다. 세계 장애인의 복지 향상을 위해 헌신했다.

믿음의 눈으로 꿈을 이룬 강영우 박사

2012년 2월에 천국에 가신 강영우 박사님은 어린 시절 축구공에 맞아 시력을 잃었습니다. 그 충격으로 아버지가 돌아가셨습니다. 얼마 후에는 어머니도 돌아가시고 자기를 교회로 이끌어 주었던 누나마저 죽어 혼자 남았습니다. 눈이라도 보이면 좋겠는데 볼 수 없으니 아무것도 할 수 없고, 부모님도 안 계시고, 가진 재산도 없으니 참으로 살길이 막막했습니다. 그런데 그에게 큰 재산이 생겼습니다. 바로 하나님을 믿는 믿음을 갖게 된 것입니다.

믿음 하나만 갖고 있으면 승리합니다. 성공합니다. 기적이 일어납니다. 아무것도 없는데 믿음이 생기자, 그는 그 믿음 하나 붙잡고 위대한 기적을 이루어 내기 시작했습니다. 그는 미국으로 유학을 가서 박사 학위를 받아 교수가 되었고, 그 후 백악관에서 고위직을 맡게 되었습니다.

그는 결혼하여 두 아들을 두었는데, 큰아들이 늘 불만이었습니다.

"내 친구들은 다 아빠랑 같이 놀러 다니는데, 아빠는 나랑 같이 밖에 나가서 축구도 못하고 놀아 주지도 못하잖아요."

"얘야, 나는 다른 아빠들처럼 공을 차고 놀아 주지는 못해도 너를 위해서 매일매일 기도해 주지 않니? 그리고 밤에 불을 꺼서 깜깜할 때에도 너에게 많은 이야기를 들려주지 않니? 불이 꺼져서 깜깜할 때 책을 읽어 줄 수 있는 사람이 아빠밖에 더 있니? …… 너는 앞으로 마음에 꿈을 가지고 불쌍한 사람들을 도와주는 삶을 살아라."

"네, 저는 장차 안과 의사가 되어서 아빠처럼 앞을 못 보는 사람들, 눈에 문제 있는 사람들을 고쳐 주겠어요."

큰아들은 자신의 꿈대로 안과 의사가 되었습니다. 또 변호사가 되어서 힘이 없고 어려운 사람들을 도와주고 싶다던 둘째 아들도 정말로 변호사가 되었습니다.

절대 긍정의 믿음이 있으면 우리 삶에 하나님의 능력이 임합니다. 어떠한 연약함을 가졌더라도 그 연약함으로 인해 우리 삶이 제한되지 않습니다. 나의 연약함을 하나님의 강함으로, 나의 불가능을 하나님의 가능으로 바꾸는 힘이 절대 긍정의 믿음에 있다는 것을 기억하시기 바랍니다.

환난 중에서도 절대 긍정을 선포한 바울

제3차 선교 여행을 마치고 예루살렘으로 돌아온 바울은 율법을 비방하고 성전을 더럽혔다는 이유로 유대인에게 고소를 당했습니다. 바울은 벨릭스와 베스도 총독에게 심문을 받고 죄가 없음이 드러났지만 바울은 로마 선교를 위해 로마 시민권자로서 로마 황제에게 직접 재판받기를 원했습니다.

결국 바울은 로마로 호송되기 위해 배에 올랐지만 도중에 유라굴로라는 광풍을 만나 배는 크게 파손되었고 바다 위에서 두 주간을 표류했습니다. 그런 심각한 위기 상황에서 바울은 사람들에게 소망의 메시지를 선포했습니다. 바울이 절대 절망의 상황에서 절대 긍정의 메시지를 선포할 수 있었던 것은 바로 하나님의 말씀을 듣고 하나님을 신뢰했기 때문입니다.

> 내가 너희를 권하노니 이제는 안심하라 너희 중 아무도 생명에는 아무런 손상이 없겠고 오직 배뿐이리라 내가 속한 바 곧 내가 섬기는 하나님의 사자가 어젯밤에 내 곁에 서서 말하되 바울아 두려워하지 말라 네가 가이사 앞에 서야 하겠고 또 하나님이 너와 함께 항해하는 자를 다 네게 주셨다 하였으니 (행 27:22~24)

바울은 하나님의 사자가 전해 준 하나님의 말씀을 들었습니다. 하나님은 바울이 가이사 앞에 서게 될 것이고, 함께 배에 탄 사람들을 바울의 손에 맡기겠다고 말씀하셨습니다. 이처럼 하나님의 부르심에 인생을 맡긴 사람은 주위 사람이 모두 절망에 빠져 있을 때라도 하나님의 음성을 듣고 그 마음이 소망으로 가득 찹니다. 그리고 소망을 잃어버린 이들을 구원하는 하나님의 도구가 됩니다. 그리고 바울은 하나님이 그에게 말씀하신 그대로 이루어질 것이라는 믿음의 고백을 하며 다시 한 번 절대 긍정을 선포하였습니다(행 27:25~26).

〈사도행전〉 27 : 25~26
그러므로 여러분이여 안심하라 나는 내게 말씀하신 그대로 되리라고 하나님을 믿노라 그런즉 우리가 반드시 한 섬에 걸리리라 하더라

바울은 한 치 앞도 알 수 없는 생사의 기로에 서 있었지만 하나님의 말씀을 의지함으로써 절대 긍정을 선포했습니다. 결국 바울과 함께 배에 탔던 모든 사람은 바울의 선포처럼 멜리데라는 섬에 도착하게 되었고 그곳에서 원주민들에게 후한 대접을 받고 다시 로마로 향할 수 있었습니다.

절대 긍정의 믿음이 있으면 환난의 먹구름이 우리를 덮어도 밝은 내일을 향한 희망의 메시지를 선포할 수 있는 담대함을 소유할 수 있습니다. 절대 긍정의 믿음을 소유하면 환경의 지배를 받지 않고 그 문제를 뛰어넘어 하나님의 영광을 나타내는 일꾼이 될 수 있습니다.

하나님의 타이밍, 오스 힐먼

《하나님의 타이밍》이란 책의 저자인 오스 힐먼(Os Hillman)은 안정된 광고 대행사의 CEO이며 신실한 크리스천이었습니다.

오스 힐먼
경제계리더협회의 설립자이자 대표. 그리스도인으로 하여금 직업적인 소명을 통하여 하나님의 완벽하신 뜻을 발견하고 그 뜻을 이루도록 도와, 각자의 일터에서 하나님의 임재와 능력을 체험하는 삶을 살도록 인도하는 '일터 사역'의 아버지다. TGIF(Today God is First)라는 매일 명상을 인터넷을 통해 나누고 있다. 저서로는 《하나님의 타이밍》, 《일터사역》 등이 있다.

그러나 아내와 불화하다가 이혼하게 되었고, 설상가상으로 얼마 후에는 회사 매출의 70%를 차지하는 거래처로부터 더 이상 거래하지 않겠다는 통보를 받았습니다. 게다가 그 거래처는 그의 회사에 지불해야 할 14만 달러의 대금도 주지 않았습니다.

그의 시련은 여기서 끝나지 않았습니다. 그가 투자했던 몇몇 회

사들이 파산하는 바람에 수십만 달러의 자산을 잃고 말았습니다. 그가 가장 신뢰하던 동료가 그의 거래처를 가로채서 따로 사업을 차려 배신감에 고통을 받기도 하였습니다. 이 모든 일이 아내와의 이혼 후 불과 몇 달 사이에 일어났습니다. 그는 말 그대로 인생의 유라굴로 광풍을 만난 것입니다. 처음에 그는 갑자기 불어닥친 인생의 풍랑 앞에 어찌할 바를 모르고 이러한 상황에 대하여 하나님을 원망하고 심지어 하나님의 존재마저 의심했습니다. 그러한 시련은 7년 동안이나 계속되었습니다.

〈시편〉118:5

내가 고통 중에 야훼께 부르짖었더니 야훼께서 응답하시고 나를 넓은 곳에 세우셨도다

그러나 이 모든 시련은 단지 고통으로 끝나지 않았습니다. 극심한 시련의 풍랑 속에서 다시 하나님 앞에 나아가 그곳에서 자신의 소명을 발견했습니다. 그가 믿음의 끈을 놓지 않고 하나님을 의지하고 나아가자, 하나님이 그에게 힘을 주셨습니다. 그는 특별히 사업에 어려움을 겪었던 자신의 경험을 바탕으로 크리스천이 직장과 사업장에서 어떻게 하나님의 뜻을 실현하며 나아가야 하는지에 대한 탁월한 통찰력을 갖게 되었습니다. 그리고 하나님이 일꾼을 준비시킬 때는 삶의 시련과 역경이라는 과정을 통과하게 하신다는 깨달음을 얻었습니다. 이러한 경험을 살려서 그는 '일터 사역'을 시작하였습니다.

현재 오스 힐먼은 일터 사역의 대부로 전 세계 크리스천에게 영향력을 끼치고 있으며, '경제계리더협회'의 설립 대표로서 크리스천이 자신의 일터에서 하나님의 소명을 이루어 가도록 돕고 있습니다. 또한 '일터 사역 국제 연합'과 '아슬란 그룹 출판사'를 이끌고 있으며, 자신의 묵상을 담은 TGIF(TODAY GOD IS FIRST)라는

제목의 이메일을 전 세계 수십만 명의 사람에게 매일 발송하여 그들의 신앙 성장을 돕고 있습니다.

그의 삶이 시련을 만나 망망대해에서 동력을 잃은 배처럼 절망 가운데 있을 때 하나님은 그를 인도해 주셨고, 비전을 주셨고, 새로운 길을 열어 주셨습니다. 그는 하나님을 신뢰하고 의지하였기에 절망의 바다에서 벗어나 소망의 메신저로 거듭날 수 있었습니다.

하나님만이 우리의 유일한 희망이 되십니다. 하나님만이 우리의 인생을 책임져 주실 수 있습니다. 아무리 고난이 심해도 절대 긍정의 믿음을 소유하고 있으면 우리 삶의 유일한 희망이요, 도움이신 하나님의 능력을 공급받을 수 있습니다.

단 한 번뿐인 인생 가운데 하나님이 우리에게 주신 꿈과 사명을 이루어 드리려면 반드시 절대 긍정의 믿음으로 무장해야 합니다. 모든 사람이 다 "안 된다! 끝났다! 우리는 저 가나안을 정복할 수 없다!"고 말해도 "들어가자! 저들은 우리의 밥이다! 하나님이 우리와 함께하시면 능히 이긴다!"라고 했던 여호수아와 갈렙처럼 믿음을 갖고 도전해 나가야 합니다.

우리가 믿고 섬기는 하나님은 말씀 한 마디로 온 우주 만물을 지으신 창조주이십니다. 그 권능의 하나님이 우리의 하나님이십니다. 그 하나님을 마음에 믿고 우리의 삶 속에 하나님의 은혜와 축복이 이미 임했음을 바라보고 믿음으로 나아가면 날마다 기적이 다가옵니다. 축복이 다가옵니다. 절대로 뒤를 돌아보거나 과거의 상처, 염려, 근심, 절망을 바라보지 마십시오.

하나님이 함께하시면 우리는 넉넉히 이깁니다. 승리는 우리의

〈요한일서〉5:4

무릇 하나님께로부터 난 자마다 세상을 이기느니라 세상을 이기는 승리는 이것이니 우리의 믿음이니라

것입니다. 기적은 우리의 것입니다. 축복은 우리의 것입니다. 하나님은 지금 믿음의 사람들을 찾고 계십니다. 자신을 변화시키고, 가정을 변화시키고, 직장을 변화시키고, 사회를 변화시키고, 하나님의 은혜와 축복을 가져오는 믿음의 사람들을 찾고 계십니다.

〈사도행전〉 2장 7절 말씀을 적어 보세요.

하나님이 말씀하시기를 말세에 내가 내 영을 모든 육체에 부어 주리니 너희의 자녀들은 예언할 것이요 너희의 젊은이들은 환상을 보고 너희의 늙은이들은 꿈을 꾸리라

지금 이루고 싶은 꿈이 있나요? 적어 보세요.

만약 없다면 하나님에게 하나님의 계획을 알게 해 달라고 기도하세요(기도문을 적어 보세요).

2. 고난을 이기고 승리할 수 있습니다

핵심 요약 1. 고난을 이기는 힘은 절대 긍정의 믿음에 있다.
2. 절대 긍정의 믿음은 고난 후에 임할 하나님의 축복을 바라보게 하는 영적인 망원경이다.

고난을 이기는 힘은 절대 긍정의 믿음에 있습니다. 예수님이 십자가 죽음이라는 고난을 이기고 부활하신 것을 믿는 사람이라면 어떠한 상황에서도 절대 긍정의 믿음으로 고난을 이겨내고 부활의 영광에 참여할 수 있습니다. 절대 긍정의 믿음이 있으면 상처 가운데서도 회복을 바라볼 수 있습니다. 절대 긍정의 믿음이 있으면 고통 가운데서도 기쁨을 노래할 수 있습니다. 절대 긍정의 믿음은 고난 후에 임할 하나님의 축복을 바라보게 하는 영적인 망원경입니다.

웨잇과 페이스는 미국 엘리베이션교회의 찬양 사역자 부부입니다. 그들은 2008년 6월 18일에 쌍둥이 딸 리나와 애들리를 낳았습니다. 그런데 일곱 달 만에 조산을 해서 둘 다 겨우 1킬로그램 정도밖에 안 되는 미숙아로 태어나 생존 가능성이 희박했습니다. 두 아이 중에 하나라도 살릴 수 있을지 모르겠다며 의사는 회의적으로 말했습니다. 그런데 사흘 후 리나가 뇌출혈을 일으켜 목숨이 위태롭게 되었습니다. 병이 나아도 평생 아무것도 못하는 식물인간이 될 것이니 산소 호흡기를 떼어 내자고 의사는 말했습니다. 일곱 달 만에 태어난 1킬로그램밖에 안 되는 미숙아인데 사흘 만에 뇌출혈이 일어났으니 상황은 완전히 절망적이었습니다.

그러나 웨잇과 페이스 부부는 절대 긍정의 믿음을 소유한 사람들이었습니다. 그들은 아기를 포기하지 않고 의사에게 "당신이 할 수 있는 것을 최대한으로 하십시오. 그 다음은 우리 하나님이 알아서 하실 것입니다"라고 말한 후 목사님과 전 성도에게 기도 요청을 하고, 부부 또한 간절히 기도했습니다. 인큐베이터에서 산소 호흡기를 끼고 숨을 헐떡이고 있는 아이를 보면 절망스럽고 의사의 이야기를 들어 보면 다 끝난 것 같은데, 기도만 하면 하나님이 "강하고 담대하라!"고 말씀하셨습니다. 그들은 이 말씀을 붙들고 하나님에게 매달렸습니다.

〈여호수아서〉 1:9
내가 네게 명령한 것이 아니냐 강하고 담대하라 두려워하지 말며 놀라지 말라 네가 어디로 가든지 네 하나님 여호와가 너와 함께 하느니라 하시니라

그런데 이번에는 애들리가 장에 문제가 생겨서 수술을 받게 되었습니다. 쌍둥이 딸을 얻었다는 기쁨은 잠깐이고 한 아이는 뇌출혈로, 또 한 아이는 장 수술로, 두 아이가 모두 매일 병과 싸우는 것을 보면서 기도하고, 또 기도하는 나날이 계속되었습니다. 그렇게 석 달 동안 기도하자, 마침내 놀라운 일이 일어났습니다. 뇌출혈이 하나님 은혜 가운데 멈추고 리나가 정상으로 돌아오기 시작했습니다. 믿음의 기도가 기적을 만들어 낸 것입니다. 살지도 못하겠지만 설령 살아도 평생 식물인간이 된다던 아이가 지금은 걷고 뛰며 잘 자라고 있습니다.

절대 긍정의 믿음을 가지고 있으면 어떤 극심한 고난도 하나님의 영광을 나타내는 재료가 됩니다. 문제를 바라보고 낙심하지 마십시오. 문제를 바라보고 절망하지 마십시오. 아무리 상태가 절망적이고 비관적이고 사람들이 다 안 된다고 이야기해도 믿음을 놓지 마십시오. 믿음을 꽉 붙잡아야 합니다. 한번 예수님을 믿었으면 끝까지 믿어야지, 조금 문제가 있다고 낙심하고 상처받고 뒤로 물러서면 주님 보시기에 부끄러운 모습입니다.

3. 영적 전쟁에서 승리할 수 있습니다

〈잠언〉 4장 23절 말씀을 적어 보세요.

모든 지킬 만한 것 중에 더욱 네 마음을 지키라 생명의 근원이 이에서 남이니라

우리의 마음이 절대 긍정의 믿음으로 무장되어 있을 때 영적 전쟁에서 승리할 수 있습니다. 생명의 근원은 마음입니다. 다시 말하면 죽고 사는 것이 마음먹기에 달려 있다는 것입니다.

베트남 전쟁이 그 좋은 예입니다. 당시 월남군은 미국의 지원을 받아 아주 강력한 무기를 가지고 있었지만 정신 상태가 무너져 있었습니다. 그들은 문제가 생기면 도망갈 준비만 하고 있었습니다. 이에 비해 월맹군은 월남군보다 화력도 약하고 여러모로 불리했지만 정신력으로 이겼습니다.

영적 전쟁의 대상은 원수 마귀입니다(엡 6:12). 그런데 영적 전쟁이 시작되는 곳은 다름 아닌 우리의 마음입니다. 우리가 우리의 마음을 무엇으로 채워 놓느냐에 따라 영적 전쟁의 승패가 갈립니다.

우리 마음이 절대 긍정의 믿음으로 충만해져야 외부의 적인 원수 마귀와 싸워 이길 수 있습니다. 부정적인 마음을 가지고 있으면 마음속에 원망과 불평이 생깁니다. 원망과 불평은 마귀의 무기입니다. 우리가 하루에 원망과 불평의 말을 얼마나 하고 있는지 생각

핵심 요약 1. 우리가 절대 긍정의 믿음으로 무장되어 있을 때 영적 전쟁에서 승리할 수 있다.
2. 우리 마음이 절대 긍정의 믿음으로 충만해져야 외부의 적인 원수 마귀와 싸워 이길 수 있다.

✣ 영적전쟁

예수님이 십자가에서 죽고 부활하심으로 마귀의 권세를 멸하셨기 때문에, 우리의 승리는 이미 확정된 것이다. 그러나 성도는 최후 승리를 얻을 때까지는 영적 싸움 중에 있다. 우리는 하나님의 말씀, 예수님의 이름과 보혈, 성령의 능력으로 어둠의 영들을 이길 수 있다.

〈에베소서〉 6:12

우리의 씨름은 혈과 육을 상대하는 것이 아니요 통치자들과 권세들과 이 어둠의 세상 주관자들과 하늘에 있는 악의 영들을 상대함이라

해 보십시오. 가족과 직장 동료, 친구와 이야기를 나눌 때 그 대화 속에 원망이나 불평의 말이 얼마나 들어 있는지 살펴보십시오. 어떨 때는 대화의 대부분이 원망과 불평을 담은 내용일 때도 있을 것입니다. 어떨 때는 마치 경주라도 하듯이 서로 뒤질세라 원망과 불평의 말을 하고 있다는 것을 깨닫게 될 것입니다. 이러한 원망, 불평으로 우리 삶을 채워 가면 결국 어느 새 우리 마음은 원수 마귀에게 점령당해 하나님에 대한 불신앙이 자리 잡게 될 것입니다. 믿음은 우리 신앙의 방패입니다. 절대 긍정의 믿음으로 나아가면 원수 마귀의 공격을 거뜬히 막아 낼 수 있습니다. 마귀는 절대 긍정의 믿음으로 무장한 사람을 결코 쓰러뜨릴 수 없습니다.

하나님의 비전을 이루고, 고난을 이겨 내고, 영적 전쟁에 승리를 가져오는 비결은 절대 긍정의 믿음입니다. 날마다 숨 쉬는 모든 순간에 절대 긍정의 믿음으로 나아가십시오. 하나님 나라가 확장되는 역사의 현장에 위대한 발자취를 남기게 될 것입니다.

✣ 과제
- 다음 주 예습
- 중보 기도
- 절대 긍정이란 무엇인지 묵상하고 5줄 이상 적어 오기
- 잠 3:5~6 암송하기

절대 긍정의 믿음을 소유해야 하는 이유 세 가지를 적어 보세요.

1. 하나님의 비전을 성취할 수 있다.
2. 고난을 이기고 승리할 수 있다.
3. 영적 전쟁에서 승리할 수 있다.

15

절대 긍정의 믿음을 소유하기 위한 훈련

내가 확신하노니 사망이나 생명이나 천사들이나 권세자들이나
현재 일이나 장래 일이나 능력이나 높음이나 깊음이나 다른 어떤 피조물이라도
우리를 우리 주 그리스도 예수 안에 있는 하나님의 사랑에서 끊을 수 없으리라
〈로마서〉 8:38~39

절대 긍정의 믿음은 저절로 우리에게 주어지지 않습니다. 절대 긍정의 믿음을 소유하겠다는 굳은 결심이 필요합니다. 뿐만 아니라 절대 긍정의 믿음으로 살아가기 위해 날마다 우리 자신을 훈련시켜야 합니다. 훈련되지 않은 군사가 전쟁에서 승리할 수 없듯이 훈련되지 않은 영성은 고난과 환난 앞에 쉽게 무기력해지고 말기 때문입니다.

✣ 13~15과
- 시작 찬송: 370장, 302장
- 복음성가: 전능하신 나의 주 하나님은, 나의 안에 거하라
- 마무리 찬송: 310장

핵심요약 1. 우리는 예수님을 구주로 인정하고 입술로 시인할 때 구원을 받는다.
2. 하나님의 자녀인 우리가 매일의 삶 속에서 입술을 어떻게 사용해야 하는지도 매우 중요하다. 심판 날에 우리의 입술에서 나간 말이 심판을 받는다.

1. 절대 긍정의 언어를 사용하십시오

우리는 예수님을 구주로 인정하고 입술로 시인할 때 구원을 받습니다. 〈로마서〉 10장 10절은 "사람이 마음으로 믿어 의에 이르고 입으로 시인하여 구원에 이르느니라"고 말합니다. 우리가 구원을 받는 일에 입술로 하는 시인이 얼마나 중요한가를 볼 수 있습니다. 동시에 구원받은 삶을 사는 우리가 입술을 어떻게 사용하는가도 매우 중요합니다.

> 내가 너희에게 이르노니 사람이 무슨 무익한 말을 하든지 심판 날에 이에 대하여 심문을 받으리니 네 말로 의롭다 함을 받고 네 말로 정죄함을 받으리라 (마 12:36~37)

하나님은 우리가 일상생활에서 하는 말들을 다 듣고 계십니다. 특히 믿음의 사람들이 하나님의 말씀을 얼마나 신뢰하는지에 대해 관심을 가지고 계시며, 하나님의 말씀을 우리의 입술로 어떻게 고백하고 있는지에 귀를 기울이고 계십니다. 이것은 출애굽한 이스라엘 백성이 가나안을 정탐하고 돌아온 열두 명의 보고를 들은 뒤에 보인 반응과 그것을 보신 하나님의 대응을 통해 잘 확인할 수 있습니다.

> 그와 함께 올라갔던 사람들은 이르되 우리는 능히 올라가서 그 백성을 치지 못하리라 그들은 우리보다 강하니라 하고 이스라엘 자손 앞에서 그 정탐한

땅을 악평하여 이르되 우리가 두루 다니며 정탐한 땅은 그 거주민을 삼키는 땅이요 거기서 본 모든 백성은 신장이 장대한 자들이며 거기서 네피림 후손인 아낙 자손의 거인들을 보았나니 우리는 스스로 보기에도 메뚜기 같으니 그들이 보기에도 그와 같았을 것이니라(민 13:31~33)

열 명의 정탐꾼은 첫째, 그 백성을 치지 '못한다'고 말했습니다. 둘째, 그들은 우리보다 '강하다'고 말했습니다. 셋째, 하나님이 약속하신 땅을 '악평'했습니다. 열 명의 정탐꾼의 보고에는 하나님이 없었고, 하나님에 대한 믿음이 없었고, 하나님의 계획을 신뢰하는 마음이 없었습니다. 그래서 내린 결론이 우리는 그들 눈에 '메뚜기'라는 것이었습니다. 하나님은 당시 최강대국인 애굽의 손에서 이스라엘 백성을 건져 내었고, 홍해를 갈랐고, 구름 기둥과 불기둥으로 인도하였으며, 만나와 메추라기로 그들을 먹이셨습니다. 그러나 이스라엘 백성은 자신을 메뚜기라고 말했습니다. 그렇다면 하나님은 이스라엘 백성을 어떻게 보셨기에 그들을 선택하고 인도하셨다는 말씀일까요? 열 정탐꾼의 보고는 결국 하나님에 대한 모독이었습니다.

그 땅을 정탐한 자 중 눈의 아들 여호수아와 여분네의 아들 갈렙이 자기들의 옷을 찢고 이스라엘 자손의 온 회중에게 말하여 이르되 우리가 두루 다니며 정탐한 땅은 심히 아름다운 땅이라 야훼께서 우리를 기뻐하시면 우리를 그 땅으로 인도하여 들이시고 그 땅을 우리에게 주시리라 이는 과연 젖과 꿀이 흐르는 땅이니라 다만 야훼를 거역하지는 말라 또 그 땅 백성을 두려워하지 말라 그들은 우리의 먹이라 그들의 보호자는 그들에게서 떠났고 야훼는 우리와 함께 하시느니라 그들을 두려워하지 말라 하나(민 14:6~9)

여호수아와 갈렙은 첫째, 열 명의 정탐꾼의 부정적이고 믿음 없는 말에 대해 옷을 찢는 것으로 의분을 표현했습니다. 하나님이 기뻐하실 만한 말이 아니었기 때문입니다. 둘째, 그 땅은 아름답고 하나님이 우리를 기뻐하시면 그 땅을 주실 것이라고 말했습니다. 셋째, 우리에게는 하나님이 계시기 때문에 그들은 우리의 먹이라고 말했습니다. 여호수아와 갈렙은 가나안을 정복하는 일이 결코 불가능한 일이라고 생각하지도 말하지도 않았습니다. 하나님이 약속하셨고, 하나님이 함께하고 계신데 불가능이라고 말하는 것은 하나님을 거역하는 일이라고 결론 내렸습니다.

> 나를 원망하는 이 악한 회중에게 내가 어느 때까지 참으랴 이스라엘 자손이 나를 향하여 원망하는 바 그 원망하는 말을 내가 들었노라 그들에게 이르기를 야훼의 말씀에 내 삶을 두고 맹세하노라 너희 말이 내 귀에 들린 대로 내가 너희에게 행하리니(민 14:27~28)

하나님의 약속을 신뢰하지 못하고 가나안 원주민들의 겉모습에 주눅이 들어 하나님을 원망하고 가나안 정복이 불가능하다고 판단한 사람들은 하나님의 심판을 받아 결국 가나안에 들어가지 못했습니다. 그리고 하나님의 약속을 신뢰하고 가나안 정복이 가능하다고 선포한 여호수아와 갈렙만이 가나안에 들어갈 수 있었습니다. 그런데 중요한 것은 하나님이 "내 귀에 들린 대로 내가 너희에게 행하리라"고 말씀하신 대목입니다. 하나님은 우리가 말한 대로 행하십니다.

그러므로 우리는 하나님을 믿고 절대 긍정을 선포해야 합니다. 그 절대 긍정의 언어는 우리를 바꾸어 놓을 뿐만 아니라 하나님이 우리의 삶을 다스리시는 기준이 됩니다. 부정적인 언어는 우리의 삶을 우리가 원하지 않는 방향으로 이끌어 간다는 것을 반드시 기억하십시오. 만약 부정적인 생각이 들어왔을 때는 그 자리에서 성령님에게 다음과 같이 기도하시기 바랍니다.

성령님, 제가 지금 '……'라는 부정적인 생각을 했습니다. 제 힘으로는 이러한 생각들을 제거할 수 없습니다. 자비하신 성령님, 제 안에 들어온 이러한 부정적인 생각들을 가져가 주십시오.

그리고 '주님 안에서 할 수 있다', '주님이 함께하시면 가능하다' 등의 절대 긍정의 언어를 생활화하고, 다른 사람에 대해서도 긍정적으로 말하는 습관을 가지십시오.

현재 부정적인 생각에 사로잡혀 있나요? 적어 보세요.

- 아무리 노력해도 믿음이 자라지 않아요.
- 나 같은 사람은 예수님을 믿을 자격이 없어요. 등

주님 안에서 할 수 있음을 선포해 보세요.

- 예수 그리스도께서 내 편이시다.
- 그분 안에서 나는 모든 것을 할 수 있다.

2. 감사로 무장하십시오

핵심 요약 1. 절대 긍정의 믿음이 저절로 우리에게 주어지는 것이 아니듯 감사도 마찬가지다.
2. 절대 긍정의 믿음이 하나님의 비전이라는 자동차에 필요한 기름이라면 감사는 자동차의 각 부분이 잘 돌아가게 하는 윤활유와 같다.
3. 감사하는 마음이 있으면 복음을 위한 어떠한 고난도 희생이라고 말하지 않고 영광의 면류관이라고 고백할 수 있는 절대 긍정의 믿음이 일어난다.

어느 부부가 외출을 했다가 밤늦게 돌아오는 길이었습니다. 부부는 집에 거의 도착할 즈음이 되어서야 자동차에 기름이 떨어져 간다는 것을 알게 되었습니다. 기름의 남은 양을 표시하는 바늘이 바닥을 가리키고 있었고, 집 주변에는 주유소가 없었습니다. 그래서 아내가 남편에게 "여보, 낮에 기름을 좀 충분히 넣어 놨어야죠. 집 주변에 주유소도 없는데 당장 내일 나가다가 차가 멈춰 버리면 어떻게 해요?"라고 핀잔을 주었습니다. 그 말을 들은 남편이 "여보, 이왕 이렇게 된 거 어쩌겠소. 범사에 감사합시다"라고 대답했습니다. 아내는 남편의 말에 더 이상 대꾸하지 못하고 집으로 들어왔습니다.

그런데 다음 날 새벽, 부부는 경찰에게 전화 한 통을 받았습니다. 전날 밤에 도둑이 부부의 차를 훔쳐서 달아나다가 30m도 안 되는 거리에 차를 그대로 두고 도망쳤다는 것이었습니다. 기름이 없어서 차가 그대로 서 버렸던 것입니다. 결국 범사에 감사하자는 남편의 말로 부부 싸움도 안하고 차도 도둑맞지 않았으니 더없이 감사한 일이 되었습니다.

당장은 좋아 보이지 않아도 원망, 불평하지 않고 감사의 말로 우리의 삶을 채워 가면 하나님이 우리에게 좋은 일을 허락해 주십니다. 또한 감사란 마음에서 우러나올 때만 할 수 있는 것이 아닙니다. 하나님이 우리 삶에 허락하신 모든 일에 대해 감사하려는 노력이 필요합니다. 이러한 영적인 노력을 통해 범사에 감사할 줄 아는 사람이 하나님이 기뻐하시는 감사의 사람이 될 수 있습니다.

헨리 나우웬은 상담심리학 교수로 세계적인 명문 대학인 예일과 하버드에서 학생들을 가르쳤습니다. 그런데 남미의 빈민촌으로 봉사 활동을 다녀온 후 그들과 비교해 자신은 가지고 누리는 것이 많은데 감사하며 살지 못하고 있음을 깨달았습니다. 그래서 교수직을 그만두고 1986년에 장애인 공동체인 '데이브레이크'에 들어가서 지적 장애인들을 돌보다가 1996년에 세상을 떠났습니다. 그는 감사하지 못했던 자신의 모습을 깨닫고 돌이켜 감사함으로써 삶의 모습 자체를 변화시켰습니다.

헨리 나우웬 (1932-1996)
작가이자 예수회 사제이며 심리학자. 네덜란드 네이께르끄에서 3남 1녀 중 막내로 태어났다. 1957년 예수회 사제로 서품을 받았으며 신학과 심리학을 공부하였다. 노틀담대학, 예일대학, 하버드대학 교수로 재직했다. 자신의 풍요로운 생활에 죄책감을 느끼고 하나님의 뜻을 찾고자 강단을 떠났다. 정신지체 장애자 공동체인 '데이브레이크'로 가서 1996년 9월 심장마비로 세상을 떠나기까지 장애우들과 함께 생활하였다. 세속적인 명예를 멀리하고 사명감에 충실했다. 영적 삶을 위한 고민과 성찰을 잘 드러내는 책들을 저술하였다.

그의 책《영혼의 양식》에 '감사할 수 있게 한 영적인 노력'이란 글이 있습니다.

> 우리의 생애에 일어나는 일들 중에서 좋은 일에 대하여 감사하는 것은 쉬운 일입니다. 그러나 그것이 좋은 일이든 나쁜 일이든, 기쁜 순간이든 슬픈 순간이든, 성공하든 실패하든, 보상을 받든 거부를 당하든, 우리의 인생 전반에 대하여 감사할 수 있기 위해서는 굉장한 '영적인 노력'이 필요합니다. 지

금 이 순간까지 우리를 있게 한 모든 것에 대하여 우리가 감사할 수 있을 때, 우리는 진정으로 감사할 줄 아는 사람입니다.

절대 긍정의 믿음이 저절로 우리에게 주어지는 것이 아니듯 감사 또한 마찬가지입니다. 감사하기 위해 노력하면 그러한 노력 가운데 삶을 바라보는 시각이 달라지고, 하나님의 비전을 발견하게 되고, 무엇을 위해 헌신하며 살아야 하는지에 대해 분명히 깨닫게 됩니다. 절대 긍정의 믿음이 하나님의 비전이라는 자동차에 필요한 기름이라면 감사는 자동차의 각 부분이 잘 돌아가게 하는 윤활유와 같습니다. 감사하십시오. 그러면 절대 긍정의 믿음으로 전진하는 그 길이 더욱 힘차게 될 것입니다.

데이비드 리빙스턴은 아프리카 선교의 아버지입니다. 그는 원주민 외에는 들어가 본 사람이 없는 곳을 찾아다니며 복음을 전했습니다. 정글을 헤쳐 가면서 아프리카 대륙을 동서로 세 번이나 왕복하며 복음을 전파했습니다. 사자의 공격을 받아 왼팔이 불구가 되었어도 계속 복음을 전했고, 길이 없는 곳에는 길을 내 가며 이동했고, 그가 처음으로 발견한 곳에는 이름을 붙이기도 했습니다. 그는 평생을 아프리카에서 사역하다가 아프리카에서 숨을 거두었습니다. 1856년 글래스고대학 강연에서 그는 이렇게 말했습니다.

데이비드 리빙스턴 (1813~1873)
불굴의 복음 탐험가이자 선교사. 유럽 사람으로는 처음으로 아프리카 대륙을 횡단했다. 현지 상황을 상세하게 보고하여 아프리카 노예 무역 금지에 힘썼다. 영국 스코틀랜드 출생인 그는, 어렸을 적 부모와 함께 예배를 드리다가 아프리카 선교에 대한 비전을 품게 되었다. 아프리카 선교 헌금을 하는데 돈이 없었던 그는 헌금함 위에 앉아서 "하나님! 저는 돈이 없어서 당장 헌금은 못하지만 아프리카를 위해서 제 몸을 드릴게요!" 라고 기도할 정도로 믿음의 용기가 있었다. 방직공장의 직조공 보조로 일하면서 고학으로 의학 및 신학을 공부하고, 의료선교사로 아프리카에 갔다. 그는 자신의 제1 목적은 선교였으며 탐험은 어디까지나 선교의 거점을 탐색하기 위한 수단이라고 말했다.

언어도 모르고 태도는 항상 미심쩍으며 때로는 절망적인 사람들 가운데서 아직까지 지내 올 수 있었던 것은 "오직 내가 너희에게 분부한 모든 것을 가르쳐 지키게 하라 볼지어다 내가 세상 끝날까지 너희와 항상 함께 있으리라"(마 28:20)는 말씀에 내가 모든 것을 걸었고 그 말씀이 한 번도 나를 낙심시킨 적이 없었기 때문입니다. 사람들은 내가 아프리카에서 나의 생을 보낸 것을 희생이라고 말하나 그렇지 않습니다. 도저히 갚을 길이 없는 하나님의 사랑에 대한 빚을 그저 조금 갚은 것에 불과한데, 이것을 어찌 희생이라는 고귀한 말로 표현할 수 있겠습니까? 건강한 활동, 좋은 일을 한다는 생각, 마음의 평화, 그리고 앞으로 누릴 영광스런 운명의 밝은 소망 등을 안겨다 준 것들을 어찌 희생이라고 할 수 있겠습니까? 나는 한 번도 희생한 일이 없습니다.

감사하는 마음이 있으면 복음을 위한 어떠한 고난도 희생이라고 말하지 않고 영광의 면류관이라고 고백할 수 있는 절대 긍정의 믿음이 일어납니다.

절대 긍정의 믿음이 우리 삶에 가져오는 열매는 넘치는 감사입니다. 또한 감사하면 할수록 절대 긍정의 믿음이 우리 안에 더욱 강해집니다. 감사 노트를 준비해서 하루에 한 가지 이상 감사한 일을 기록해 보십시오. 도움을 받았거나 평소 감사한 마음을 표현하지 못했던 분들에게 감사의 말을 전해 보십시오. 그리고 우리 앞에 놓인 모든 일을 하나님이 선하게 응답해 주실 것을 믿고 미리 감사해 보십시오.

감사한 일을 세 가지 적어 보세요.

1.

2.

3.

미리 감사할 일은 무엇이 있나요?

1.

2.

3.

3. 하나님을 더 깊이 알아가기 위해 힘쓰십시오

핵심요약 1. 하나님에 대해 더 많이 알기 위해 최선을 다하자. 물론 이것은 단지 지식적인 차원이 아니다. 하나님을 안다는 것은 하나님과 함께 산다는 것이다.
2. 하나님과 함께 산다는 것은 곧 예배다.

한 달란트 받았던 자는 와서 이르되 주인이여 당신은 굳은 사람이라 심지 않은 데서 거두고 헤치지 않은 데서 모으는 줄을 내가 알았으므로 두려워하여 나가서 당신의 달란트를 땅에 감추어 두었었나이다 보소서 당신의 것을 가지셨나이다 그 주인이 대답하여 이르되 악하고 게으른 종아 나는 심지 않은 데서 거두고 헤치지 않은 데서 모으는 줄로 네가 알았느냐 그러면 네가 마땅히 내 돈을 취리하는 자들에게나 맡겼다가 내가 돌아와서 내 원금과 이자를 받게 하였을 것이니라 하고 그에게서 그 한 달란트를 빼앗아 열 달란트 가진 자에게 주라 무릇 있는 자는 받아 풍족하게 되고 없는 자는 그 있는 것까지 빼앗기리라 이 무익한 종을 바깥 어두운 데로 내쫓으라 거기서 슬피 울며 이를 갈리라 하니라(마 25:24~30)

한 달란트 받은 종은 주인에게 받은 달란트를 땅에 그대로 묻어 두었습니다. 주인이 와서 그 이유를 묻자 주인의 성품을 문제 삼았습니다. 그 종은 주인이 굳은 사람이고 심지 않은 데서 거두고 헤치지 않은 데서 모으는 냉정한 사람이라고 말했습니다. '굳은 사람'이란 무정하고 냉혹한 사람이라는 뜻입니다.

이처럼 한 달란트 받은 종은 주인에 대해 잘못된 인식을 가지고 있었습니다. 그러한 잘못된 인식이 그 한 달란트마저 잃어버려서는 안 된다는 부정적인 생각과 두려움을 가져와서 자신이 받은 달란트를 땅에 묻어 두게 만들었습니다. 마찬가지로 하나님에 대해 잘못 알면 받은 사명을 잃어버리게 됩니다. 부정적인 사람이 되어 창의력을 발휘하지 못하고 도전 정신도 잃어버리게 됩니다. 그러므로 하나님에 대한 바른 지식을 가지고 있어야 합니다. 그럴 때 하나님이 맡겨 주신 사명을 온전히 감당할 수 있습니다. 고난이 다가왔을 때 하나님을 원망하지 않고 믿음으로 이겨 낼 수 있습니다. 하나님을 알고자 힘쓰는 사람은 하나님이 주시는 은혜의 단비로 그의 삶이 가득하게 됩니다.

> 오라 우리가 야훼께로 돌아가자 야훼께서 우리를 찢으셨으나 도로 낫게 하실 것이요 우리를 치셨으나 싸매어 주실 것임이라 야훼께서 이틀 후에 우리를 살리시며 셋째 날에 우리를 일으키시리니 우리가 그의 앞에서 살리라 그러므로 우리가 야훼를 알자 힘써 야훼를 알자 그의 나타나심은 새벽 빛 같이 어김없나니 비와 같이, 땅을 적시는 늦은 비와 같이 우리에게 임하시리라 하니라(호 6:1~3)

하나님에 대해 더 많이 알기 위해 최선을 다하십시오. 물론 이것은 단지 지식적인 차원이 아닙니다. 하나님을 안다는 것은 하나님과 함께 산다는 것입니다. 부부가 함께 살면서 서로를 알아가는 것처럼 하나님과 함께 살면서 하나님에 대해 알아가는 것입니다. 하나님과 함께 산다는 것은 결국 예배입니다. 공적인 예배(교회 예배)

와 사적인 예배(경건 생활)를 통해 우리는 하나님과 친밀하게 교제할 수 있고, 그로 인해 하나님에 대해 더 많은 것을 알아갈 수 있습니다. 공적 예배 연간 출석표를 만들어 자신의 예배 생활을 확인하고, 개인적으로 경건 생활을 위해 계획을 세우고 실천해 나가는 훈련을 하십시오. 우리 신앙과 삶을 승리로 이끄는 절대 긍정의 믿음은 어느 한 순간 우리에게 주어지는 것이 아닙니다. 예배를 통해 하나님을 더욱 깊이 알아가고 경건 생활을 통해 하나님에게 더 가까이 나아갈 때 절대 긍정의 믿음이 우리 안에 자리 잡게 될 것입니다.

4. 말씀을 암송하십시오

핵심요약 1. 말씀을 암송할 때 절대 긍정의 믿음이 우리 마음속에 자리 잡게 된다.
2. 전지전능하신 하나님의 말씀을 우리의 마음에 새길 때 그 말씀이 우리 영혼의 힘과 능력이 되어 절대 절망의 상황에서도 절대 긍정의 믿음으로 나아가게 한다.
3. 말씀의 능력이 우리 마음에 충만하면 세상에서 오는 부정적이고 비관적인 목소리가 들어올 자리가 없다.

말씀을 암송할 때 절대 긍정의 믿음이 우리 마음속에 자리 잡게 됩니다. 사람의 위로와 격려는 한계가 있습니다. 상황에 따라서 얼마든지 변할 수 있는 것이 사람의 말입니다. 그러나 하나님의 말씀은 영원합니다(사 40:8). 전지전능하신 하나님의 말씀을 우리의 마음에 새길 때 그 말씀이 우리 영혼의 힘과 능력이 되어 절대 절망의 상황에서도 절대 긍정의 믿음으로 나아가게 합니다.

〈시편〉 기자는 "복 있는 사람은 오직 야훼의 율법의 즐거워하며 그의 율법을 주야로 묵상한다"고 말했습니다(시 1:1). 그리고 야훼의 율법, 곧 하나님의 말씀을 즐거워하고 묵상하는 그 사람은 형통하는 삶을 살게 된다고 말했습니다(시 1:3). 반면에 하나님의 말씀을 가볍게 여기며 따르지 않는 사람은 바람에 나는 겨와 같다고 말했습니다(시 1:4). 하나님의 진리의 말씀을 소유하지 못한 사람은 바람에 나는 겨와 같은 인생을 살게 됩니다. 세상의 풍파가 휘몰아치는 대로 좌충우돌하며 임기응변으로 살다가 결국 열매 없는 인생으로 삶을 마감하게 됩니다.

말씀을 암송함으로 말씀의 능력이 마음 가운데 뿌리내리도록 훈련하십시오. 말씀의 능력이 우리 마음에 충만하면 세상이 주는 부정적이고 비관적인 목소리가 들어올 자리가 없습니다.

절대 긍정의 믿음을 소유하기 위해 훈련하십시오. 긍정의 언어를 습관화하고, 감사를 생활화하고, 하나님을 더 알기 위해 끊임없이 노력하십시오. 그리고 말씀으로 마음을 가득 채우십시오. 그러면 절대 긍정의 믿음이 어떠한 환경과 조건 속에서도 우리를 강하게 붙잡아 줄 것입니다. 그리고 우리는 하나님의 기쁨이 될 것입니다.

오늘날에는 절대 절망을 호소하는 사람들이 많습니다. 왜냐하면 물질을 우상으로 섬기는 물질주의와 인간의 감각을 자극하여 쾌락에 빠져 들게 만드는 타락한 문화와 극단적 개인주의를 조장하는 포스트모더니즘이 이 시대를 사로잡고 있기 때문입니다. 더 많은 물질을 얻고, 쾌락을 쫓고, 자신의 유익을 위해 살아도 절대 절망에서 벗어날 수 없기 때문입니다. 우리는 그 모든 사상과 문화의 뿌리가 죄라는 것을 잘 알고 있습니다. 죄는 우리 삶에 문제를 가져오고 절대 절망을 가져옵니다. 사회와 과학이 아무리 발달해도 그것들이 죄의 문제를 해결할 수 없습니다. 이러한 때에 예수님을 믿고 하나님의 자녀가 된 우리는 절대 긍정의 믿음을 소유해야

〈시편〉1:1~3
복 있는 사람은 악인들의 꾀를 따르지 아니하며 죄인들의 길에 서지 아니하며 오만한 자들의 자리에 앉지 아니하고 오직 여호와의 율법을 즐거워하여 그의 율법을 주야로 묵상하는도다 그는 시냇가에 심은 나무가 철을 따라 열매를 맺으며 그 잎사귀가 마르지 아니함 같으니 그가 하는 모든 일이 다 형통하리로다

합니다. 우리가 절대 긍정의 믿음으로 나아갈 때 죄악이 관영한 이 시대에 하나님의 진리를 온전히 선포할 수 있습니다. 담대히 복음을 증거해 세상 사람들을 주님에게로 인도할 수 있습니다.

성경을 〈창세기〉부터 〈요한계시록〉까지 한 번이라도 정독해 본 경험이 있는 사람이라면 성경은 결코 우리에게 부정적이고 비관적인 마음을 심어 주지 않는다는 것을 알 수 있습니다. 왜냐하면 하나님의 말씀인 성경은 우리의 구원자 되신 예수님과 우리의 구원에 대해서 말하고 있기 때문입니다. 즉 우리가 예수 그리스도의 십자가 죽음과 부활로 인해 죄와 사망에서 해방되어 의와 생명을 누리고, 심판과 징계의 두려움에서 벗어나 용서와 축복의 기쁨을 누리게 되었다는 복된 소식을 말하고 있기 때문입니다. 그러므로 이 복된 소식을 믿는 자는 세상에서 어떠한 고난과 환난을 당한다 할지라도 절대 긍정의 믿음으로 나아갈 수밖에 없습니다.

우리가 믿는 예수님은 슬픔 대신 기쁨을, 탄식의 재 대신 기쁨의 화관을, 근심 대신 찬송을 주는 분이십니다. 우리 인생에 쓰라린 눈물과 쓰디쓴 고통이 있을지라도 절대 긍정의 믿음으로 예수님을 믿고 의지하면 모든 인생의 쓴물은 단물이 되고 하나님의 놀라운 역사가 나타날 것입니다. 또한 우리가 절대 긍정의 믿음으로 무장한다면 죄의 법과 원수 마귀의 저주에 눌려 절대 절망에 빠진 사람들을 예수님 안에서 참된 행복과 만족의 삶으로 이끌게 될 것입니다.

〈이사야서〉61:3

무릇 시온에서 슬퍼하는 자에게 화관을 주어 그 재를 대신하며 기쁨의 기름으로 그 슬픔을 대신하며 찬송의 옷으로 그 근심을 대신하시고 그들이 의의 나무 곧 야훼께서 심으신 그 영광을 나타낼 자라 일컬음을 받게 하려 하심이라 절대 긍정이라는 믿음을 갖기 위해 어떻게 해야 하는지 적어 보세요.

1. 절대 긍정의 언어를 사용한다.
2. 감사로 무장한다.
3. 하나님을 더 깊이 알기 위해 애쓴다.
4. 하나님의 말씀을 암송한다.

과제

- 다음 주 예습
- 중보 기도
- 예수님을 표현할 수 있는 단어 10개 적어 오기
- 막 10:45 암송하기

6장

섬김과 나눔의 영성

● 그리스도인이 영적으로 성장하려면 헌신의 삶을 살아야 합니다. 헌신의 삶이란 내가 나의 삶의 주인이 되어 살아가는 것이 아니라 내 삶의 모든 것을 내려놓고 주님에게 맡기며 사는 삶을 말합니다. 우리의 삶 전체를 하나님의 영광을 위하여 드리는 것을 말합니다.

예수님을 믿기 전에는 그저 남이 부러워하는 위치에 서는 것이 우리 인생의 목적이었습니다. 행복한 가정을 이루고, 돈을 많이 벌어 출세하고 명예를 얻는 것 등 세상의 관심사가 우리의 목표요 꿈이었습니다. 그래서 이러한 것들이 하나둘씩 이루어지면 '나는 성공한 사람이다. 행복하다'며 뿌듯하게 생각하며 살았습니다. 그러나 이 땅에서의 목표는 우리에게 참된 기쁨과 만족을 가져다 주지 못합니다. 이 세상에서 영원한 것은 아무것도 없기 때문입니다.

하지만 하나님의 자녀에게는 주님이 주신 은혜에 대한 감격이 있습니다. 하나님이 베푸신 놀라운 은혜가 감당할 수 없게 자연스럽게 헌신의 삶을 살게 됩니다. 예수님 한 분만 바라보며 하나님에게 헌신하는 성도는 억울한 일을 당하거나, 누가 알아주지 않아도 '주님이 알아주신다'는 생각만으로 만족할 수 있습니다. 그런 사람은 직장에 가서 일을 할 때에도 하나님의 영광을 위해서 합니다. 사업을 경영해도 예수님을 위해서, 공부를 해도 예수님을 위해서 합니다. 마음의 소원과 계획 모두 하나님의 영광이 목적입니다. 이러한 성도가 성숙한 그리스도인입니다.

이러한 헌신의 자세는 물질 세계에도 동일하게 적용됩니다. 현대인들에게 물질은 세상을 살아가는 데 있어서 꼭 필요한 수단입니다. 물질이 있어야 의식주를 해결할 수 있고, 보다 나은 삶을 사는 데 좋은 여건을 마련할 수 있습니다. 그래서 세상 사람들은 물질을 더 많이 소유하는 일에 몰두합니다. 그러나 우리 그리스도인은 물질을 모으는 것보다 물질을 어떻게 사용하느냐에 더 초점을 맞춰야 합니다.

먼저 우리 그리스도인은 자신의 소유에 대한 주권을 주님에게 올려 드려야 합니다. 내가 가지고 있는 것을 내 것이라고 주장하면 안 됩니다. 우리는 하나님에게 받은 것을 세상에 사는 동안 잠시 맡아서 관리하는 청지기입니다. 그러므로 내가 가진 모든 것은 주님이 주신 것임을 항상 고백해야 합니다. 또한 우리가 지금 가지고 있는 것이 하나님의 은혜로 말미암은 것임을 믿고 고백한다면 나누는 삶을 살아야 합니다. 우리는 하나님의 은혜를 받을 만한 자격이 없고 하나님의 축복을 누릴 만한 일을 한 적이 없지만 하나님이 그 모든 것을 우리에게 선물로 주셨습니다. 그러므로 우리도 이웃을 위해 우리의 것을 아낌없이 나누고 베풀 수 있어야 합니다.

그렇다면 이제부터 신앙생활에 있어서 섬김과 나눔이 얼마나 중요한지, 하나님은 섬김과 나눔에 대해 어떻게 말씀하고 계신지, 그리고 우리가 섬김과 나눔을 실천할 때 어떠한 복을 누리게 되는지 하나씩 알아보겠습니다.

16 섬김과 나눔의 본을 찾아서

주의 성령이 내게 임하셨으니
이는 가난한 자에게 복음을 전하게 하시려고 내게 기름을 부으시고 나를 보내사
포로 된 자에게 자유를, 눈 먼 자에게 다시 보게 함을 전파하며 눌린 자를 자유롭게 하고
주의 은혜의 해를 전파하게 하려 하심이라 하였더라
〈누가복음〉 4:18~19

핵심 요약 1. 예수님의 십자가는 하나님의 사랑과 인류를 향한 섬김의 상징이다. 예수님의 순종과 희생으로 온 인류에게 구원의 길이 열렸다.
2. 예수님의 리더십은 섬김의 리더십, 즉 종의 리더십이다. 다른 사람들 위에 군림하는 것이 아니라 그들을 돕고 세워 주는 리더십이다.
3. 예수님은 제자들의 발을 씻어 주며 손수 섬김의 본을 보이셨다. 세상에서는 권력을 가진 자가 군림하고 다스리지만 하나님의 나라는 큰 자가 작은 자를 섬긴다.

1. 섬김과 나눔의 본을 보이신 예수님

〈요한복음〉 3장 16절을 통해서

예수님의 십자가는 인류를 향한 하나님의 사랑과 섬김의 모습을 가장 분명하게 보여 주는 상징입니다. 〈요한복음〉 3장 16절에 "하나님이 세상을 이처럼 사랑하사 독생자를 주셨으니 이는 그를 믿는 자마다 멸망하지 않고 영생을 얻게 하려 하심이라"는 말씀처럼 하나님은 독생자 예수 그리스도를 이 땅에 보내시고 예수님은 십자가에 못 박혀 죽기까지 우리를 사랑하셨습니다. 예수님의 무조건적인 순종과 희생 때문에 온 인류에게 죄 가운데서 구원받는 길이 열렸습니다. 그러므로 예수님이 성육신하신 것 자체가 섬김

의 본을 보이신 것입니다.

〈요한복음〉 3장 16절과 관련해 한 감동적인 이야기가 있습니다. 2012년 1월 9일 미식축구연맹(NFL) 플레이오프 1차전에서 덴버 브롱코스 팀이 피츠버그 스틸러스 팀을 연장전 끝에 29대 23으로 이겼습니다. 그런데 이 경기 직후부터 다음 날까지 'John 3:16'(요 3:16)이 인터넷 구글(Google)에서 최다 조회수를 기록하였습니다. 덴버 브롱코스 팀의 '쿼터백'을 맡은 팀 티보(Tim Tebow) 선수 때문이었습니다. 'John 3:16'은 티보가 대학 시절 '아이블랙'(햇빛 반사를 막기 위해 선수들이 눈 밑에 검게 칠하는 것)에 흰색으로 새겨 넣은 것으로 유명했습니다. 그러나 프로 미식축구 경기에서는 어떤 형태로든 메시지를 전하는 것이 금지되어 있어서 하지 못했습니다.

그런데 이날 놀라운 일이 일어났습니다. 이날 경기에서 티보가 공을 던진 총 거리는 316야드(289m)였습니다. 그가 열 번 패스를 했으니까 한 번 패스할 때마다 31.6야드를 던진 셈입니다. 또 이 경기를 중계 방송한 채널 중에는 시청률이 31.6%인 곳이 있었습니다. 모두 〈요한복음〉 3장 16절의 '316'과 일치했던 것입니다. 사람들은 이 사실을 인터넷에서 전했습니다.

또한 티보는 경기에 출전할 때마다 운동장에서 오른쪽 무릎을 꿇고 하나님에게 기도하는 것으로 유명했습니다. 이런 그를 보고 비난하는 사람들도 많았지만 그는 아랑곳하지 않았습니다. 티보의 활약으로 그가 속한 팀은 늘 극적인 승리를 거두곤 하였습니다. 그 결과 6년 동안 부진을 면치 못했던 덴버 브롱크스 팀이 플레이

16~18과
- 시작 찬송: 212장, 452장
- 복음성가: 아름다운 마음들이 모여서, 해같이 빛나리
- 마무리 찬송: 461장

팀티보
인터넷에 팀 티보를 검색하면, 〈하나님을 자랑하라〉 등의 여러 동영상을 볼 수 있다.

오프에서 첫 승리를 거두게 된 것입니다. 인류를 향한 하나님의 사랑을 상징하는 〈요한복음〉 3장 16절을 담대히 알리려는 티보의 마음을 주님이 기뻐하셨다고 생각합니다.

예수님이 이 세상에 육신을 입고 오신 가장 큰 이유는 죄로 인해 죽은 우리를 구원하시기 위해서였습니다. 예수님은 자신을 희생하심으로 우리를 살려 주셨습니다. 이러한 예수님의 '거룩한 섬김'이 있었기 때문에 우리가 구원을 받은 것입니다.

종의 리더십을 실천하시다

요즈음 많이 쓰이는 용어 가운데 리더십(leadership)이란 단어가 있습니다. 일반적으로 이 말을 쓸 때에는 사람들 위에 군림하여 다스리고 통치하는 '강한 힘'을 떠올립니다. 그러나 성경에 나타난 리더십은 세상의 리더십과 정반대입니다. 예수님은 우리에게 '섬김의 리더십'을 보여 주셨습니다.

예수님이 보여 준 '섬김의 리더십'은 다른 표현으로 '종의 리더십'이라 할 수 있습니다. 섬김의 리더십은 정통적인 리더십과는 그 성격과 특징이 다릅니다. 전통적인 리더십이 지도자 개인의 자질이나 능력에 관심을 둔다면, 섬김의 리더십은 지도자가 자신의 강점으로 남을 돕고 성공시키는 것에 관심을 둡니다. 전통적 리더십이 위로 올라갈수록 좁아지는 피라미드 구조라고 하면, 섬김의 리더십은 가운데를 중심으로 결속력을 지닌 원형 구조라고 할 수 있습니다.

오랫동안 섬김의 리더십을 연구해 온 로버트 그린리프(Robert

K. Greenleaf)는 자신의 저서《지도자로서의 하인》에서 섬김의 리더십에 대한 개념을 잘 소개하고 있습니다. 그는 하인과 함께 가던 여행단이 하인이 없음으로 인해 여행이 불가능해지는 것을 체험하면서 하인이 바로 여행단의 진정한 지도자임을 발견하게 된다는 헤르만 헤세의 소설《동방기행》을 언급하면서 진정한 지도자는 남을 돕고 섬기는 자이며, 남을 도우려는 욕구가 바로 진정한 리더십의 동기라고 말합니다.

로버트 그린리프 (1904~1990)
섬김의 리더십 운동의 창시자. 미국 인디애나에서 태어난 그는 미네소타의 칼레톤대학을 졸업했다. 그 후 AT&T에 입사하여 경영 관련 분야에서 연구를 담당하였다. 1977년《섬김의 리더십》을 발표했지만 당시 카리스마 리더십이 대세였던 시절이라 주목받지 못했다가, 1996년 경영전문출판사에서 책이 재출간되면서 경영학자들로부터 주목받게 되었다.

섬김의 리더십은 즉각 드러나지 않습니다. 오랜 기간 삶을 통해 드러납니다. 섬기는 지도자의 특징은 다른 사람의 이야기나 입장을 잘 이해하며, 사람들의 상처를 치유하는 자질이 있고, 한 사람 한 사람의 존재 가치를 중요하게 생각한다는 점입니다. 자연히 청지기적 봉사 정신이 강합니다.

오늘날 한국 교회는 섬기는 리더십이 그 어느 때보다도 필요합니다. 사람들은 성령의 능력으로 충만하면서도 사람들을 겸손히 섬기는, 그런 리더십을 바라고 있습니다. 그러므로 예수님을 진정으로 본받기 원하는 지도자라면 '섬김의 리더십'을 발휘해야 할 것입니다. 스스로를 '지도하는 종'이라고 여기며 그리스도의 몸 된 교회를 섬길 때 그리스도의 은혜가 임하며 부흥을 경험하게 될 것입니다.

예수님은 섬기기 위해 이 땅에 오셨습니다.

〈마가복음〉 10장 45절 말씀을 적어 보세요.

인자가 온 것은 섬김을 받으려 함이 아니라 도리어 섬기려 하고 자기 목숨을 많은 사람의 대속물로 주려 함이니라

예수님을 닮은 제자가 되기 위해서는 섬김의 도를 실천해야 합니다. 예수 그리스도께서 이 세상에 오신 목적은 섬김을 받으려 함이 아니라 섬기기 위함이기 때문입니다. 예수님은 섬김으로 온 세상을 다 품는 본을 보여 주셨습니다. 그러므로 예수님을 구주로 모신 성도라면 예수님을 본받아 교회와 성도를 위하여, 지역 사회를 위하여 봉사와 섬김의 자세를 지녀야 합니다.

사람들은 누구나 예외 없이 자기중심적 삶을 삽니다. 모든 일을 내 생각과 내 뜻대로 결정하고 행동합니다. 내 생각과 취향에 맞지 않으면 아무리 좋은 것이라도 거부합니다. 모든 것을 자기중심에서 보니 자신의 생각에 동조하고 자신의 뜻을 따르는 사람들만을 가까이하고 그 속에서 만족감과 성취감을 찾습니다.

〈누가복음〉 14:11
무릇 자기를 높이는 자는 낮아지고 자기를 낮추는 자는 높아지리라

세상에서 지위가 높아지면 그러한 경향이 더욱 심해집니다. 자신의 말에 무조건 순종하고 따르는 사람만 옆에 두고 자신의 말에 자꾸 따지고 반대 의견을 말하는 사람을 멀리합니다. 물론 직원들은 회사의 규정대로 사장의 말에 순종하고 따르는 것이 직원으로서의 당연한 자세입니다. 그리고 사장은 직원들의 입장을 이해해 주고 그들의 의견을 듣고 반영하려는 자세가 필요합니다. '너희들

은 내게 월급을 받는 고용인들이니 내 말에 순종하고 싫든 좋든 무조건 내 뜻을 따르라!'고 군림하는 자세를 버리고 '직원들의 고충은 무엇인가? 직원들이 필요로 하는 것이 무엇이며 그들에게 어떻게 해 주어야 회사를 더 사랑하고 충성할 수 있을까?'를 늘 생각해야 합니다. 그들과 눈높이를 맞추고 그들의 뜻을 헤아리고 보살필 때 노사 간에 갈등이 없어지고 분규가 종식되는 것입니다. 많이 가질수록 높은 자리에 앉을수록 가난하고 약한 자들의 입장과 형편을 헤아려 주어야 합니다.

제자들의 발을 씻기시다

예수님은 공생애 기간 동안 많은 기적을 행하셨습니다. 또한 언제나 모든 일에 하나님에게 영광을 돌리고 불쌍하고 병든 자를 섬기는 일에 최선을 다하셨습니다. 그리고 고난당하기 전까지 섬김을 몸소 실천하셨습니다.

〈요한복음〉 13장에 보면 예수님이 잡히던 날 밤에 저녁 잡수시던 자리에서 일어나 겉옷을 벗고 수건을 가져다가 허리에 두르고는 대야에 물을 떠서 제자들의 발을 씻기고 그 두른 수건으로 씻긴 발을 닦아 주셨습니다. 그렇게 열두 제자의 발을 모두 씻긴 후에 예수님은 말씀하셨습니다.

> 너희가 나를 선생이라 또는 주라 하니 너희 말이 옳도다 내가 그러하다 내가 주와 또는 선생이 되어 너희 발을 씻었으니 너희도 서로 발을 씻어 주는 것이 옳으니라 내가 너희에게 행한 것 같이 너희도 행하게 하려 하여 본을 보였노라(요 13:13~15)

예수님이 직접 제자들에게 섬김의 본을 보여 주신 것은 제자들이 서로 섬기며 살기를 원하셨기 때문입니다. 세상에서는 권력을 가진 자가 그렇지 못한 자 위에 군림하여 다스리고 지배합니다. 하지만 하나님의 나라는 오히려 큰 자가 작은 자를 섬기는 곳입니다. 십자가를 지기 직전에 예수님은 제자들의 발을 씻어 주면서 '섬김의 제자도'의 진면목을 보여 주셨습니다. 그것은 앞으로 제자들도 이러한 섬김을 실천하라고 가르치신 시청각 교육이자 산 교훈이었습니다. 그러므로 예수님을 따르는 우리는 섬김을 실천해야 합니다. 세상 사람들은 세상 분야에서 달인일지 모르지만, 우리는 섬기는 데 있어서 달인의 경지에 올라야 합니다.

〈에베소서〉6:7
기쁜 마음으로 섬기기를 주께 하듯 하고 사람들에게 하듯 하지 말라

'한국도자기'를 창업한 김동수 회장님은 신촌성결교회의 장로님이고, 그 부인은 우리 민족의 영적 지도자였던 이성봉 목사님의 따님입니다. '한국도자기'는 창업 이후 지금까지 단 한 번도 노사 분규가 없었다고 합니다. 그 이유는 김동수 회장님이 예수님의 섬김의 정신으로 회사를 이끌어 왔기 때문입니다. 회장님은 언제나 직원들의 복지에 관심을 기울이고 그들의 입장을 이해하려고 귀를 기울였으며, 이제껏 직원을 부당하게 해고한 적이 없다고 합니다. 이처럼 회장님이 직원들을 가족처럼 아끼니, 직원들도 회사를 자기 집처럼 아끼고 사랑했습니다. 김동수 회장님은 사장에게 경영권을 맡기면서 단 한 가지를 부탁했는데, 그것은 마음에 들지 않는 직원이 있더라도 일방적으로 해고하지 말라는 것이었습니다.

사실 회사를 경영하는 사람의 입장에서는 마음에 들지 않는 직원을 해고하지 않는 것은 매우 어려운 일입니다. 회사에 피해를 주

는 직원을 계속 붙들고 있는 것은 손해를 보는 일이기 때문입니다. 그래서 김동수 회장님은 처음부터 신중하게 직원들을 채용하고, 만일 능력이 부족하면 가르쳐서 회사에 필요한 사람을 만들어 간다고 합니다. 이러한 창업 정신을 잘 이어받아 임원진부터 말단 직원들까지 모두 한마음으로 회사를 위해 충성함으로써 오늘의 놀라운 기업 성장을 이루었다고 합니다.

예수님은 가장 높으신 하나님이며, 이 세상의 모든 것을 다 가진 주인이십니다. 예수님은 왕으로 오셨지만 권세를 누리지 않고 낮은 곳을 찾아다니며 하나님 나라를 확장하셨습니다. 그리고 나중에는 십자가의 고난을 받으셨습니다.

> 너희 안에 이 마음을 품으라 곧 그리스도 예수의 마음이니 그는 근본 하나님의 본체시나 하나님과 동등됨을 취할 것으로 여기지 아니하시고 오히려 자기를 비워 종의 형체를 가지사 사람들과 같이 되셨고 사람의 모양으로 나타나사 자기를 낮추시고 죽기까지 복종하셨으니 곧 십자가에 죽으심이라(빌 2:5~8)

그러므로 예수님을 따르는 영적 지도자는 군림하는 자가 아니라 섬기는 자가 되어야 합니다. 리더는 말이 아니라 행동과 실천으로 본을 보여야 합니다. 그럴 때 사람들은 감동을 받고 진심으로 리더를 존경하고 따르게 됩니다. 리더가 행동을 보이지 않고 말로만 지시하고 따르라고 강요한다면 사람들은 리더가 있을 때만 눈가림으로 일을 하는 척합니다. 섬김을 통해 사람들이 존경하며 따르는 지도자가 진정한 지도자입니다. 그러므로 우리는 진정한 사랑으로 사람들을 섬김으로 그들을 감동시키는 '작은 예수'가 되어야 합니다.

예수님이 어떻게 섬김과 나눔의 본을 보이셨는지 자신의 생각을 적어보세요.

- 하나님이시면서 인간이 되어서 우리를 섬기셨다.
- 제자들의 발을 씻기셨다. 등

2. 섬김과 나눔을 가르치신 예수님

핵심요약 1. 예수님은 선한 사마리아인의 비유를 통해 참된 사랑에서 나오는 섬김과 나눔은 희생이 따른다는 것을 보여주셨다.
2. 섬김과 나눔은 말이 아니라 실천이다. 그 실천은 작은 것에서 시작한다.
3. 예수님은 이 땅에 오셔서 십자가에 못 박혀 죽으심으로 희년을 선물로 주셨다. 예수님의 죽으심으로 우리는 죄 사함을 받고 가난과 저주에서 벗어나 희년의 축복을 누리게 되었다.
4. 예수님은 어려움과 고통 가운데 있는 사람들에게 자유와 은혜를 주시려고 성육신하여 이 땅에 오셨다.

선한 사마리아인의 비유를 통해서

예수님은 섬김의 본을 보이셨을 뿐 아니라, 참된 섬김과 나눔이 무엇인지 〈누가복음〉 10장의 '선한 사마리아 사람의 비유'를 통해 제자들에게 가르쳐 주셨습니다. 예루살렘에서 여리고로 내려가던 한 사람이 강도를 만나 가진 것을 다 빼앗기고 맞아서 거의 죽을 지경이 되었습니다. 그 길을 지나던 사마리아 사람이 피투성이가 된 채 쓰러져 있는 그를 발견하고는 불쌍히 여기는 마음으로 다가갔습니다. 그러나 사마리아 사람보다 앞서 그를 본 제사장과 레위인은 그냥 지나쳐 버렸습니다.

영적으로 교만했던 그들은 강도 만난 사람을 불쌍히 여기기는 커녕 사경을 헤매는 사람을 보고 '왜 조심하지 않고 강도를 만나서 저 지경이 되었는가! 조심해야지!'라고 판단하고 정죄하면서 외면했습니다. 그들은 형식적인 종교인이라고 할 수 있습니다. 돌봄이 필요한 사람을 보고서도 긍휼히 여기는 마음 없이 피하기 바쁜 그들의 모습은 하나님 앞에 부끄러운 모습입니다. 하나님이 우리를 긍휼히 여겨 구원해 주셨듯이 곤경에 처한 이웃을 섬기는 신앙이 살아 있는 신앙이요, 하나님이 보실 때 합당한 신앙입니다.

사마리아 사람은 강도 만난 사람을 보고 불쌍히 여기는 것으로 끝나지 않았습니다. 그의 상처에 기름과 포도주를 부어 소독하고 싸매어 주었습니다. 그리고 자신의 짐승에 그를 태워 근처 주막으로 데리고 가서 안정을 취하도록 돌보아 주었습니다. 다음 날이 되자 사마리아 사람은 주막 주인에게 데나리온 둘을 주면서 "내가 일을 보러 길을 떠나야 하니 이 돈으로 이 사람을 좀 돌보아 주시오. 비용이 더 들면 돌아오는 길에 다시 들러서 갚아 주겠소"라고 말했습니다.

당시 사마리아 사람은 유대인에게 무시와 업신여김을 당했습니다. 그래서 사마리아 사람과 유대인은 상종하려 하지 않았습니다. 상대방에 대한 반감이 매우 컸습니다. 그러나 이 사마리아 사람은 그러한 감정과 상관없이 강도 만난 유대인을 위해 자신의 물질과 시간을 희생하였습니다(눅 10:33~35).

말뿐인 사랑은 참된 사랑이 아닙니다. 희생과 진실한 마음이 있는 사랑이 진정한 사랑입니다. 사마리아 사람은 자신이 가야 할 길이 있었지만 일정을 뒤로 한 채 강도 만난 사람 곁을 지켜 주었습

〈누가복음〉 10:33~35
어떤 사마리아 사람은 여행하는 중 거기 이르러 그를 보고 불쌍히 여겨 가까이 가서 기름과 포도주를 그 상처에 붓고 싸매고 자기 짐승에 태워 주막으로 데리고 가서 돌보아 주니라 그 이튿날 그가 주막 주인에게 데나리온 둘을 내어 주며 이르되 이 사람을 돌보아 주라 비용이 더 들면 내가 돌아올 때에 갚으리라 하였으니

니다. 그리고 처음 만난 그 사람을 위해 자신의 물질을 사용했습니다. 누가 시켜서 한 것이 아니라 불쌍히 여기는 마음으로 자원해서 한 것입니다. 참된 사랑에서 나오는 섬김과 나눔은 희생이 따릅니다. 그래서 마음에서 우러나서 하지 않으면 실천할 수 없습니다. 그러나 성령으로 충만하면 우리를 긍휼히 여기셨던 예수님의 마음을 갖게 되어 예수님처럼 희생하고 섬길 수 있습니다.

〈요한일서〉 3장 18절 말씀을 적어 보세요.

자녀들아 우리가 말과 혀로만 사랑하지 말고 행함과 진실함으로 하자

누가 이웃인가요? 주님은 사마리아 사람의 비유를 마치면서 누가 자기의 이웃이냐고 물었던 율법 교사에게 다음과 같이 말씀하셨습니다.

> 네 생각에는 이 세 사람 중에 누가 강도 만난 자의 이웃이 되겠느냐 이르되 자비를 베푼 자니이다 예수님이 이르시되 가서 너도 이와 같이 하라 하시니라(눅 10:36~37)

주님은 율법 교사에게 이웃의 참된 의미를 깨닫게 하고 "가서 너도 이와 같이 하라"고 말씀하셨습니다. 주님이 이렇게 말씀하신

이유는 하나님은 우리가 섬기는 사람이 되기를 원하신다는 것을 깨닫게 하기 위함이었습니다.

미국에는 '선한 사마리아인들'이란 뜻을 가진 '굿 사마리탄'(Good Samaritans)이라는 선교 단체가 있습니다. 이 선교 단체는 미국 내 각 병원에서 기증받은 의료 물품들을 제3세계의 가난한 나라에 전달하는 일을 하고 있습니다. 그들이 전달하는 의약품은 미국에서는 남아도는 것이지만, 제3세계에서는 그 의약품이 없어서 생명을 잃는 일이 부지기수입니다. 그래서 '굿 사마리탄'은 지구촌 한 편에서 남아도는 물건을 지구촌 다른 한 편으로 보내 생명을 살리는 일에 사용되도록 하는 귀한 사역을 하고 있습니다.

섬김과 나눔은 말이 아니라 실천입니다. 그 실천은 어려운 것이 아닙니다. 작은 것에서 시작하면 됩니다. 옷장에 입지 않는 옷이 있으면 필요한 이웃에게 나누어 줄 수 있습니다. 누가 요즘 같은 시대에 다른 사람이 입던 옷을 입겠냐고 생각할 수도 있겠지만 그렇지 않습니다. 엄동설한에도 두꺼운 옷이 없어서 얇은 여름옷을 몇 겹씩 껴입는 사람이 우리 주위에 얼마나 많은지 모릅니다. 쌀이 없어서 끼니를 거르는 사람도 많습니다. 그들을 위해 쌀 한 포대라도 나누어 준다면 그것이 바로 섬김의 실천입니다. 섬김의 실천과 선을 행하는 일을 거창하게 생각해서 이것저것 따지고 계산하면 아무것도 못합니다. 작은 일에서부터 실천하다 보면 더 큰 섬김을 실천하는 사람으로 성장할 수 있습니다.

희년을 선포하시다

좋으신 하나님은 독생자 예수님을 이 땅에 보내 주셨습니다. 예수님은 육신을 입고 이 땅에 오셔서 인간의 모든 죄와 질병, 가난과 저주를 대신 짊어지고 십자가에 달려 돌아가셨습니다. 그리고 이 모든 사역을 시작하심에 앞서 예수님은 '희년'을 선포하셨습니다. 이는 예수님이 가난하고, 포로 되고, 눈멀고, 눌린 사람들에게 자유와 해방을 주시려고 이 땅에 오셨음을 선언하신 것입니다.

✣ 희년
희년은 50년마다 지키며 7월 10일 속죄일에 나팔을 붊으로 시작한다. 희년에는 해방과 자유를 선포하게 되는데, 노예들은 자유를 얻으며 토지는 원소유주에게 돌아가게 된다.

주의 성령이 내게 임하셨으니 이는 가난한 자에게 복음을 전하게 하시려고 내게 기름을 부으시고 나를 보내사 포로 된 자에게 자유를, 눈 먼 자에게 다시 보게 함을 전파하며 눌린 자를 자유롭게 하고 주의 은혜의 해를 전파하게 하려 하심이라 하였더라(눅 4:18~19)

희년(禧年)의 의미는 〈레위기〉 25장에 소개되어 있습니다. 7년마다 돌아오는 안식년이 일곱 번 지나고 나서 오십 년째 되는 해가 희년입니다. 희년이 되면 이스라엘 백성 가운데 빚을 지고 살던 사람은 그 빚을 탕감받게 되고, 포로가 된 사람은 자유를 얻게 되는 은혜가 임합니다. 빚 때문에 팔려 갔던 자녀들이 돌아오고, 빚 때문에 빼앗겼던 땅도 되찾게 되는 기쁨을 누리게 되는 해가 바로 희년입니다.

예수님은 우리에게 희년을 선물로 주기 위해서 이 땅에 오셨습니다. 예수님이 십자가에서 우리의 가난과 저주와 질병의 모든 문제를 대신 짊어지고 돌아가셔서 우리의 빚을 갚으셨습니다. 예수님의 죽으심 때문에 우리가 죄 사함을 받고 가난과 저주에서 놓여

나 희년의 축복을 누리며 살 수 있는 것입니다.

주님이 오셔서 희년의 메시지를 선포하면서 천국 복음이 가난한 자에게 증거된다고 말씀하셨습니다. 여의도순복음교회는 대조동 빈민촌에서 출발했습니다. 당시는 참으로 가난하고 헐벗고 굶주린 사람들이 교회 안에 많았습니다. 그들은 틈만 나면 금식하며 간절히 부르짖어 기도했습니다. 그때는 금식을 참 많이 했습니다. 일부로 금식하는 경우도 더러 있었지만, 사실은 먹을 것이 없어서 할 수 없이 굶고 기도하는 사람들이 더 많았습니다. 그런 만큼 그 기도가 얼마나 간절했는지 다들 기도하고 나면 목이 쉬었습니다. 이처럼 가난하고 힘들게 살던 우리가 주님의 은혜로 지금과 같은 엄청난 복을 누리며 살게 되었으니 얼마나 감사한지 모르겠습니다. 가난한 자에게 복음을 전하러 오신 예수님의 복음을 받아들이자 여의도순복음교회 모든 성도에게 풍요로운 하나님의 은혜와 축복이 임하게 되었습니다. 그 결과 열심히 선교하고 구제하는 주님의 귀한 일꾼들이 되었습니다.

〈잠언〉 11:25
구제를 좋아하는 자는 풍족하여질 것이요 남을 윤택하게 하는 자는 자기도 윤택하여지리라

예수님은 또한 이 땅에 오셔서 희년의 해를 선포하시며 포로 된 자에게 자유를 주셨습니다. 우리에게 참된 자유를 주실 분은 예수 그리스도 밖에 없습니다. 진리 되신 예수님이 우리가 포로 되었던 모든 것에서 우리를 자유롭게 만들어 주시는 것입니다.

그리고 주님은 희년의 해를 선포하며 눈먼 자를 다시 보게 하셨습니다. 예수님은 실제로 눈이 먼 사람들을 많이 고쳐 주셨습니다. 〈마가복음〉 10장에서는 바디매오의 눈을 고쳐 주셨고, 또 〈요한복음〉 9장에서는 날 때부터 맹인이었던 사람을 고쳐 주셨습니다.

주님은 육신의 눈만 고쳐 주신 것이 아니라 영적인 눈을 치료해 주어서 많은 영혼이 영의 눈을 뜨고 하나님의 영광을 바라볼 수 있게 만들어 주셨습니다.

〈요한복음〉 8장 31~32절 말씀을 적어 보세요.

그러므로 예수님이 자기를 믿은 유대인들에게 이르시되 너희가 내 말에 거하면 참으로 내 제자가 되고 진리를 알지니 진리가 너희를 자유롭게 하리라

나아가 예수님은 눌린 사람들을 자유롭게 하셨습니다. 눌렸다는 것은 억압받는 상태를 뜻합니다. 많은 현대인은 마음속에 불안, 염려, 근심, 초조함을 느끼며 생활합니다. 또한 환경적인 어려움과 육체적인 연약함과 영적인 문제로 인해 눌림을 받고 있습니다. 예수님은 "수고하고 무거운 짐 진 자들아 다 내게로 오라 내가 너희를 쉬게 하리라"(마 11:28)고 말씀하십니다. 주님이 함께하시면 어떤 문제에 눌려 있던지 자유함을 얻게 됩니다(행 10:38).

〈사도행전〉 10:38
하나님이 나사렛 예수님에게 성령과 능력을 기름 붓듯 하셨으매 그가 두루 다니시며 선한 일을 행하시고 마귀에게 눌린 모든 사람을 고치셨으니 이는 하나님이 함께 하셨음이라

이처럼 예수님이 공생애 사역의 시작과 더불어 선포하신 희년에는 섬김과 나눔의 정신이 담겨 있습니다. 가난하고, 소외되고, 억압받는 사람들을 외면하지 않는 하나님의 아들로서의 성품이

잘 드러납니다. 이토록 어려움 가운데 고통당하는 사람들에게 자유와 은혜를 주기 위해 친히 이 땅에 육신을 입고 오신 분이 예수님이십니다.

선한 사마리아 사람의 비유를 통해서 무엇을 배웠는지 적어 보세요.

-형식적인 종교인이 아니라 사랑을 실천하는 사람이 되어야 한다.

-자신의 의무를 다하는 것보다 사랑이 중요하다. 등

3. 초대교회의 섬김과 나눔

핵심요약 1. 초대교회는 성도들이 한마음과 한뜻으로 유무상통하는 전통이 있었다. 성도들은 자신에게 있는 것을 아낌없이 서로 나누었다.
2. 초대교회 성도들은 서로 섬겼을 뿐 아니라 주님의 복음을 위해 자신의 소유를 팔아 헌신하였다.
3. 안디옥교회는 흉년으로 인해 고통받는 예루살렘교회의 성도들을 위해 구제헌금을 마련하였다. 다른 이방 교회도 예루살렘교회를 위해 연보하여 후원하였다. 섬김과 나눔은 초대교회의 특징이었다.

유무상통(有無相通)하다

초대교회는 예수님을 본받아 나눔에 힘썼습니다. 〈사도행전〉 2장과 4장에 보면 초대교회의 나눔이 구체적으로 소개되어 있습니다.

> 그들이 사도의 가르침을 받아 서로 교제하고 떡을 떼며 오로지 기도하기를 힘쓰니라(행 2:42)
>
> 믿는 사람이 다 함께 있어 모든 물건을 서로 통용하고 또 재산과 소유를 팔아 각 사람의 필요를 따라 나눠 주며(행 2:44~45)

예루살렘교회는 설립 초기부터 성도들이 한마음과 한뜻으로 '유무상통'하는 아름다운 전통을 가지고 있었습니다. 이 '유무상통'의 전통은 기독교 신앙의 가치가 단지 영적인 것에서 그치지 않고 삶의 구체적인 모습으로 나타난다는 것을 가르쳐 줍니다. 기독교 신앙은 우리의 삶 자체가 예배가 되게 하며, 이웃을 섬기는 주님을 닮은 모습으로 우리를 변화시켜 줍니다.

또한 예루살렘교회의 부흥의 원인은 성령의 역사로 말미암아 구원의 복음이 강력하게 증거된 것과 더불어 은혜를 받은 사람들이 자신의 것을 아낌없이 나누었던 데 있습니다. 세상 사람들은 예루살렘교회의 성도들이 자기 재물을 자신의 것이라고 주장하지 않고 나누고 베푸는 모습에 큰 감동과 충격을 받았을 것입니다. 그들은 "저 사람들이 믿는 예수가 누구기에 자기 물질을 아낌없이 나누는가!"라고 감탄하면서 기독교 신앙에 관심을 갖게 되고 자연스럽게 교회로 발걸음을 옮겼을 것입니다.

사람들은 보통 베풀고 나누는 일에 익숙하지 않습니다. 입지 않는 옷이 쌓여 있으면서도 막상 다른 사람에게 준다고 하면 선뜻 내놓지 못합니다. 이사 갈 때도 자신이 쓰지 않는 것들이지만 남 주기에는 아까워서 이삿짐에 그대로 싣고 가는 경우가 대부분입니다. 그러나 그리스도인들은 기회가 되는 대로, 더 나아가 기회를 만들어서 자신이 가진 것을 나누는 삶을 살아야 합니다. 이는 신앙의 선배들이 보여 준 본을 따르는 것이며, 세상 사람들에게 기독교 신앙의 참된 의미를 보여 주는 기회이기도 합니다.

예루살렘교회의 성도들은 자신의 재산과 소유를 팔아 각 성도들이 필요한 만큼 나누어 주었습니다. 그런데 여기서 우리가 주목해야 할 것은 성도들이 교회 지도자들의 강요나 교회 분위기에 떠밀려서 자기의 재산을 내놓은 것이 아니라는 점입니다. 주님의 부활에 대한 사도들의 증언은 성도들에게 큰 은혜를 끼쳤고, 부활 신앙으로 무장한 성도들은 자신의 소유를 자원하여 내놓았습니다. 그 결과 예루살렘교회는 가난한 사람이 없을 정도가 되었습니다.(행 4:32~35).

〈사도행전〉 4:32~35
믿는 무리가 한마음과 한 뜻이 되어 모든 물건을 서로 통용하고 자기 재물을 조금이라도 자기 것이라 하는 이가 하나도 없더라 사도들이 큰 권능으로 주 예수의 부활을 증언하니 무리가 큰 은혜를 받아 그 중에 가난한 사람이 없으니 이는 밭과 집 있는 자는 팔아 그 판 것의 값을 가져다가 사도들의 발 앞에 두매 그들이 각 사람의 필요를 따라 나누어 줌이라

당시에 밭과 집을 팔아 그 값을 교회에 내놓은 사람 중에는 우리가 잘 아는 바나바가 있습니다.

> 구브로에서 난 레위족 사람이 있으니 이름은 요셉이라 사도들이 일컬어 바나바라(번역하면 위로의 아들이라) 하니 그가 밭이 있으매 팔아 그 값을 가지고 사도들의 발 앞에 두니라(행 4:36~37)

이처럼 예루살렘교회의 성도들은 자신의 소유를 팔아 서로를 섬기고, 또 주님의 복음을 위해 헌신함으로써 그리스도인 공동체로서의 모범을 보여 주었습니다. 주님에게 받은 은혜를 헛되게 하지 않고 구제하고 선교하는 일에 최선을 다하였습니다.

우리도 주님의 은혜를 받은 다음에는 그 받은 은혜를 나누는 일에 힘을 쏟아야 합니다. 그리스도인으로서의 사랑 실천과 섬김, 나누고 베푸는 일은 특별한 행사가 아니라 생활이 되어야 합니다. 예수님처럼 우리의 일생이 다른 사람들을 위해 헌신하는 생애가 되어야 합니다. 교회의 존재 목적은 구제와 선교입니다. 교회가 복음을 나누고 그리스도의 사랑을 나눌 때 교회다운 교회가 되고, 하나

님이 기뻐하시는 교회가 될 수 있습니다.

이방 교회들이 함께 연보하다

예루살렘에서 탄생한 초대교회는 성령의 역사로 말미암아 큰 부흥을 맛보았습니다. 그러나 예상치 못한 스데반의 순교로 인해 예루살렘교회에 큰 박해가 임했고 성도들이 뿔뿔이 흩어지게 되었습니다. 그런데 이것이 오히려 복음 전파에 유익이 되었습니다. 복음이 예루살렘에서 온 유대와 사마리아를 넘어 땅끝을 향하여 왕성하게 전파되었고, 특별히 이방 도시인 안디옥에서 복음의 꽃이 활짝 피게 되었습니다.

이런 가운데 아가보라는 선지자의 예언대로 천하에 극심한 흉년이 임했습니다. 이 흉년으로 인해 유대 지방에 있는 많은 사람이 굶주림으로 고통을 당했습니다. 그 소식을 들은 안디옥교회 성도들은 유대에 살고 있는 형제들을 위해 예루살렘교회로 구제 헌금을 보내기로 결정하였습니다. 사실 천하에 흉년이 임했기 때문에 안디옥교회 성도들도 넉넉한 형편이 아니었습니다. 그럼에도 불구하고 정성껏 거둔 물질을 예루살렘교회와 나눈 것입니다.

우리는 어려움을 겪는 사람들과 마음과 물질, 사랑을 나누는 일에 앞장선 안디옥교회의 신앙을 배워야 합니다. 〈사도행전〉 11장 29~30절에 "제자들이 각각 그 힘대로 유대에 사는 형제들에게 부조를 보내기로 작정하고 이를 실행하여"라고 기록되어 있습니다. 안디옥교회 성도들은 각각 능력이 닿는 만큼 구제 헌금을 드리고 이것을 예루살렘교회의 성도들에게 보낸 것입니다. 사랑과 물질은 나눌수록 감동이 커지는 법입니다. 하나님은 나누는 자에게 넉넉하게 갚아 주십니다. 다른 사람들을 헌신적으로 돕고 정성을 담아 하나님에게 드린 사람에게는 넘치는 은혜가 임하게 됩니다.

또한 〈고린도후서〉 8장에 보면 마게도냐교회들도 어려운 가운데서도 풍성한 헌금으로 성도 섬기는 일에 적극적으로 참여했음을 알 수 있습니다.

〈고린도후서〉 8:2
환난의 많은 시련 가운데서 그들의 넘치는 기쁨과 극심한 가난이 그들의 풍성한 연보를 넘치도록 하게 하였느니라

〈고린도후서〉 8장은 이방 교회들의 헌신적인 섬김과 나눔을 소개하고 있습니다. 자신들과 같이 어려움을 겪고 있는 예루살렘교회를 못 본 체하지 않았습니다. 신앙적으로 은혜를 입은 예루살렘교회를 돕고자 하는 간절한 마음이 정성어린 연보로 이어진 것입니다. 사도 바울은 고린도교회를 향해 이러한 자세를 본받으라고 말합니다(고후 8:6~7). 이렇듯 섬김과 나눔은 초대교회를 가장 특징적으로 보여 주는 요인입니다.

초대교회가 섬김과 나눔을 실천한 이유는 무엇일까요?

-구원받은 은혜가 너무 커서.

-예수님이 곧 다시 오실 것이라고 믿어서. 등

핵심요약 1. 한국 교회는 구한말 일제 강점기에 성령 운동과 더불어 독립 운동, 절제 운동, 물산 장려 운동 등에 앞장서서 나라 사랑 운동을 펼쳤다.
2. 여의도순복음교회는 반세기 동안 복음 전파와 성령 운동을 펼쳐 왔고 동시에 그리스도의 사랑을 실천해 왔다.
3. 여의도순복음교회는 1980년대부터 본격적으로 도움이 필요한 이웃을 위해 다각적인 측면에서 구제와 봉사 활동을 전개하였다.

4. 섬김과 나눔을 실천해 온 한국 교회

예수님이 보여 주신 섬김과 나눔의 전통은 2천 년 교회 역사 속에서 면면히 흘러 한국 교회로 이어져 내려왔습니다. 구한말과 일제 강점기라는 암울했던 시절에 기독교인들이 펼친 나라 사랑 운동은 한국의 어두운 현대사에 한 줄기 빛을 비춰 주었습니다. 김구, 안창호 선생을 비롯해 당대의 많은 애국자가 기독교인이었으며 〈독립선언서〉에 서명한 민족 대표 33인 중 16인이 기독교인이었습니다. 당시 한국 교회는 성령을 통한 부흥 운동과 더불어 금주, 금연, 절제 운동을 통하여 교회 안과 밖에서 새롭게 하시는 성령의 역사를 앞장서서 감당하였습니다.

손양원 (1902~1950)
경상남도 함안에서 태어나 7세부터 예수님을 믿기 시작했다. 1938년 평양신학교를 졸업하고 나환자들이 모여 사는 여수 애양원 사역을 통해 그들을 예수님의 사랑으로 섬겼다. 1948년 여순반란사건으로 두 아들 동신과 동인을 잃었지만, 자신의 아들들을 죽인 안재선을 양아들로 삼아 사랑의 위대함을 보여 주었다. 한국전쟁 중 교회와 성도들을 지키다 인민군에게 체포되어 1950년 9월 순교하였다.

섬김과 나눔의 모범, 손양원 목사님

우리 한국 교회 역사 가운데 섬김과 나눔의 정신을 가장 잘 실천한 인물로 손양원 목사님을 꼽을 수 있습니다. 손양원 목사님은 1938년 평양신학교를 졸업하고 한센병 환자들의 수용소인 여수의 애양원에 부임한 뒤 그들을 섬기는 일에 일생을 바쳤습니다.

손양원 목사님은 스물네 살 때 부산 감만동에 있는 한센병 환자 집단 치료소인 상애원에서 전도사로 사역하면서 한센병 환자들을 처음 접하게 되었습니다. 그때 목사님의 사역에 큰 위로를 받은 환자들은 손양원 목사님이 신학교에 들어가자 십시일반으로 돈을 모아 학비를 댔고, 이렇게 맺어진 인연이 목사님을 애양원으로 이끌었습니다.

손양원 목사님이 부임할 때만 해도 애양원은 직원 구역과 환자 구역이 철저히 분리되어 있었습니다. 심지어 예배당까지도 유리 벽으로 목회자와 환자 자리를 막아 놓았고 창문을 통해 말을 주고받게 되어 있었습니다. 손양원 목사님은 과감히 이 벽을 허물었습니다. 그리고 감염 위험과 악취를 개의치 않고 수시로 환자 숙소를 드나들었습니다. 간호사들도 들어가길 꺼리던 중환자실에 찾아가 환자들의 손을 잡아 주었고, 밤새 고통으로 울부짖는 환자들을 위해 직접 자신의 입으로 고름을 빼내고 기도해 주었습니다.

1940년에는 일제의 신사 참배를 거부하다가 구금되어 모진 고문을 겪었습니다. 끝까지 참배를 거부한 손양원 목사님은 광복이 되자 다시 애양원으로 향했습니다. 많은 교회가 목사님을 모셔가겠다고 했지만 목사님은 애양원 형제자매들을 버릴 수 없다며 거절하였습니다. 1948년 여순사건 때는 폭도들에게 두 아들을 한꺼번에 잃는 아픔을 겪었습니다. 하지만 목사님은 곧 가해자 구명 운동에 나섰습니다. 그리고 처형 직전에 있던 사건의 주동자 안재선을 살려 내어 양자로 삼았습니다. 손양원 목사님의 큰 사랑에 안재선은 자신의 이름을 손재선으로 바꾸고 손양원 목사님을 힘껏 보좌했으며, 손양원 목사님이 순교하셨을 때는 상주로서 장례를 치렀습니다.

손양원 목사님은 한국전쟁이 터졌을 때 피난 권유를 마다하고 행동이 부자유스러운 한센병 환자들과 함께하겠다며 끝까지 교회를 지키다가, 9월 28일 공산군에 의해 총살을 당하고 말았습니다. 이러한 손양원 목사님의 생애는《사랑의 원자탄》이란 책과 영화로 세상에 알려져서 기독교인은 물론이거니와 믿지 않는 사람들에게까지 깊은 감동을 주었습니다.

> 공산당을 진정 이긴 사람은 손양원 목사다. 이 땅의 정치가들에게도 손양원 목사와 같은 아량과 포용성이 있다면 공산주의도 이길 수 있고 남북통일도 실현할 수 있을 것이다(백범 김구,《서울신문》1949. 4. 17.).

여의도순복음교회의 사랑 실천

여의도순복음교회는 지난 반세기 동안 복음 전파와 성령 운동에 힘써 왔습니다. 교회가 시작된 때부터 줄곧 가난한 자, 소외된 자, 병든 자들에게 복음을 전파하며 예수 그리스도만이 유일한 희망임을 증거했습니다. 전쟁 이후 정치적, 경제적, 사회적으로 암울했던 상황에서 절망에 처한 소외 계층에게 오중복음과 삼중축복을 전하며 그들에게 큰 희망과 용기를 주었습니다.

이와 동시에 여의도순복음교회는 1980년대부터 본격적으로 그리스도의 사랑을 실천해 왔습니다. 그 가운데 심장병 환자 시술 지원 사업이 있는데, 지금까지 약 5천여 명의 심장병 환자들이 우리 교회의 섬김을 통해 무료 시술 혜택을 받고 새로운 삶을 얻게 되었습니다.

그 외에도 대대적인 헌혈 운동, 전 세계 기아와 난민을 돕기 위한 '은혜의 빵' 나누기 운동, 폐지와 우유팩, 헌 옷 모으기 운동 등을 전개하여 국내외 어려운 계층을 섬기는 일에 힘써 왔습니다. 농어촌 미자립 교회 돕기 운동도 적극적으로 전개하여서 전국적으

오중복음

'오중복음'이란, 예수 그리스도의 십자가를 통해 이루어지는 하나님의 구원에 대한 기쁜 소식을 뜻하는 '복음'을 다섯 가지 주제로 이해하는 것을 말한다. '중생', '성령 충만', '신유', '축복', '천국과 재림'이 그것이다.

삼중축복

〈요한삼서〉 1장 2절로 대표되는 '삼중축복'은 우리 그리스도인이 예수님의 십자가 사역을 통해 '영적 죽음', '육체적 죽음과 질병', '환경적 저주'에서 벗어나서 영혼이 잘되는 '영적 축복', 강건하게 되는 '육체적 축복', 범사에 잘되는 '환경적 축복', 즉 전인적인 축복을 받게 된 것을 말한다.

로 5천여 교회 목회자에게 용기와 성원을 보내 드리고 있습니다.

지난 1988년에는 아시아 최대 규모의 복지 시설인 엘림복지타운을 건설하여 직업 훈련생들을 모아 전문 기술을 가르쳐 사회에 필요한 인물로 키우고 있으며 무의탁 노인들이 행복한 노후 생활을 영위할 수 있는 시설과 환경을 제공하였습니다.

또한 우리 교회는 가난과 기아에 고통당하는 제3세계 사람들을 돕기 위해 NGO 기관인 '굿피플'(Goodpeople)을 창립하였습니다. 이 기관을 통해 북한과 조선족을 비롯해 전 세계 이웃에게 섬김과 나눔의 사역을 활발히 전개해 나가고 있습니다. 특별히 여의도순복음교회 창립자인 조용기 목사님은 원로 목사님이 되면서 섬김과 나눔을 더욱 적극적으로 실천하고자 '조용기자선재단'(구, 사랑과행복나눔재단)을 설립하여서 소년소녀가정과 독거 노인, 탈북자 가정, 다문화 가정, 외국인 근로자 등 소외 계층을 위한 의료, 법률, 주택 개선, 인권 보호, 사회복지 사업을 이끌고 있습니다.

이렇듯 예수님처럼 낮아져 겸손히 섬김을 실천하며 사는 것이 그리스도인의 본분이요, 그리스도인이 모인 교회의 본분입니다. 섬기고 나누다 보면 때로는 물질적인 손해도 감수해야 하고, 무고한 비난을 받을 때도 있습니다. 그러나 세상을 그리스도의 사랑으로 물들이고, 사람들의 마음에 그리스도의 사랑의 편지를 띄우기 위해서 우리는 그 모든 것을 묵묵히 견뎌 내야 합니다. 세상의 빛과 소금으로서 선한 일을 실천하며 사는 우리를 주님은 기뻐하십니다.

과제

- 다음 주 예습
- 중보 기도
- 섬김과 나눔을 실천할 때 가장 어려운 것은 무엇인지 5가지 적어 오기
- 눅 6:38 암송하기

지금 할 수 있는 섬김과 나눔을 적어 보세요.

1. 전도하는 것.
2. 가족에게 사랑한다고, 고맙다고 카톡/문자 보내는 것.
3. 감사 카드를 만들어 인사하는 것.
4. 호의를 담아 눈 맞추는 것. 등

17

섬김과 나눔은 축복의 통로

주의 성령이 내게 임하셨으니
이는 가난한 자에게 복음을 전하게 하시려고 내게 기름을 부으시고 나를 보내사
포로 된 자에게 자유를, 눈 먼 자에게 다시 보게 함을 전파하며 눌린 자를 자유롭게 하고
주의 은혜의 해를 전파하게 하려 하심이라 하였더라
〈누가복음〉 4:18~19

예수께서 불러다가 이르시되 이방인의 집권자들이 그들을 임의로 주관하고 그 고관들이 그들에게 권세를 부리는 줄을 너희가 알거니와 너희 중에는 그렇지 않을지니 너희 중에 누구든지 크고자 하는 자는 너희를 섬기는 자가 되고 너희 중에 누구든지 으뜸이 되고자 하는 자는 모든 사람의 종이 되어야 하리라(막 10:42~44)

✣16~18과
- 시작 찬송: 212장, 452장
- 복음성가: 아름다운 마음들이 모여서, 해같이 빛나리
- 마무리 찬송: 461장

예수님은 누구든지 높아지려면 섬기는 자가 되어야 한다고 말씀하셨습니다. 섬기는 자가 결국 최고의 자리에 오르게 된다는 뜻입니다.

남부 인도에서는 그 지역에 서식하는 원숭이를 사냥할 때 총이나 무기를 쓰지 않고 다른 방법을 사용한다고 합니다. 먼저 코코넛을 준비합니다. 그리고 코코넛의 딱딱한 껍질에 구멍을 뚫는데 원

숭이 손 하나가 간신히 들어갈 만한 구멍을 뚫고 속을 파냅니다. 그리고 그 속에 원숭이가 좋아하는 먹을 것을 넣은 다음 원숭이들이 많이 다니는 곳에다 코코넛을 고정시켜 놓고 숨어서 기다리는 것입니다.

그러면 어느새 냄새를 맡은 원숭이가 다가와 코코넛 구멍에 손을 넣고 먹을 것을 한껏 움켜쥡니다. 그런데 구멍의 크기가 겨우 손을 편 상태에서만 뺄 정도라서, 주먹을 쥔 상태로는 손을 뺄 수가 없습니다. 아무리 힘을 줘서 잡아당겨도 빠지지 않습니다. 손을 펴서 쥔 것을 놓으면 뺄 수가 있는데, 원숭이는 먹을 것에 마음을 뺏겨 그것을 놓지 못합니다. 결국 사람들이 다가오는 것을 보면서도 손 안에 든 먹을 것 때문에 꼼짝없이 잡히고 맙니다.

우리의 인생도 이와 비슷할 때가 많습니다. 코코넛에 들어 있는 먹이 한 움큼을 쥐고 놓지 못하는 원숭이처럼 물질과 명예, 탐욕의 노예가 되어 살 때가 많습니다. 내가 가진 모든 것을 주님에게 내려놓으면, 내가 가진 것의 일부를 이웃과 나누면, 주님이 더 풍성한 삶으로 우리를 인도해 주시는데 우리는 그것을 잔뜩 움켜쥐고 몸부림치다가 결국에는 낭패와 후회에 빠질 때가 많습니다. 그러므로 우리는 섬김과 나눔 속에 담겨 있는 교훈을 명심하고 "나는 아무것도 아닙니다. 주님만이 나의 모든 것이 되십니다. 내 것은 없습니다. 모든 것이 주님 것입니다"라고 고백하며 우리의 모든 것을 주님에게 드리고 이웃과 나누는 신앙인이 되어야 합니다. 이럴 때 주님이 예비하신 복을 누리게 됩니다.

1. 섬김을 통한 축복

핵심 요약 1. 하나님은 섬기고 나누어 주는 자를 인정하고 높여 주신다.
2. 하나님은 예수님을 본받아 섬김의 사역을 잘 감당한 성도들에게 의의 면류관, 생명의 면류관, 영광의 면류관, 썩지 않을 면류관 등 풍성한 상급을 예비하고 계신다.
3. 예수님을 믿음으로 죄 사함을 받아 의롭게 된 사람은 의의 면류관을 받게 된다.
4. 하나님과 이웃을 섬기며 선한 일을 감당하다가 겪는 고난을, 주님을 의지하여 잘 참고 견디면 하나님은 생명의 면류관을 주신다.
5. 하나님의 양 무리를 사랑과 진실로 잘 섬긴 사람에게는 시들지 않는 영광의 면류관을 주신다.
6. 자신의 영광을 위해서가 아니라 하늘나라의 영광을 바라보며 섬김의 경주에 임하는 사람은 썩지 않을 면류관을 받는다.

예수님을 믿어 하나님의 자녀가 되면 복 있는 삶을 살게 됩니다. 왜냐하면 하나님은 복의 근원이시기 때문입니다. 마귀는 우리를 도둑질하고 죽이고 멸망시키기 원하지만, 하나님은 우리의 영혼이 잘되는 것처럼 범사에 잘되고 강건하기를 원하시며, 우리가 생명을 얻되 더 풍성히 얻기를 원하십니다(요 10:10; 요삼 1:2).

〈요한삼서〉 1장 2절 말씀을 적어 보세요.

사랑하는 자여 네 영혼이 잘됨 같이 네가 범사에 잘되고 강건하기를 내가 간구하노라

우리가 모든 일에 잘되려면 어떻게 해야 하나요?

〈요한삼서〉의 말씀처럼 우리가 모든 일에 잘되려면 우리의 영혼이 잘되어야 합니다. 그리고 하나님은 예수님을 잘 섬기는 자들에게는 더 큰 복을 주십니다. '착하고 충성된 종'은 주인의 즐거움에 참여하게 됩니다. '달란트 비유'(마 25:14~30)를 보면, 먼 여행

에서 돌아온 주인이 다섯 달란트와 두 달란트를 받은 종이 각각 다섯 달란트와 두 달란트를 남긴 것을 보고 말했습니다. "잘하였도다 착하고 충성된 종아 네가 적은 일에 충성하였으매 내가 많은 것을 네게 맡기리니 네 주인의 즐거움에 참여할지어다 하고"(마 25:21). 우리가 하나님을 사랑하고 말씀에 순종하여 열심히 충성하고 헌신하면 하나님은 우리에게 복을 주실 뿐만 아니라 자손 대대로 복을 받게 하십니다. 성경은 "나를 사랑하고 내 계명을 지키는 자에게는 천 대까지 은혜를 베푸느니라"(출 20:6)고 말하고 있습니다.

하나님은 섬기고 나누어 주는 자를 인정하고 높여 주십니다. 우리가 예수님의 본을 따라 섬기는 지도력을 실천할 때 하나님이 우리를 높여 주십니다. 성경은 "누구든지 자기를 높이는 자는 낮아지고 누구든지 자기를 낮추는 자는 높아지리라"(마 23:12)고 말하고 있습니다. 기회만 되면 어떻게든 자기 자신을 높이려 하는 것이 세상의 법칙입니다. 남보다 잘나고 더 갖추어서 유리한 위치를 선점해야 성공도 하고 인정도 받게 된다는 생각 때문입니다. 하지만 하늘나라의 법칙은 그와 정반대입니다. 누가 보든 안 보든 자신을 겸손히 낮추고 늘 섬기는 자세를 보일 때 처음에는 아무도 알아주지 않는 것처럼 보이지만 결국 주님은 그런 사람을 칭찬하고 높여 주십니다.

그가 재물을 흩어 빈궁한 자들에게 주었으니 그의 의가 영구히 있고 그의 뿔이 영광 중에 들리리로다(시 112:9)

자신에게 있는 것으로 가난하고 소외된 사람들을 섬기며 구제에 힘쓰는 사람이 결국 하나님에게 인정과 사랑을 받게 될 것을 말하고 있는 것입니다. "그의 뿔이 영광 중에 들리리로다"라는 말은 그가 존귀와 영화를 얻음으로써 많은 사람이 그를 높이게 된다는 뜻입니다.

하나님은 예수님을 본받아 섬김의 사역을 잘 감당한 성도들에게 여러 가지 상을 주십니다. 성경은 성도들을 위해 네 가지 면류관이 준비되어 있다고 말합니다.

의의 면류관: 의의 면류관은 예수님을 믿음으로 죄 사함을 받아 의롭게 된 사람이 받는 기본적인 상급이라 할 수 있습니다. 즉, 의의 면류관은 구원받은 모든 성도가 받게 될 면류관입니다.

다메섹 도상에서 예수님을 만난 후 평생 복음을 전하는 데 전심전력했던 사도 바울은 말년에 믿음의 아들인 디모데에게 보낸 편지에서 다음과 같이 고백했습니다.

> 나는 선한 싸움을 싸우고 나의 달려갈 길을 마치고 믿음을 지켰으니 이제 후로는 나를 위하여 의의 면류관이 예비되었으므로 주 곧 의로우신 재판장이 그날에 내게 주실 것이며 내게만 아니라 주의 나타나심을 사모하는 모든 자에게도니라(딤후 4:7~8)

생명의 면류관: 하나님은 하나님의 나라와 의를 구하며 살아가는 동안 겪게 되는 어려움과 시련을 이기는 성도에게 생명의 면류관을 주십니다.

사도 바울은 복음을 전하면서 말할 수 없는 고난을 당했습니다.

〈고린도후서〉 1:8
형제들아 우리가 아시아에서 당한 환난을 너희가 모르기를 원하지 아니하노니 힘에 겹도록 심한 고난을 당하여 살 소망까지 끊어지고

그래서 그는 고린도교회 성도들에게 힘에 겹도록 심한 고난을 당하여 살 소망까지 끊어졌다며 자신의 심정을 토로했습니다(고후 1:8). 우리가 하나님과 이웃을 섬기며 선한 일을 감당하다 보면 크고 작은 고난을 당할 때가 있습니다. 하지만 그럴수록 주님을 의지하여 잘 참고 견디면 하나님이 생명의 면류관을 주십니다.

> 시험을 참는 자는 복이 있나니 이는 시련을 견디어 낸 자가 주께서 자기를 사랑하는 자들에게 약속하신 생명의 면류관을 얻을 것이기 때문이라(약 1:12)

영광의 면류관: 영광의 면류관은 특별히 교회 내 지도자들에게 약속하신 상급입니다. 하나님이 허락하신 사람들을 정성껏 섬기고 사랑으로 이끌어 가는 사람에게 약속하신 상급이 시들지 않는 영광의 관입니다. 이는 장차 하나님이 주실 영광이 잠시 있다가 사라질 세상의 영광과는 질적으로 다르다는 것을 보여 줍니다.

> 너희 중에 있는 하나님의 양 무리를 치되 억지로 하지 말고 하나님의 뜻을 따라 자원함으로 하며 더러운 이득을 위하여 하지 말고 기꺼이 하며 맡은 자들에게 주장하는 자세를 하지 말고 양 무리의 본이 되라 그리하면 목자장이 나타나실 때에 시들지 아니하는 영광의 관을 얻으리라(벧전 5:2~4)

썩지 않을 면류관: 사도 바울 당시 고린도에서는 2년마다 체전이 열렸습니다. 체전에서 우승을 하는 선수에게는 머리에 월계관

과 비슷한 '전나무로 만든 관'을 씌워 주었습니다. 그런데 그 관은 나무와 잎으로 엮어서 만든 것이기 때문에 얼마 있지 않아 시들고 썩었습니다. 이와 같이 우리가 세상에서 얻는 것들은 시간이 지나면 시들고 썩어 버립니다. 그러나 주님이 우리에게 주시는 것은 영원히 썩지 않습니다.

> 이기기를 다투는 자마다 모든 일에 절제하나니 그들은 썩을 승리자의 관을 얻고자 하되 우리는 썩지 아니할 것을 얻고자 하노라(고전 9:25)

사도 바울은 썩지 않을 면류관을 말하면서 "이기기를 다투는 자마다 모든 일에 절제한다"는 것을 강조했습니다. 오늘날 올림픽이나 큰 대회에서 좋은 성적을 내기 위해 수많은 운동선수는 대회가 열리기 수년 전부터 매사에 절제하면서 훈련합니다. 신앙인도 이와 같습니다. 자신의 명예와 영광을 염두에 두고 섬김을 실천하는 사람은 나중에 썩을 면류관을 받지만, 하늘나라의 푯대만을 바라보며 섬김의 경주에 임하는 사람은 결국 썩지 않을 면류관을 쓰게 되는 것입니다.

〈빌립보서〉3:14
푯대를 향하여 그리스도 예수 안에서 하나님이 위에서 부르신 부름의 상을 위하여 달려가노라

전에 제가 일본 교토를 방문했을 때 어느 교회 성도들의 모임을 둘러본 적이 있습니다. 꽃꽂이 모임도 있고 일본의 전통차를 마시는 다도회도 있었습니다. 그 중 꽃꽂이 모임의 성도님들이 저에게 일 년 동안 시들지 않는 꽃이니 잘 간직하라며 꽃을 선물했습니다. 정말 그 꽃은 몇 달이 지나도록 싱싱함을 잃지 않았습니다. 조화가 아니라 생화인데 어떤 기술로 만들었기에 그렇게 싱싱한지 신기

했습니다. 하지만 그 꽃도 시간이 흐르자 결국 시들기 시작했습니다. 이처럼 아무리 대단한 기술로 처리를 한 꽃도 결국에는 시들어 썩고 맙니다. 그러나 주님이 주시는 면류관은 영원토록 썩지 않고 찬란하게 빛납니다.

성도들을 위해 준비된 면류관에는 어떤 것들이 있나요?

의의 면류관, 생명의 면류관, 영광의 면류관, 썩지 않을 면류관

2. 나눔을 통한 축복

핵심요약 1. 오병이어의 기적에서 볼 때 우리가 가진 것을 주님에게 아낌없이 드리고 이웃과 나누면 주님은 우리에게 차고 넘치는 은혜와 축복을 부어 주신다.
2. 고넬료의 구제와 나눔은 하나님의 마음을 기쁘게 하였다. 하나님은 고넬료에게 예수 그리스도의 구원의 복음을 듣게 하고 성령 충만을 받게 하셨다.

〈요한복음〉 6장에는 오병이어의 기적 이야기가 등장합니다. 예수님이 갈릴리 해변 벳새다 광야에서 말씀을 전하실 때 남자 어른만 해도 오천 명이 모여들었습니다. 여자와 아이들을 포함하면 대략 3만 명이 되었을 것입니다. 예수님은 사람들이 허기져 있는 것을 아시고 빌립에게 어디서 떡을 사서 이들을 먹이겠느냐고 물으셨습니다. 아주 머리가 좋은 빌립은 "200데나리온의 떡을 사 와도 이 많은 사람이 한 입씩 먹기에 부족할 것"이라고 대답했습니다. 빌립의 관점은 불가능에 맞춰져 있었습니다.

그동안 안드레는 예수님의 말씀을 듣고 무리 속으로 들어가 "혹

시 먹을 것을 가져온 사람 있습니까?"라고 외치며 음식을 찾아다녔습니다. 안드레는 보리떡 다섯 개와 물고기 두 마리를 가지고 온 한 소년을 데리고 예수님에게 돌아왔습니다. 그는 보리떡 다섯 개와 물고기 두 마리를 주님에게 보이면서 "이 아이 혼자 먹기도 넉넉하지 않은 양이라서 이 많은 사람의 허기를 채우는 데는 도움이 안 될 것 같습니다"라고 말했습니다. 누가 봐도 보리떡 다섯 개와 물고기 두 마리로는 약 3만 명의 주린 배를 채울 수 없었습니다. 그러나 중요한 것은 안드레가 먹을 것을 찾아다닐 때 소년은 순순히 자기가 싸 온 음식을 내놓았다는 점입니다. 음식을 싸 온 어른도 분명히 있었을 텐데 오직 한 소년만이 자신이 가진 모든 것을 예수님 앞에 가지고 나왔습니다.

소년은 예수님의 말씀에 은혜를 많이 받았습니다. 그래서 예수님이 먹을 것을 찾으신다고 했을 때 소년은 믿음으로 내놓을 수 있었습니다. 어떤 어른들은 '이렇게 사람이 많은데 몇 사람한테 음식을 거둬서 무엇을 하려고 저러나? 그냥 나 혼자 몰래 먹고 말아야지'라고 생각했을 것입니다. 그러나 주님의 놀라운 기적과 축복의 현장에서 주인공이 되려면 순수한 믿음으로 자기가 가진 것을 주님에게 드릴 수 있어야 합니다.

예수님은 소년이 드린 보리떡 다섯 개와 물고기 두 마리를 받아 축복하시고 사람들에게 나누어 주셨습니다. 그러자 엄청난 기적이 일어났습니다. 그 적은 음식이 모든 사람이 배불리 먹고도 남을 정도가 되었던 것입니다(요 6:12~13).

〈요한복음〉6:12~13
그들이 배부른 후에 예수님이 제자들에게 이르시되 남은 조각을 거두고 버리는 것이 없게 하라 하시므로 이에 거두니 보리떡 다섯 개로 먹고 남은 조각이 열두 바구니에 찼더라

보리떡 다섯 개와 물고기 두 마리로 약 3만 명의 사람이 배불리

먹고, 그 남은 조각이 열두 바구니에 가득 찬 것입니다. 이처럼 우리가 가진 것을 주님에게 아낌없이 드리고 이웃과 나누면 주님은 우리에게 넘치는 은혜와 축복으로 돌려주십니다.

누가복음 6장 38절 말씀을 적어 보세요.

주라 그리하면 너희에게 줄 것이니 곧 후히 되어 누르고 흔들어 넘치도록 하여 너희에게 안겨 주리라 너희가 헤아리는 그 헤아림으로 너희도 헤아림을 도로 받을 것이니라

그렇다면 열두 바구니에 거둔 것은 어떻게 되었을까요? 성경에는 기록되어 있지 않지만 제 나름대로 상상하기를 예수님이 "보리떡 다섯 개와 물고기 두 마리를 믿음으로 내놓은 저 소년의 집에 가져다 주어라"고 말씀하셨을 것 같습니다. 그리고 소년의 집에서는 열두 바구니에 가득 찬 음식으로 동네 사람들과 함께 잔치를 벌였을 것입니다.

이 사건은 나눔을 통해 모두가 더욱 풍성하게 된다는 사실을 보여 주고 있습니다.

흩어 구제하여도 더욱 부하게 되는 일이 있나니 과도히 아껴도 가난하게 될

뿐이니라 구제를 좋아하는 자는 풍족하여질 것이요 남을 윤택하게 하는 자는 자기도 윤택하여지리라(잠 11:24~25)

우리가 가진 것을 주님에게 드리면 주님은 우리에게 풍성한 은혜를 내려 주십니다. 하나님의 차고 넘치는 축복과 기적의 역사가 우리 삶에 나타납니다.

〈고린도후서〉 8:7
오직 너희는 믿음과 말과 지식과 모든 간절함과 우리를 사랑하는 이 모든 일에 풍성한 것 같이 이 은혜에도 풍성하게 할지니라

〈사도행전〉 10장에는 가이사랴라는 도시에 사는 로마군 장교가 등장합니다. 그의 이름은 고넬료인데 백부장이었습니다. 백부장은 당시 100명의 부하를 거느렸는데 전쟁터에서 가장 앞장서서 싸우고, 평상시에는 군사를 훈련시키고 치안을 담당하는 중추적인 역할을 하는 사람입니다.

그런데 고넬료는 로마의 식민지였던 유대에서 백부장으로 복무하면서 유대 사람들이 믿는 하나님을 향한 신앙에 관심을 가졌고, 결국 신앙을 갖게 되었습니다. 그의 생활은 경건했고 온 가족과 함께 하나님을 경외하는 삶을 살았습니다. 더욱 놀라운 것은 식민 지배를 받고 있는 유대 백성들 중에서 어려운 처지에 있는 이들을 물심양면으로 도와주었던 것입니다. 이런 그의 모습은 유대인들에게 감동을 주었습니다. 이방인이며 로마 군대 장교인 그에게 유대인들이 적대감을 가질 법도 한데, 고넬료가 하나님을 잘 섬기고 어려운 이들에게 베풀고 나누는 모습에 많은 사람이 그를 좋아하고 존경하게 되었습니다.

또한 고넬료는 항상 기도하는 사람이었습니다. 아마도 기도하는 그의 모습을 가까이서 지켜보던 가족들 역시 고넬료의 영향을 받아 하나님을 경외하는 믿음의 가정을 이루었을 것입니다. 그러던

어느 날 고넬료는 기도하다가 환상을 보았습니다. 한 천사가 고넬료를 방문하여 "네 기도와 구제가 하나님 앞에 상달되어 기억하신 바가 되었으니"(행 10:4)라고 말했습니다. 고넬료는 그의 기도와 어려운 처지에 있는 백성들에게 자신이 가진 것을 나눈 것이 하나님에게 상달되고 기억하신 바 되는 놀라운 은혜를 입었던 것입니다. 이처럼 구제와 나눔은 하나님의 마음을 기쁘게 합니다.

> 가난한 자를 불쌍히 여기는 것은 야훼께 꾸어 드리는 것이니 그의 선행을 그에게 갚아 주시리라(잠 19:17)

어려운 처지에 있는 사람을 불쌍히 여겨 자신의 소유를 나누어 주고 도와주면 반드시 하나님이 기억하실 뿐만 아니라 더 큰 은혜로 갚아 주십니다.

비슷한 시기에 베드로도 기도하기 위해 지붕에 올라가 있었습니다. 그는 시장한 가운데 환상을 보게 되었는데, 하늘이 열리며 그릇 하나가 내려오는 것을 보았습니다. 큰 보자기 같기도 한 그릇은 네 귀가 매어져 있었습니다. 그릇이 땅에 다다랐을 때 안을 들여다보니 네 발 가진 짐승과 기는 것과 공중에 나는 것들이 들어 있었습니다. 그 짐승들은 유대인들이 부정하게 여기는 것들이었습니다. 주님은 그릇 속에 담긴 짐승들을 보며 놀란 베드로에게 "잡아먹어라"고 말씀하셨습니다. 주님은 주저하는 베드로를 향해 "하나님이 깨끗하게 하신 것을 네가 속되다 하지 말라"고 세 번이나 말씀하셨습니다. 그러고 나서 부정한 짐승이 담겨 있는 그릇을 하늘로 올리셨습니다.

베드로는 자신이 본 환상이 무엇을 뜻하는지 깨닫지 못해 고민하고 있다가 고넬료가 보낸 사람들을 맞았습니다. 성령님은 베드로에게 의심하지 말고 그들과 함께 가라고 말씀하셨습니다. 이튿날 베드로는 고넬료가 보낸 사람들과 함께 가이사랴를 향해 길을 나섰습니다.

베드로는 고넬료의 안내를 받아 집 안으로 들어갔습니다. 고넬료는 베드로를 초청하게 된 이유를 설명했고, 베드로도 하나님이 자신을 통해 계획하신 일에 대해 설명하면서 고넬료 가족에게 예수 그리스도의 복음을 증거했습니다. 그러자 성령님이 그곳에 있던 모든 사람에게 임하셨습니다. 그들은 성령 침례를 받고 성령으로 충만함을 입었습니다. 성령이 이방인에게도 임하는 것을 본 베드로와 동행한 형제들은 매우 놀랐습니다. 그들이 방언을 말하며 하나님을 높여 드렸던 것입니다. 이를 통해 이방인에게도 구원이 임하는 것을 목격하게 되었습니다.

고넬료의 집에 모인 사람들이 성령 침례를 받는 것을 목격한 베드로는 예수 그리스도의 이름으로 그들에게 물 침례를 베풀었습니다. 그들을 정식으로 교회 안에 받아들인다는 의미입니다. 성령 침례와 물 침례를 받은 고넬료는 할례받지 않은 이방인으로서 최초로 교회에 들어오게 되었습니다. 이들을 통해 주님의 복음이 이방 세계로 퍼져 나가게 되었습니다. 이렇듯 하나님은 구제와 나눔에 앞장섰던 고넬료와 그 가족에게 예수 그리스도를 통한 구원과 성령 침례의 은혜를 베풀어 주신 것입니다.

〈사도행전〉 10:44~46

베드로가 이 말을 할 때에 성령이 말씀 듣는 모든 사람에게 내려오시니 베드로와 함께 온 할례 받은 신자들이 이방인들에게도 성령 부어 주심으로 말미암아 놀라니 이는 방언을 말하며 하나님 높임을 들음이러라

✣방언

성령의 은사 가운데 하나로 성령 침례를 받은 증거다. 바울 사도는 방언 말하기를 금하지 말라고 했다(고전 14:39). 방언은 방언을 말하는 사람 개인의 신앙생활에 유익이 되기 때문에 여러 사람이 모였을 때는 지혜롭게 활용해야 한다(고전 14:4).

과제

- 다음 주 예습
- 중보기도
- 섬김과 나눔을 실천하려면 어떤 사람이 되어야 하는지 5가지 적어 오기
- 빌 2:4 암송하기

고넬료는 어떤 면류관을 받았을까요?

의의 면류관(예수를 믿는 사람이 받는 기본적인 면류관이니까),
생명의 면류관(시련이 오더라도 이겨 낼 것 같아),
썩지 않을 면류관을 받을 것 같다.
영광의 면류관은 교회지도자들에게 주는 것이니까 아닐 것 같다.
등

어떻게 섬김과 나눔을 실천할 것인가

18

주의 성령이 내게 임하셨으니
이는 가난한 자에게 복음을 전하게 하시려고 내게 기름을 부으시고 나를 보내사
포로 된 자에게 자유를, 눈 먼 자에게 다시 보게 함을 전파하며 눌린 자를 자유롭게 하고
주의 은혜의 해를 전파하게 하려 하심이라 하였더라
〈누가복음〉 4:18~19

그리스도 안에서 새로운 피조물로 변화된 성도들이라 할지라도 섬김과 나눔을 생활화하는 일은 생각처럼 쉽지 않습니다. 우리가 진정으로 섬김과 나눔의 삶을 살기 위해서는 무엇보다 하나님의 사랑 가운데 거하여야 합니다.

✣16~18과
- 시작 찬송: 212장, 452장
- 복음성가: 아름다운 마음들이 모여서, 해같이 빛나리
- 마무리 찬송: 461장

하나님의 사랑이 우리에게 이렇게 나타난 바 되었으니 하나님이 자기의 독생자를 세상에 보내심은 그로 말미암아 우리를 살리려 하심이라 사랑은 여기 있으니 우리가 하나님을 사랑한 것이 아니요 하나님이 우리를 사랑하사 우리 죄를 속하기 위하여 화목 제물로 그 아들을 보내셨음이라(요일 4:9~10)

우리가 먼저 하나님을 사랑한 것이 아니라 우리가 아직 죄인 되

었을 때, 하나님 앞에서 불의하고 방탕하여 하나님의 마음을 아프게 하며 살고 있을 때, 하나님이 먼저 우리를 사랑하셨습니다. 우리는 이 하나님의 사랑 앞에서 '하나님이 이렇게 나를 사랑하시는구나!'라고 감격하고 감사하며 우리의 삶을 주님에게 드리게 됩니다. 주의 사랑 안에 거할 때, 우리는 모든 것을 주님에게 맡긴 채 그저 감사하고 기뻐하면서 섬김과 나눔을 실천할 수 있습니다.

핵심 요약 1. 섬김은 겸손을 쌓아가는 훈련이다. 내 스스로 높아지려는 교만에 빠지면 모든 것이 무너진다.
2. 진정한 나눔은 성실함과 부지런함으로 자신에게 맡겨진 일들을 완수하는 데서 시작한다. 우리는 예배와 기도, 전도에 부지런해야 한다.
3. 충성은 성령 충만할 때 나타나는 것으로, 예수 그리스도로 인해 새사람이 되어 하나님이 주신 사명을 생명을 다해 수행하고자 하는 태도이다.
4. 온전한 경건은 경건의 모양이 아니라 삶 속에서 사랑을 실천하고 이웃을 섬기는 모습으로 나타나야 한다.

1. 섬김의 실천

겸손을 훈련해야 합니다

섬김은 무엇보다 겸손을 쌓아가는 훈련입니다. 우리가 낮아지면 하나님이 높여 주십니다. 하나님이 높인 사람은 어느 누구도 낮출 수 없습니다. 그러나 우리의 힘으로 높아지려고 하면 어느새 교만하여지고 그 교만 때문에 순식간에 모든 것이 무너집니다. 교만은 판단을 흐리게 합니다. 교만은 나만 옳다는 독선적인 생각을 가지게 하고, 다른 사람의 의견을 받아들이지 않게 합니다. 교만한 마음으로 어떤 일을 선택하거나 결정을 내린다면 의도하지 않은 실수가 생기고 그 실수로 인해 문제가 커지게 되어 결국 넘어지게 됩니다.

역사적으로 독재자들을 살펴보면, 그들은 하나같이 교만하고 독선적인 사람들이었습니다. 그래서 독재자로 인해 수많은 사람이 희생되었습니다. 독일의 히틀러를 보십시오. 그의 독선적인 생각 때문에 유태인 600만 명이 학살되었습니다. 또한 그는 성격이 불같아서 순간적으로 눈에 보이는 것으로 판단하고 결정을 내렸습니다. 그래서 그의 잘못된 결정으로 인해 많은 사람이 죽었고, 그에게 목숨 바쳐 충성했던 사람들도 그의 순간적인 오해와 잘못된 판단 때문에 형장의 이슬로 사라졌습니다.

1910년 영국 에든버러에서 '세계선교대회'가 개최되었습니다. 전 세계에 흩어져 있는 1,200여 명의 선교사들이 이 대회에 모여 "앞으로 100년 이내로 온 세계를 복음화하자!"라는 목표를 세우고 선교 전략을 논의하였습니다. 하지만 100년이 지난 지금 전 세계의 3분의 1정도만 복음화가 되었습니다. 오히려 이슬람교가 무서운 속도로 성장하고 있습니다. 2,000년 동안 기독교가 성장한 것보다 훨씬 더 빠른 속도로 이슬람교가 전 세계로 확산되었습니다. 이로 인한 기독교의 위기의식과 선교에 대한 새로운 결의를 다지기 위해 2010년 세계선교대회 100주년 기념회를 영국 에든버러에서 다시 열었습니다.

그때 제가 아시아 오순절 신학자 대표로 가서 발제를 하였습니다. 제가 발표한 논문의 내용은 "21세기 선교는 힘의 선교가 아니라 섬김의 선교가 되어야 한다"라는 것이었습니다. 섬김의 선교가 되어야 그 나라를 진정으로 변화시킬 수가 있다는 것을 강조했습니다. 발제를 마치고 토의 시간이 되자 아프리카 선교사들이 적극적으로 발언하기 시작했습니다.

한 분이 서구 세계의 선교에 대해 안타까운 마음과 불만을 말하기 시작하였습니다.

유럽과 미국의 선교사님들은 선교라는 명목 아래 아프리카에 와서 양질의 자원을 다 착취하고 복음의 대상인 아프리카 사람들을 무시하여 마음에 상처만을 주었습니다. 지금 선교를 목적으로 모인 이 자리에서도 우리 아프리카 사람들을 차별 대우하니 너무나 슬픈 마음이 듭니다.

이 호소를 듣자 여기저기서 그동안 억눌리고 짓밟힌 선교지의 잘못된 선교 방법에 대한 의견이 봇물 터지듯 나오며 오랜 시간 열띤 토의가 진행되었습니다.

영국은 기독교 국가로서 인도를 300년 동안이나 지배했습니다. 그럼에도 불구하고 인도는 지금 힌두교 국가가 되어 있습니다. 또 인도네시아는 400년간 기독교 국가인 네덜란드의 통치를 받았지만 지금 세계 최대의 이슬람 국가가 되어 있습니다. 여기엔 다양한 원인이 있겠지만 서구 세계의 '힘의 선교'가 주된 원인 가운데 하나입니다.

〈잠언〉29:23
사람이 교만하면 낮아지게 되겠고 마음이 겸손하면 영예를 얻으리라

높임을 받고자 하는 마음은 누구에게나 있습니다. 그런데 스스로 높아진 사람은 우월감에 빠져 다른 사람을 무시하게 됩니다. 하지만 하나님이 높여 주시면 겸손해집니다. 하나님이 죄인 된 우리를 높이고 세우실 때 우리는 그 앞에서 겸손할 수밖에 없습니다. 높여 주시는 하나님 앞에 겸손하게 엎드릴 때 하나님이 그 자리를 오랫동안 지켜 주십니다.

그러나 하나님이 높여 주셨는데도 그것을 잊어버리고 스스로 높아진 것으로 착각하면 그 자리에서 많은 어려움을 당할 수밖에 없습니다. 그러므로 우리는 날마다 "하나님, 제가 잘될 때, 축복받을 때, 하나님이 높여 주실 때 겸손하게 하여 주옵소서. 겸손한 마

음으로 섬기게 하여 주옵소서. 그리하여 복 받은 주님의 일꾼 되게 하여 주옵소서"라고 기도해야 합니다.

충성스러워야 합니다

진정한 나눔은 우선 성실함과 부지런함으로 자신에게 맡겨진 일들을 완수하는 것에서 시작됩니다. 성공하는 사람들의 공통점 가운데 하나가 근면함입니다. 주님을 섬기는 데 부지런하고, 집안일을 돌보는 데 부지런하고, 회사일을 하는 데 부지런하고, 공부하는 데 부지런하고, 뭐든지 부지런한 사람이 성공합니다. 영적인 생활도 마찬가지입니다. 하나님이 인정하시는 신앙인이 되기 위해서는 근본적으로 부지런해야 합니다. 기도하는 데도, 전도하는 데도, 예배 드리는 데도 부지런해야 합니다. 그러면 하나님은 쌓을 곳이 없도록 은혜를 부어 주실 것입니다.

〈빌립보서〉 2장 4절 말씀을 적어 보세요.

각각 자기 일을 돌볼뿐더러 또한 각각 다른 사람들의 일을 돌보아 나의 기쁨을 충만하게 하라

진정한 근면은 자신의 일에 최선을 다할 뿐만 아니라 어렵고 힘든 사람을 돌보며 그들에게 자신의 성공을 나누는 데 최선을 다하는 것입니다. 자신의 부지런함을 통하여 자기의 유익만 추구하는

것이 아니라 진정 이웃을 사랑하고 돌볼 때 하나님 나라가 임하고 하나님의 거룩한 뜻이 이루어질 것입니다.

이웃을 섬기는 일은 하나님에게 충성하는 것입니다. 우리가 이웃을 섬길 때 하나님은 우리를 충성스러운 자녀요 일꾼으로 보십니다. 성경은 "맡은 자들에게 구할 것은 충성이라"(고전 4:2)고 말씀합니다. 이와 같이 영적 지도자들에게 필요한 '충성'은 성령의 열매입니다(갈 5:22). '충성'은 성령 충만의 결과로, 예수 그리스도로 인하여 새사람이 되어 하나님이 주신 새 직분과 새 사명을 목숨같이 여겨 최선을 다하는 태도를 말합니다. 따라서 성령으로 충만해야 충성스러운 사람으로 변화될 수 있습니다.

〈고린도전서〉4:1~2
사람이 마땅히 우리를 그리스도의 일꾼이요 하나님의 비밀을 맡은 자로 여길지어다 그리고 맡은 자들에게 구할 것은 충성이니라

우리가 맡은 일에 최선을 다하기 위해서는 우선 시간 관리를 잘해야 합니다. 시간은 하나님이 주신 것이니 헛되이 낭비하지 말고 주님의 뜻 가운데 잘 활용하여야 합니다. 시간을 헛되이 낭비하면 우리의 삶 가운데 큰 손실이 있습니다.

요즘 청소년들의 가장 큰 문제는 인터넷 게임 중독입니다. 인터넷 게임은 청소년들로 하여금 시간 낭비는 물론 건강을 상하게 하고 정신까지 황폐하게 만드는 무서운 독입니다. 게임에 중독된 아이들은 식사도 컴퓨터 앞에서 하고 밤새도록 게임을 합니다. 요즘 게임은 주로 무기로 상대를 공격하고 싸우고 죽이는 것입니다. 그러니 그런 게임을 계속한다면 어떤 결과가 나오겠습니까? 아이들은 과격해지고 폭력적으로 변하며 가상 세계와 현실 세계를 구분하지 못합니다. 게임에서처럼 현실에서 친구들과 싸우고 폭력을 휘두릅니다. 심지어 최근에 보도된 이야기처럼 청소년들을 파멸

시키거나 죽음으로 이끄는 무서운 결과를 낳게 됩니다. 그래서 청소년 자녀를 둔 부모는 자녀를 위해 더 많이 기도하고 자녀가 건강하게 여가를 선용하고 올바르게 시간을 관리할 수 있도록 관심을 가지고 지도해 주어야 합니다.

학생은 수업 시간에 최선을 다해 시간을 아껴 공부하고, 직장인은 근무 시간에 최선을 다해 회사에 충성해야 합니다. 근무 시간에 인터넷 검색이나 인터넷 쇼핑을 하고 전화를 받는 등 개인적인 일로 시간을 낭비해서는 안 됩니다. 근무 시간은 회사에서 우리의 시간을 돈을 주고 산 것이므로 최선을 다해 성실하게 회사를 위해 일해야 합니다. 그것이 정직한 그리스도인으로서 충성하는 태도입니다. 우리가 최선을 다할 때 하나님이 우리의 충성과 성실을 통하여 복을 내려 주십니다.

예수님을 주님으로 믿고 따르는 그리스도인은 하나님을 향한 충성심이 사회생활을 하는 가운데도 동일하게 나타나야 합니다. 자신에게 주어진 일에 성실하고 직장에서 충성스런 사람이 되어야 합니다. 교회에 와서는 누구에게도 뒤지지 않을 만큼 충성스럽지만 막상 일터에서는 무책임하고 불성실하게 생활한다면 그런 사람은 하나님에게 충성스럽다고 말할 수 없습니다. 우리의 모든 삶은 하나님의 영광을 위한 것이 되어야 하므로 무슨 일을 하든지 주님을 의식하고 주님을 위해 일하는 자세로 임해야 할 것입니다(골 3:22~23).

가정에서는 본을 보이는 부모가 되고, 직장에서 본을 보이는 직원이 되며, 회사의 사장님은 사원에게 진심 어린 존경을 받고, 사

〈골로새서〉3:22~23

종들아 모든 일에 육신의 상전들에게 순종하되 사람을 기쁘게 하는 자와 같이 눈가림만 하지 말고 오직 주를 두려워하여 성실한 마음으로 하라 무슨 일을 하든지 마음을 다하여 주께 하듯 하고 사람에게 하듯 하지 말라

원은 누가 보든지 안 보든지 상관하지 않고 자기가 맡은 일에 최선을 다하는 사람이 될 때 하나님이 그 모습을 위에서 보고 인정해 주십니다. 하나님이 인정해 주시면 결국 윗사람의 눈에 띄어 '저 사람은 우리 회사의 보배야'라고 인정받게 되는 것입니다. 또한 충성스러운 사람은 많은 사람 속에 묻혀 있어도 리더의 눈에 뜨이게 마련입니다. 충성스러운 사람은 어디를 가든지 먼저 솔선수범하며 민첩하게 움직입니다. 어떤 장소나 자리에서도 자신이 할일을 찾아서 합니다. 식당에 가서도 다른 사람들의 컵에 물을 따라 주고 수저를 챙겨 주는 등 말없이 일을 합니다. 이렇듯 이웃을 섬기는 사람이 하나님에게 진정으로 충성하는 사람입니다.

온전히 경건해야 합니다

하나님 아버지 앞에서 정결하고 더러움이 없는 경건은 곧 고아와 과부를 그 환난중에 돌보고 또 자기를 지켜 세속에 물들지 아니하는 그것이니라(약 1:27)

경건한 그리스도인, 하나님 앞에 인정받는 자녀들은 사랑을 몸소 실천하는 사람입니다. 겉으로 보기에 경건한 척만 하는 것이 아니라 삶 속에서 사랑을 실천하고 이웃을 섬기는 모습이 나타나야 한다는 말씀입니다. 마음속에만 머물고, 말로만 하는 사랑은 온전한 사랑이 아닙니다. 눈에 보이는 실천이 하나님이 기뻐하시는 삶의 열매입니다.

경건은 삶에서 표현되어야 합니다. 마음 안에서만 머물고 말로

만 표현하는 경건은 반쪽짜리입니다. 고아와 과부를 그 환난 가운데 돌보는 경건이 온전한 경건입니다. 이러한 경건을 실천하는 그리스도인을 하나님은 정결하게 보십니다.

섬기는 그리스도인이 되기 위해 무엇을 해야 할지 적어 보세요.

- 하나님이 살아 계시다고 믿어야 한다. 그러면 저절로 겸손해진다.
- 내가 말한 것을 하나라도 지키려고 애쓴다. 등

2. 나눔의 실천

가난하고 소외된 자를 못 본 체하지 말고 적극적으로 나눔에 힘쓰는 것이 하나님의 뜻이요 마음입니다.

가난한 자를 구제하는 자는 궁핍하지 아니하려니와 못 본 체하는 자에게는 저주가 크리라(잠언 28:27)

도둑질하는 자는 다시 도둑질하지 말고 돌이켜 가난한 자에게 구제할 수 있도록 자기 손으로 수고하여 선한 일을 하라(엡 4:28)

핵심요약 1. 살아 있는 신앙은 나누어 주는 신앙이다. 우리가 나누어 주는 삶을 살 때 생명력 넘치는 축복된 신앙생활을 할 수 있다.
2. 우리의 믿음은 실천, 행함이 있어야 한다. 그것을 통하여 다른 사람의 믿음에 선한 영향력을 끼칠 수 있다.
3. 섬김과 나눔은 물질에만 국한되는 것이 아니다. 우리가 가진 시간, 재능, 기술 등 다양한 달란트를 통하여 이웃을 섬길 수 있다.

'나눔'이라는 제사

살아 있는 신앙은 나누어 주는 신앙입니다. 나누어 줄 때 우리의 신앙에 생명력이 넘치고 더 큰 축복이 우리의 삶에 임하게 됩니다. 하나님은 우리의 신앙이 선을 행하고 서로 나누어 주는 신앙이 되기를 원하십니다. 또한 우리가 선을 행하고 서로 나누어 줄 때 우리의 삶은 하나님이 기뻐하시는 예배가 됩니다.

〈히브리서〉 13장 16절 말씀을 적어 보세요.

오직 선을 행함과 서로 나누어 주기를 잊지 말라 하나님은 이같은 제사를 기뻐하시느니라

우리가 리더십을 온전히 발휘하려면 우리의 삶이 이웃의 본이 되어야 합니다. 본을 보이는 것만큼 위대한 가르침은 없습니다. "섬기고 나누는 사람이 되라"고 목청을 높이는 것보다 직접 본을 보이는 것이 훨씬 더 큰 영향력을 미칩니다(벧전 5:3).

〈베드로전서〉 5:2~3

너희 중에 있는 하나님의 양 무리를 치되 억지로 하지 말고 하나님의 뜻을 따라 자원함으로 하며 더러운 이득을 위하여 하지 말고 기꺼이 하며 맡은 자들에게 주장하는 자세를 하지 말고 양 무리의 본이 되라

세상에서 하나님의 은혜 가운데 살려면 먼저 나 자신이 변화되어야 합니다. 내가 변화되면 나를 둘러싼 모든 것이 변합니다. 내가 달라진 만큼 내 가정이 달라지고, 내가 달라진 만큼 남편이 변하고 아내가 변하고, 내가 달라진 만큼 자녀들이 변하고, 내가 달라진 만큼 회사가 변하고, 내가 달라진 만큼 구역이 변하고, 내가

달라진 만큼 교회가 변하는 것입니다. 우리가 달라지지 않으니까 신앙생활하면서도 늘 문제 속에 사는 것입니다. 어떻게 달라져야 됩니까? 섬김의 본을 보여야 합니다. 우리가 먼저 본을 보이는 자세로 섬기면 이전에 보지 못했던 놀라운 축복이 우리의 가정, 생활, 자녀, 범사에 임하게 될 것입니다.

우리나라 항공사가 세계적인 항공사가 된 비결 중 하나는 승무원의 서비스 태도입니다. 외국 항공사 승무원은 서서 주문을 받기 때문에 승객이 승무원을 올려다보아야 합니다. 그래서 승객이 대우를 받는다기보다 승무원의 지시를 받는 것처럼 느끼게 됩니다. 그러나 우리나라 항공사 승무원은 승객에게 주문을 받을 때 꼭 무릎을 굽혀 눈높이를 맞추고서 주문을 받습니다. 그렇기 때문에 승객이 섬김을 받는다고 느끼게 됩니다. 이와 같이 승무원이 승객을 대하는 태도만 조금 다를 뿐인데 이러한 작은 차이가 오늘날 우리나라 항공사를 세계적인 항공사로 만든 요인이 되었습니다.

우리는 그리스도인으로서 세상에 본이 되는 삶을 살아야 합니다. 우리의 모범이 되신 예수님을 본받아 섬김을 실천하며 살아야 합니다. 우리가 작은 일에 충성하며 섬길 때 우리의 가정이 변화되고 교회가 변화되며 우리 사회에 거대한 변화의 물결이 일어날 것입니다.

행함이 있는 믿음

하나님은 성도들에게 살아 있는 믿음을 요구하십니다. 〈야고보서〉는 실천이 없는 믿음의 예를 소개하면서 행함이 없는 믿음은 그 자체가 죽은 것이라고 이야기합니다.

> 만일 형제나 자매가 헐벗고 일용할 양식이 없는데 너희 중에 누구든지 그에게 이르되 평안히 가라, 덥게 하라, 배부르게 하라 하며 그 몸에 쓸 것을 주지 아니하면 무슨 유익이 있으리요 이와 같이 행함이 없는 믿음은 그 자체가 죽은 것이라(약 2:15~17)

에릭 리델 (1902~1945)
중국 톈진에서 사역하는 스코틀랜드 선교사 가정에서 출생하였다. 1924년 파리 올림픽에서 주일에 있는 100m 경주를 포기하고 평일에 있는 400m 경주에 출전해 금메달을 땄다. 올림픽 경기로 국가적 영웅이 되었지만, 그는 하나님과의 약속을 지키기 위해 중국으로 갔다. 아버지와 형의 뒤를 이어 24세의 젊은 나이로 중국 선교사로 떠난 것이다.
리델은 12년 간 톈진에서 교사로 봉사하며 복음을 전했으며, 그 후 7년 동안 산둥 반도의 곳곳을 다니며 농촌 지역에서 전도했다. 2차 세계대전이 끝나기 전 몇 년 간 1,800명의 다른 그리스도인들과 함께 일본군 치하 웨이시엔의 수용소에 갇혀 지내며 타인들을 격려하는 삶을 살다가 44세에 뇌출혈로 사망했다.

우리가 하나님을 경외하고 행함이 있는 믿음을 소유하게 되면 이것이 다른 사람의 믿음에도 선한 영향력을 미치게 됩니다. 그러한 사람 중에 에릭 리델(Eric Liddell)이라는 사람이 있습니다. 그는 중국 톈진에서 사역하는 스코틀랜드인 선교사 가정에서 태어났습니다. 그는 어릴 때부터 달리기에 탁월한 실력을 보였는데, 1924년 파리 올림픽에 영국의 국가 대표로 나가게 되었습니다. 그는 100m 달리기 세계 신기록을 보유한, 가장 강력한 금메달 후보자로 사람들의 기대를 한 몸에 받았습니다.

그런데 경기 일정표를 보니 그가 출전할 100m 달리기 결승전이 주일인 7월 6일 오전 11시로 잡혀 있었습니다. 스코틀랜드는 장로교 전통이 강한 국가입니다. 주일에는 모두 가게 문을 닫고 오락도 안하고 철저하게 예배를 드립니다. 더구나 그는 선교사의 가정에서 태어나 어렸을 때부터 바른 신앙 교육을 받으며 자랐습니다. 그런데 그가 100m 달리기 결승전을 하는 날이 하필 주일이었던 것입니다. 그래서 그는 감독에게 경기 출전을 포기하겠다고 말했습니다.

이 사실이 알려지자 언론과 국민이 그를 비난하며 야유했습니다. 감독과 코치가 달래고 왕자까지 와서 설득했습니다. 하지만 그는 "안 됩니다. 저는 주일에 하나님에게 예배를 드려야 합니다. 타협할 수 없습니다"라며 뜻을 굽히지 않았습니다. 할 수 없이 그의 동료 선수 헤럴드가 그 대신 100m 달리기에 나가서 금메달을 땄습니다. 그날 에릭 리델은 경기장에 나가 동료 선수들을 격려하는 일도 하지 않고, 평소처럼 주일을 교회에서 온전히 하나님에게 예배를 드렸습니다. 신문에는 "에릭 리델이 예수를 믿어도 광신적으로 믿는다"라는 기사로 대서특필이 되었고, 사람들의 비난이 빗발쳤습니다. 그럼에도 불구하고 에릭 리델은 주일을 지켜 온전히 하나님에게 예배 드리고 다른 날 경기에 나갔습니다.

그는 200m 달리기에 출전해서 동메달을 따고, 다시 자기의 주종목이 아닌 400m 달리기에 출전했습니다. 그 경기에는 세계 신기록 보유자인 미국 선수도 출전했습니다. 경기 당일 그날따라 바람이 몹시 불고 굉장히 날씨가 안 좋아서 선수들은 경기가 참 힘들겠다며 불안해하였습니다. 사람들은 에릭 리델이 단거리 선수이므로 400m 달리기에서 우승하는 것은 불가능하고 완주하는 것만으로도 다행이라고 생각하고 있었습니다. 게다가 배정된 레인도 제일 불리했습니다.

〈마태복음〉 10:32
누구든지 사람 앞에서 나를 시인하면 나도 하늘에 계신 내 아버지 앞에서 그를 시인할 것이요

그가 결승전에 출전할 때 담당 안마사가 쥐어 준 쪽지에 다음과 같은 글이 있었습니다.

구약에 이런 글이 있네. "나를 존중히 여기는 자를 나도 존중하리라." 최선의 영광이 있기를 빌면서.

〈사무엘상〉 2:30 하반절
나를 존중히 여기는 자를 내가 존중히 여기고 나를 멸시하는 자를 내가 경멸하리라

경기 시간이 되어 선수들은 각자 자기가 배정받은 레인에서 출발 자세를 잡았습니다. 에릭 리델 역시 자신의 레인에서 출발 신호를 기다렸습니다. "땅!" 마침내 출발 신호가 나고 선수들이 출발선에서 뛰어나갔습니다.

그런데 에릭 리델이 얼마나 빠른 속도로 달려 나가는지 관중석에 앉아 있는 사람들은 '에릭 리델이 저러다가 심장이 멈추는 것이 아닐까?' 하고 걱정할 정도였습니다. 사람들은 미국 선수가 당연히 우승할 것으로 예상했지만, 놀랍게도 에릭 리델이 미국 선수를 제치고 47초 6의 기록으로 결승 테이프를 끊어 세계 신기록을 세우고 금메달을 획득했습니다.

온 세계 사람들이 다 놀랐습니다. 전날 에릭 리델을 욕하던 사람들도 이 사람은 진정 하나님의 사람이라며 놀라워했고, 그를 비난하는 기사를 실었던 신문들은 그가 이루어 낸 이 경이로운 일을 대서특필했습니다.

내 힘으로 뛴 것은 200m였습니다. 나머지 200m는 하나님이 뛰게 하신 것입니다(금메달 수상 소감).

그 후 에릭 리델은 부모님의 뒤를 이어 중국 선교사로 나갔는데, 일본군에게 잡혀 포로수용소에 있다가 1945년 2월에 순교하였습니다.

에릭 리델은 세상의 금메달뿐 아니라 하늘의 금메달도 딴 사람이었습니다. 그는 하나님 나라의 금메달리스트로 살았던 것입니다. 기록을 보면, 그는 중국 선교사로서 가난하고 불쌍하고 병들고 고통 가운데 있는 사람들을 돌보아 주었다고 합니다. 또한 그는 포로수용소에서도 자기의 먹을 것을 남에게 나누어 주고 자기가 덮는 담요와 옷도 아낌없이 나누어 주었다고 합니다. 어느 날 아침 그가 일어나지 않아서 간수가 그를 깨우려고 흔들어 보았더니 조용히 숨을 거두었다고 기록되어 있습니다. 그 간수는 "이 사람 예수님 믿는 사람이죠?"라고 물었다고 합니다. 포로들을 악랄하게 학대하고 모진 고통을 주었던 간수조차 에릭 리델의 삶에 감동을 받아 그가 하나님의 사람임을 인정한 것입니다. 그와 마지막까지 함께했던 사람들은 '에릭 리델은 바로 예수님처럼 산 사람'이라고 기억하며 고마움을 표현하였다고 합니다. 에릭 리델이 하나님에게 복을 받고 일생을 예수님처럼 살게 된 이유가 어디 있을까요? 바로 행함이 있는 믿음을 소유한 주인공이었기 때문입니다.

다양한 형태의 나눔

섬김과 나눔은 물질에만 국한되는 것이 아닙니다. 다양한 형태로 나눔을 실천할 수 있습니다. 우리가 가진 시간으로 나눔을 실천할 수 있습니다. 바쁜 일상생활을 쪼개 주위의 어려운 사람을 위해 보람되고 값진 시간을 갖는다면 하나님뿐만 아니라 자기 스스로에게도 기쁨이 될 것입니다. 그 외에도 자신이 가진 재능으로 이웃을 섬길 수 있습니다. 악기를 다룰 줄 아는 사람이라면 형편상 악기를 배울 수 없는 사람들에게 연주하는 법을 가르칠 수 있을 것입니다. 그림에 소질이 있는 사람이라면 자신의 소질을 가지고 빈민촌에서 생활하는 아이들에게 그림 그리는 법을 가르칠 수 있을 것입니다. 주위에 다문화 가정에 속한 자녀가 있다면 그들에게 우리말과 언어를 가르치면서 한국을 이해하는 데 도움을 줄 수도 있습니다. 조금만 마음을 쓰면 다양한 형태의 나눔과 섬김이 가능합니다. 중요한 것은 관심과 행함입니다.

지난 2005년 11월, 여러 언론에 보도된 기사가 있습니다. 40여 년간 소록도에서 봉사하던 오스트리아 출신의 두 수녀가 편지 한 장만 남긴 채 홀연히 본국으로 돌아갔다는 내용입니다. 기사의 주인공은 마리안느 스퇴거 수녀와 마거릿 피사렉 수녀입니다.

이들은 오스트리아에서 간호사 자격을 취득한 후 대한민국의 소록도에서 간호사가 필요하다는 소식을 듣고 각각 1959년과 1962년에 차례로 소록도 병원을 찾았습니다. 그 당시 소록도에는 200여 명의 아이들을 포함하여 약 6,000명의 한센병 환자가 있었지만 아무도 그들을 돌보려 하지 않았습니다. 두 수녀는 예수님의 사랑으로 그들을 돌보아 주었습니다. 장갑을 벗고 맨손으로 환자들의 상처를 만지고 약을 발라 주었습니다. 뿐만 아니라 환자들을 위해 죽도 쑤고 과자도 만들어서 나누어 주었습니다.

많은 세월이 흘러 꽃다운 이십대에 소록도에 왔던 두 수녀는 이제 일흔이 넘은 할머니가 되었습니다. 그들은 자신들이 하는 일이 세상에 알려지는 것을 원하지 않았습니다. 기자가 찾아가서 인터뷰를 요청해도 거절했습니다. 수많은 표창장과 감사패 역시 정중히 거절했습니다. 정부에서 1972년 국민포장, 1996년 국민훈장 모란장을 수여할 때에도 그분들이 상을 받으려 하지 않아서 할 수 없이 정부 관계자가 소록도까지 가서 시상을 했다고 합니다. 병원 측에서 회갑 잔치를 마련했을 때에도 기도하러 간다면서 자리를 피했습니다. 그분들은 누가 알아주기를 기대하는 마음이 아니라 오직 예수 그리스도의 사랑으로 수많은 한센병 환자를 돌보며 그들의 친구가 되어 주었던 것입니다.

2005년 11월 22일, 정년을 십여 년이나 넘기며 헌신적으로 봉사하던 두 수녀는 40여 년간 동고동락했던 소록도 주민들을 뒤로하고 새벽에 몰래 섬을 빠져나가 고국으로 돌아갔습니다. 그들이 남긴 것은 편지 한 장이었습니다.

> 이 편지를 보는 당신에게 하늘만큼 감사합니다. 부족한 외국인에게 사랑과 존경을 보내 주셨습니다. 같이 지내면서 우리가 부족하여 마음 아프게 해 드렸던 일에 대해 용서를 빕니다.

두 수녀가 떠난 후에 소록도의 주민들과 환자들은 너무 감사해서 열흘 이상 함께 모여 감사의 기도를 드렸습니다. 외로운 섬 소록도에서 반세기 동안 상처받은 사람들을 간호하고 위로하다가 처음 소록도에 찾아올 때 가지고 왔던 낡은 가방 하나만 들고 조용히 섬을 떠나간 두 수녀의 사랑 실천은 수많은 사람에게 큰 감동을 안겨 주었습니다.

이 두 수녀는 예수님의 십자가를 통하여 베풀어 주신 그 사랑이 너무도 감격스럽고 감사하여 그 사랑을 나누지 않고는 견딜 수 없었습니다. 그래서 한센병 환자들을 섬기기 위해 자신들의 일생을 내놓았던 것입니다.

우리 한국 사람들은 예로부터 '정'이라는 말로 서로 돕고 사는 마음을 표현했습니다. 말 그대로 우리는 정이 있어서 어려운 사람을 보면 그냥 지나치지 못했습니다. 그리고 한 번 도움을 주고받으면 정이 들어 돈독한 관계가 되곤 하였습니다. 그러나 최근 들어 사람들이 점점 개인주의적이 되고, 나누고 베푸는 일에 인색해졌습니다. 그래서 사회는 점점 각박해지고 다른 사람의 고통에 눈길을 주지 않습니다. 이럴 때 필요한 것이 바로 하나님의 사랑을 받는 우리 그리스도인의 섬김과 나눔입니다. 우리가 주님에게 받은 은혜를 흘려보내면 보낼수록 세상은 따뜻해지고 사람들의 굳어진 마음은 녹을 것입니다. 우리가 그리스도의 사랑을 실천하고 아낌없이 나누고 베푸는 것이 이 시대의 희망입니다.

한국 교회는 하나님의 놀라운 축복을 받아 세계가 부러워하는 교회로 성장했습니다. 이제는 우리가 받은 축복을 나누어야 할 때입니다. 〈사도행전〉의 초대교회들처럼 아낌없이 나누고 베풀어서 한국과 세계를 주님의 사랑으로 감동시키고 변화시켜야 합니다. 사랑을 실천하는 교회, 질병과 가난으로 고통당하는 이들을 돌보고 안아 주는 교회, 구제에 전력을 다하는 교회, 땅끝까지 복음을 들고 전진하는 교회가 되어야 합니다.

한국의 모든 그리스도인은 하나님에게 복받은 사람들입니다. 하나님에게 받은 복을 가지고 가난하고 불쌍하고 병들고 어려움을 당한 사람들을 찾아가십시오. 그들을 섬기고 돌보아 줄 때 하나님의 은혜가 우리의 삶 속에 더욱 차고 넘치게 될 것입니다.

혹시라도 주님에게 받은 은혜와 축복을 내 것이라고 착각하며 움켜쥐려고만 했다면 그런 생각을 십자가 앞에 다 내려놓고 주님을 닮은 제자들로 거듭날 수 있기를 바랍니다. 우리가 어느 곳에 있든지 주님을 본받아 희생과 섬김을 실천하며 살아갈 때 세상 사람들이 우리를 통해 주님을 발견할 것입니다. 그리고 그들의 발걸음은 교회로 향하게 될 것입니다.

갈이 공부하는 사람들을 한 사람씩 돌아가며 칭찬합니다.

섬기고 나누는 작은 예수가 되도록 함께 기도하며 선언합시다.

하나님이 사랑하는 OOO(사람), 우리가 성부와 성자와 성령의 이름으로 섬기는 예수님의 사람이 되기를 축복합니다.

과제

- 다음 주 예습
- 중보 기도
- 예수님의 인품을 드러낼 수 있는 단어 10가지 적어오기
- 요 13:14~15 암송하기

7장

개인적 성화의 영성(예수 닮기)

19 예수님의 인품

20 예수님의 사역

21 예수님 닮기

● 이제 인내와 위로의 하나님이 너희로 그리스도 예수를 본받아 서로 뜻이 같게 하여 주사 한마음과 한 입으로 하나님 곧 우리 주 예수 그리스도의 아버지께 영광을 돌리게 하려 하노라(롬 15:5~6)

내가 그리스도를 본받는 자가 된 것 같이 너희는 나를 본받는 자가 되라(고전 11:1)

이는 평생 예수 그리스도를 위해 살았던 사도 바울의 말씀입니다. 이러한 말씀들처럼 참된 그리스도인이 되기 위해 우리는 주 예수 그리스도의 모습을 본받아 살아가야 합니다. 그러면 우리가 예수님을 본받아 살기 위해서는 어떻게 해야 할까요? 첫째, 예수님은 어떤 분이셨는지, 즉 예수님의 인품은 어떠했는지에 관해 알아보아야 할 것이고, 둘째, 예수님이 이 세상에서 어떠한 삶을 사셨고 어떠한 일을 행하셨는지에 관해서도 알아보아야 할 것입니다. 그리고 셋째, 이러한 기반 위에서 예수님을 닮아 가는 성도의 삶에 대해 구체적으로 알아보아야 할 것입니다.

19 예수님의 인품

항상 우리를 그리스도 안에서 이기게 하시고
우리로 말미암아 각처에서 그리스도를 아는 냄새를 나타내시는 하나님께 감사하노라
우리는 구원 받는 자들에게나 망하는 자들에게나 하나님 앞에서 그리스도의 향기니
〈고린도후서〉 2:14~15

핵심요약 1. 예수님은 성부 하나님에게 보내심을 받아 세상에 오셨다.
2. 예수님은 성부 하나님의 뜻에 순종하는 가운데 공생애를 사셨다.
3. 예수님은 십자가의 고통과 죽음까지도 순종으로 받아들이셨다.

✣ 삼위일체
우리가 믿는 하나님은 오직 한 분 하나님이다. 그러나 한 분 하나님 안에는 분명히 서로 구분되는 성부, 성자, 성령이라는 '삼위'(세 인격)가 존재한다. 삼위는 하시는 일이 구분되어 있으나 서로의 일에 동참하며, 본질적으로 하나이다.

1. 순종_하나님의 뜻에 순종하여 이 세상에 와 십자가를 지시다

예수님은 우리 인간들처럼 하나님의 피조물이 아니십니다. 그분은 영원부터 영원까지 성부 하나님, 성령 하나님과 같이 계시는 성자 하나님이십니다. 이러한 가르침을 '삼위일체'라고 부릅니다. 그런데 아담과 하와가 범죄한 이후 이 세상에는 죄악이 들어왔습니다. 그래서 인류는 죄악의 영향력 아래에서 고통스럽게 살다가 죽을 수밖에 없다는 사실을 우리는 잘 알고 있습니다. 이러한 현실에서 인류와 세계를 구원하기 위해 성부 하나님은 성자 예수님에게 인간의 몸을 입고 세상으로 들어가 십자가에 달려 죽음으로써 구원 사역을 이루라고 말씀하셨습니다. 이와 같은 하나님의 사랑 그

리고 구원 사역과 관련하여 성경은 다음과 같이 말하고 있습니다.

> 하나님의 사랑이 우리에게 이렇게 나타난 바 되었으니 하나님이 자기의 독생자를 세상에 보내심은 그로 말미암아 우리를 살리려 하심이라 사랑은 여기 있으니 우리가 하나님을 사랑한 것이 아니요 하나님이 우리를 사랑하사 우리 죄를 속하기 위하여 화목 제물로 그 아들을 보내셨음이라(요일 4:9~10)

✣19~21과

- 시작 찬송: 449장, 455장
- 복음성가: 내가 그리스도와 함께, 오 주여 나의 마음이
- 마무리 찬송: 430장

사실 죄를 지은 사람이 그에 상응하는 벌을 받는 것이 일반적인 이치이므로 인간의 죄악으로 인한 고통과 죽음은 인간이 스스로 담당해야 할 문제였습니다. 또한 창조주 하나님이 피조물인 인간이 되신다는 것은 감당하기 힘든 수치와 굴욕인 것입니다. 그러나 성자 예수님은 성부 하나님의 보내심을 받아 이 세상에 인간으로 오셨습니다.

✣성화

성화는 거듭난 성도가 성령님이 주시는 능력으로 지속적으로 예수님을 닮아 거룩한 모습으로 변화되는 것을 말한다. 성도는 그리스도의 장성한 분량에 이르기까지 성령 안에서 계속적으로 성장해야 한다(엡4:13).

다음 성경 말씀을 적어 보세요.

〈요한복음〉 8장 42절

예수께서 이르시되 하나님이 너희 아버지였으면 너희가 나를 사랑하였으리니 이는 내가 하나님께로부터 나와서 왔음이라 나는 스스로 온 것이 아니요 아버지께서 나를 보내신 것이니라

〈요한복음〉 17장 18절

아버지께서 나를 세상에 보내신 것 같이 나도 그들을 세상에 보내었고

〈요한복음〉 20장 21절

예수께서 또 이르시되 너희에게 평강이 있을지어다 아버지께서 나를 보내신 것 같이 나도 너희를 보내노라

위의 성경 말씀에서 반복적으로 강조하는 것은 무슨 말씀인가요?

아버지께서 나를 보내셨다

이 〈요한복음〉의 말씀들은 예수님이 성부 하나님이 보내셔서 이 세상에 오셨다는 성자 예수님의 순종을 반복적으로 분명하게 말하고 있습니다.

예수님은 침례 요한에게 침례를 받고 난 뒤 광야로 들어가셔서 40일 동안 밤낮 금식하셨습니다(마 4:1~2; 막 1:12~13; 눅 4:1~2). 이 40일 동안 예수님은 마귀에게서 세 가지 시험을 받았으나 그 시험을 모두 물리치시고, 하나님 아버지의 뜻에 따라 공생애를 살아가실 준비를 하셨습니다(마 4:3~11; 눅 4:3~13).

예수님의 공생애는 성부 하나님의 뜻에 따라 이루어진 것이었습니다. 예수님의 말씀과 사역은 성부 하나님의 뜻에서 조금도 어

공생애

공생애는 예수님이 침례 요한에게서 침례를 받으신 후에 부활, 승천하실 때까지 모든 인류를 구원하기 위해 사셨던 공적인 삶을 말한다. 예수님은 3년 반 동안 하나님의 나라와 복음을 전파하는 삶을 사셨고, 우리의 죄를 위해 십자가에서 죽으시고 부활하셨다.

긋남이 없었습니다.

> 내가 아무것도 스스로 할 수 없노라 듣는 대로 심판하노니 나는 나의 뜻대로 하려 하지 않고 나를 보내신 이의 뜻대로 하려 하므로 내 심판은 의로우니라 (요 5:30)

이 말씀에서 우리는 예수님의 삶과 사역은 어느 한 가지도 임의대로 이루어졌던 것이 아니라 철저히 하나님 아버지의 뜻에 따라 이루어졌다는 사실을 잘 알 수 있습니다.

우리는 이러한 사실을 "하늘에 계신 아버지의 뜻대로 하는 자는 누구든지 내 형제요 자매요 어머니"(마 12:50; 막 3:35)라는 말에서 추론할 수 있습니다. 예수님은 스스로 철저히 하나님 아버지의 뜻에 순종하여 행하는 삶을 살았기 때문에 하나님 아버지의 뜻에 순종하는 사람들을 예수님의 "형제요 자매요 어머니"라고 말씀하실 수 있었던 것입니다.

〈마태복음〉 12:50
누구든지 하늘에 계신 내 아버지의 뜻대로 하는 자가 내 형제요 자매요 어머니이니라 하시더라

> 만일 내가 내 아버지의 일을 행하지 아니하거든 나를 믿지 말려니와 내가 행하거든 나를 믿지 아니할지라도 그 일은 믿으라 그러면 너희가 아버지께서 내 안에 계시고 내가 아버지 안에 있음을 깨달아 알리라 하시니(요 10:37~38)

이 말씀을 통해서 우리는 예수님이 조금도 어긋남이 없이 하나님 아버지의 일을 행하셨으며, 하나님 아버지와 한마음 한뜻으로 공생애를 사셨다는, 예수님 자신의 확신과 자신감을 깨닫게 됩니다.

예수님의 순종의 절정은 십자가의 고난과 죽음을 통해서 최종

적으로 확증되었습니다. 예수님은 십자가의 고난과 죽음이 임박해 오는 시점에 감람산에서, 가능하다면 이 잔을 내게서 지나가게 해 달라고 하나님에게 기도하셨습니다. 하지만 그 잔이 내게서 지나갈 수 없거든 아버지의 뜻대로 되기를 원하신다고도 기도하셨습니다(마 26:39, 42). 우리와 똑같은 인간의 육체를 가졌던 예수님은 십자가의 고통과 죽음을 피하고 싶었지만, 자신의 뜻이 아니라 하나님 아버지의 뜻대로 이루어지기를 원한다는 기도를 반복적으로 드리셨던 것입니다.

〈마태복음〉26:42
다시 두 번째 나아가 기도하여 이르시되 내 아버지여 만일 내가 마시지 않고는 이 잔이 내게서 지나갈 수 없거든 아버지의 원대로 되기를 원하나이다 하시고

〈마태복음〉 26장 47~56절과 〈요한복음〉 18장 1~11절에는 사람들이 예수님을 체포하러 왔을 때, 베드로가 칼을 빼어 대제사장의 종 말고의 오른편 귀를 베었다는 말씀이 나옵니다. 그때 예수님은 이렇게 말씀하셨습니다.

> 너는 내가 내 아버지께 구하여 지금 열두 군단 더 되는 천사를 보내시게 할 수 없는 줄로 아느냐 내가 만일 그렇게 하면 이런 일이 있으리라 한 성경이 어떻게 이루어지겠느냐 하시더라(마 26:53~54)

예수님은 십자가의 고난과 죽음을 벗어날 수 있는 능력이 없어서 십자가의 고난과 죽음을 감당한 것이 아니라, 하나님의 뜻에 순종함으로 그 뜻을 온전히 이루시기 위해 모든 것을 참고 고난과 죽음을 감당하셨던 것입니다. 참으로 예수님은 죽기까지 하나님에게 전적으로 순종하는 삶을 사셨던 것입니다(빌 2:8).

〈빌립보서〉2:8
사람의 모양으로 나타나사 자기를 낮추시고 죽기까지 복종하셨으니 곧 십자가에 죽으심이라

성자 하나님이신 예수님이 우리에게 열어 주신 구원에는 죽음

까지 마다하지 않고 성부 하나님의 뜻에 순종한 예수님의 은혜가 배어 있음을 우리는 결코 잊어서는 안 됩니다(히 5:8~9). 이 비밀에 관해 〈로마서〉 5장 19절에서는 "한 사람이 순종하지 아니함으로 많은 사람이 죄인 된 것 같이 한 사람이 순종하심으로 많은 사람이 의인이 되리라"고 말씀하고 있습니다.

〈히브리서〉 5:8~9
그가 아들이시면서도 받으신 고난으로 순종함을 배워서 온전하게 되셨은즉 자기에게 순종하는 모든 자에게 영원한 구원의 근원이 되시고

2. 겸손_자신을 낮추고 낮추시다

핵심요약 1. 예수님은 이 세상에 태어날 때부터 자기를 낮추셨다.
2. 자신을 낮추는 가운데 공생애를 이루어 가셨다.
3. 예수님은 십자가에서의 고통과 죽음을 통해 자신을 끝까지 낮추셨다.

하나님이 인간이 되셨습니다

예수님은 원래 성자 하나님이시며 천지와 만물의 창조주이십니다. 그런데 하나님 아버지의 뜻에 순종하여 이 세상에 구원의 길을 열어 주기 위해 오시면서 예수님은 자신의 피조물인 한 인간이 되셨습니다(빌 2:6~7). 우리가 믿는 예수님은 영원히 섬김과 높임을 받으셔야 할 분인데, 그런 분이 종이 되신 것입니다. 하나님이 인간이 되셨다는 이러한 가르침을 기독교에서는 '성육신'이라고 부릅니다. 이 성육신 교리의 저변에 흐르는 중요한 하나의 메시지는 예수님이 자신을 낮추어서 철저히 자신을 비우셨다는 사실입니다. 이 사실을 '케노시스', 다시 말해 '예수님의 자기 비움'이라는 말로 표현합니다.

성육신
성육신은 전능하신 하나님이신 예수님이 인간이 되심으로써 인간의 존재적 한계를 스스로 취하신 것을 말한다. 예수 그리스도의 인격과 사역에 관한 신약성경의 중요한 진술에서 발견되고 있다(예, 요 1:14, 빌 2:5~8).

케노시스
케노시스는 〈빌립보서〉 2장 7절의 겸손히 자기를 '비워' 혹은 '모두 버리시고' 사람이 되셨다는 것을 뜻한다. 신학적으로 케노시스는 성육신의 사건으로 예수님의 신성이 소멸된 것이 아니라 예수님의 신성에 인성이 첨부된 것을 의미한다.

낮은 신분으로 태어나 성장하셨습니다

사람들이 거주하는 집안이 아닌 한 여관의 마구간에서 예수님

은 태어나셨으며, 말구유에 누이셨습니다(눅 2:7). 지극히 높으신 예수님은 자기를 낮추어서 지극히 비천한 상황 속에서 태어나셨던 것입니다. 그 후에 예수님의 어린 시절과 성장기에 관해 성경은 자세히 말하고 있지 않으나 〈마태복음〉은 나사렛이란 동네에서 사셨다고 이야기합니다. 예수님은 나사렛이라는 동네에서 어린 시절을 보냈기 때문에, 항상 '나사렛 예수'라는 이름이 꼬리표처럼 따라다녔습니다(마 26:71; 막 10:47, 14:67; 눅 18:37, 24:19; 요 18:5, 7, 19:19; 행 2:22, 3:16, 6:14, 22:8, 26:9 등). 나사렛은 당시 비천한 사람들이 모여 살던 곳이었고, 사람들로부터 좋지 않은 평판을 듣고 무시받던 지역이었습니다. 우리는 이 점을 예수님의 제자 나다나엘이 예수님을 처음 만나게 되었을 때 "나사렛에서 무슨 선한 것이 날 수 있느냐"(요 1:46)라고 반문했던 이야기를 통해서도 잘 알 수 있습니다.

〈누가복음〉 2:7

첫아들을 낳아 강보로 싸서 구유에 뉘었으니 이는 여관에 있을 곳이 없음이러라

〈마태복음〉 2:23

나사렛이란 동네에 가서 사니 이는 선지자로 하신 말씀에 나사렛 사람이라 칭하리라 하심을 이루려 함이러라

더욱이 예수님은 자신의 고향인 나사렛에서도 사람들에게서 무시받을 정도로 자신을 낮추셨습니다. 예수님은 고위층 집안이나 부유한 집안의 자녀가 아닌 목수 요셉과 그의 아내 마리아의 아들로 태어나셨습니다(물론 예수님은 성령으로 잉태되어 동정녀 마리아에게서 태어나셨으므로 요셉은 예수님의 친부가 아니었습니다). 신분적으로 지위가 낮고 경제적으로 여유가 없었던 요셉과 마리아의 가정에서 태어나, 일찍 세상을 떠난 아버지 요셉의 직업을 물려받아 목수일을 하면서 생활하셨습니다. 그러므로 예수님이 공생애 사역을 시작하셨을 때 나사렛 지방의 사람들은 예수님을 하찮은 사람으로 무시했고 배척했던 것입니다.

이 사람이 마리아의 아들 목수가 아니냐 야고보와 요셉과 유다와 시몬의 형제가 아니냐 그 누이들이 우리와 함께 여기 있지 아니하냐 하고 예수를 배척한지라(막 6:3)

자기 낮추심과 함께 공생애를 시작하셨습니다

예수님의 공생애는 요단강에서 요한에게 침례를 받으시면서 시작되었습니다. 침례 요한은 예수님이 자신에게 오기 이전부터 예수님이 자신과 비교도 할 수 없을 만큼 높은 분이라는 사실을 이미 알고 있었습니다(눅 3:16). 그리고 어느 날 예수님이 요한에게 나타나셨습니다. 예수님의 신발끈을 푸는 일도 감히 하지 못하겠다고(막 1:7; 요 1:27) 말했던 요한은 예수님이 자신에게 침례를 받으러 오시자, 오히려 예수님에게 침례를 받을 사람은 자신이라며(마 3:14) 그것을 말렸습니다. 그러자 예수님은 말씀하셨습니다.

〈누가복음〉 3:16
요한이 모든 사람에게 대답하여 이르되 나는 물로 너희에게 침례를 베풀거니와 나보다 능력이 많으신 이가 오시나니 나는 그의 신발끈을 풀기도 감당하지 못하겠노라 그는 성령과 불로 너희에게 침례를 베푸실 것이요

〈마태복음〉 3:14
내가 당신에게서 침례를 받아야 할 터인데 당신이 내게로 오시나이까

예수께서 대답하여 이르시되 이제 허락하라 우리가 이와 같이 하여 모든 의를 이루는 것이 합당하니라 하시니 이에 요한이 허락하는지라(마 3:15)

침례는 원래 죄를 지은 사람이 자신의 죄를 회개하고 그 죄를 씻는 의미로 행해졌습니다. 이러한 의미에서 볼 때 예수님은 침례받으실 필요가 전혀 없으신 분이었습니다. 그럼에도 불구하고 예수님이 침례를 받으신 것에서, 하나님의 의를 이루기 위해 자신을 죄인 중의 하나로 낮추고자 했던 예수님의 뜻을 발견할 수 있습니다. 예수님의 공생애는 이처럼 철저한 자기 낮춤과 함께 시작되었습니다.

공생애 기간 동안 자기 낮춤을 가르치셨습니다

〈누가복음〉14:8~10
네가 누구에게나 혼인 잔치에 청함을 받았을 때에 높은 자리에 앉지 말라 그렇지 않으면 너보다 더 높은 사람이 청함을 받은 경우에 너와 그를 청한 자가 와서 너더러 이 사람에게 자리를 내주라 하리니 그때에 네가 부끄러워 끝자리로 가게 되리라 청함을 받았을 때에 차라리 가서 끝자리에 앉으라 그러면 너를 청한 자가 와서 너더러 벗이여 올라앉으라 하리니 그때에야 함께 앉은 모든 사람 앞에서 영광이 있으리라

〈누가복음〉 14장에는 예수님이 안식일에 한 바리새인 지도자의 집에 들어갔을 때 일어난 이야기가 나옵니다. 그 바리새인 지도자는 여러 사람을 초대하였는데, 그 자리에 초대받은 사람들은 서로가 먼저 높은 자리를 차지하려고 했습니다. 그때 예수님은 높은 자리에 앉지 말라고, 더 높은 사람이 오면 자리를 내주는 부끄러움을 당할 것이라고 가르치셨습니다.

또한 예수님은 〈마가복음〉과 〈누가복음〉에서 긴 옷을 입고 다니며, 시장에서 문안받는 것과 회당의 높은 자리와 잔치의 윗자리를 좋아하는 서기관들을 삼가라고도 말씀하셨습니다(막 12:38~40; 눅 20:46).

다음 성경 말씀을 적어 보세요.

〈누가복음〉 11장 43절
화 있을진저 너희 바리새인이여 너희가 회당의 높은 자리와 시장에서 문안받는 것을 기뻐하는도다

〈시편〉 147편 6절
야훼께서 겸손한 자들은 붙드시고 악인들은 땅에 엎드러뜨리시는도다

이 말씀들은 무엇을 이야기하나요?

하나님은 겸손한 사람들을 기뻐하신다.

예수님은 겸손을 모르는 바리새인들에게 화가 있을 것이라고 경고하셨고, 그런 경고는 야훼께서 겸손한 자를 붙드시고 악인들을 엎드러뜨리신다는 〈시편〉의 말씀을 통해서도 확증됩니다.

예수님은 '랍비'라 불리기를 좋아하는 서기관과 바리새인을 이야기하시면서 다음과 같이 제자들을 가르치셨습니다.

그러나 너희는 랍비라 칭함을 받지 말라 너희 선생은 하나요 너희는 다 형제니라 땅에 있는 자를 아버지라 하지 말라 너희의 아버지는 한 분이시니 곧 하늘에 계신 이시니라 또한 지도자라 칭함을 받지 말라 너희의 지도자는 한 분이시니 곧 그리스도시니라(마 23:8~10)

낮춤을 실천하심으로써 공생애를 이루어 가셨습니다

예수님은 섬김을 통해 온 세상을 다 품는 본을 우리에게 보여 주셨습니다. 그러므로 우리는 예수님을 본받아 섬기는 종이 되어야 합니다. 구역장이 진심으로 겸손하게 구역을 섬기면 구역원들은 구역장의 태도에 감동하고 그 속에서 예수님을 발견하여 따르게 됩니다. 그러나 구역장이 손 하나 까딱 않고 지시만 하면 구역원들은 모두 떠나게 됩니다. 구역장이 솔선수범해서 어려운 구역원들을 심방하여 도와주면 자연스레 구역원들도 구역장을 존경하므로 구역이 화목하게 되고 부흥됩니다. 리더는 말이 아니라 실천으로 본을 보여야 합니다. 그럴 때 사람들은 감동받고 진심으로 리더를 존경하게 됩니다. 리더가 행동으로 보이지 않고 말로만 지시하고 강요한다면 사람들은 리더가 있을 때만 눈가림으로 일을 하는 척을 할 뿐입니다. 그러므로 우리는 진정한 사랑을 가지고 섬김의 본을 보임으로써 사람을 감동시키는 '작은 예수'가 되어야 합니다.

〈마태복음〉21:5
시온 딸에게 이르기를 네 왕이 네게 임하나니 그는 겸손하여 나귀, 곧 멍에 메는 짐승의 새끼를 탔도다 하라 하였느니라

성경에 보면 예수님이 어린 나귀를 타고 예루살렘에 입성하셨다는 기록이 있습니다. 예수님이 왜 나귀 새끼를 타셨을까요? 성경은 예수님이 겸손하시기 때문이라고 증언합니다(마 21:5). 구약의 스가랴 선지자는 예수님이 겸손의 종으로 오실 것을 알았습니다. 그래서 예수님은 일반 왕들처럼 들어오지 않고, 어린 나귀를 타고 들어오실 것을 예언했습니다. 성경을 보면 왕이 어린 나귀를 타고 궁궐에 들어온 적이 없었습니다. 신하들이나 아니면 하인들이 나귀를 탔습니다. 왕은 백마를 타고 호위 군사를 거느리고 나팔소리가 울리는 가운데 위풍당당하게 입성하였습니다. 그러나 온 인류를 구원하기 위해서 오신 예수님은 가장 겸손하신 모습으로, 낮은 모습으로 어린 나귀를 타고 입성하셨던 것입니다. 예수님은 온유와 겸손의 모습 그 자체였습니다.

조덕삼 장로님과 이자익 목사님의 겸손 이야기

조덕삼 장로님과 이자익 목사님은 이러한 겸손의 본을 보여 주셨습니다. 원래 조덕삼 장로님은 김제에서 큰 부자였고, 이자익 목

사님은 조덕삼 장로님 집안의 머슴이었습니다. 그런데 어느 날 선교사님이 복음을 전할 때 머슴이었던 이자익이 먼저 예수를 믿었습니다. 이자익 머슴은 예수님을 믿고 큰 은혜를 받아서 온 집안을 다 전도했습니다. 그 후 그곳에 '금산교회'가 세워졌습니다. 그리고 주인 조덕삼과 머슴 이자익 두 분이 금산교회의 영수가 되었습니다. 옛날 한국 교회에는 장로가 되기 전에 '영수'라는 직분이 있었습니다. 두 분이 얼마나 열심히 교회를 섬겼는지 교회는 급속도로 부흥했습니다.

그런데 선교사가 여러 곳에 복음을 전해야 되기 때문에 종종 주일에 교회를 비우게 되면, 먼저 예수를 믿은 이자익 영수에게 설교를 시켰습니다. 1908년 조덕삼, 이자익 영수 두 분을 놓고 장로 투표를 하였는데 이자익 영수가 장로로 선출되었습니다. 그때 조덕삼 영수는 자기 집 머슴이 먼저 장로가 되었는데도 불구하고 감사했습니다.

성도 여러분! 참 감사합니다. 저는 나이가 많아서 봉사하기가 어려운데, 젊은 이자익 영수를 장로로 뽑아 주셔서 감사합니다. 우리 모두 이자익 장로를 잘 받들어 교회를 부흥시킵시다.

조덕삼 영수의 이러한 말에 성도들은 큰 감동을 받았습니다. 그리고 그다음 해에 조덕삼 영수도 장로가 되었습니다. 그 후에 이자익 장로는 선교사의 추천으로 평양신학교에 들어가 신학을 공부한 뒤 목사가 되었으며, 장로교 교단의 총회장으로 세 번이나 당선

되었습니다. 그리고 훌륭한 인품으로 겸손의 모습을 보인 조덕삼 장로는 자자손손 큰 복을 받았습니다.

십자가의 고난과 죽음은 겸손의 절정입니다

예수님의 자기 낮춤과 겸손의 절정은 십자가의 고난과 죽음을 통해서 궁극적으로 확증되었습니다. 감람산에서 체포된 예수님은 대제사장과 바리새인 앞에 한 죄수의 신분으로 서 계셨습니다. 대제사장은 하나님을 섬기는 최고의 직분자였습니다. 그런데 성자 하나님인 예수님이 원래 자신을 섬기기 위해서 제정된 대제사장에게서 죄수의 신분으로 심문을 받았고, 그 자리에 있었던 사람들에게서도 모욕을 당하였습니다(마 26:67). 그 후에 예수님은 빌라도 총독에게 심문을 받은 뒤 군병들이 때린 채찍을 맞았으며, 십자가를 지고 골고다 언덕으로 올라가셨던 것입니다.

〈마태복음〉 26:67
이에 예수의 얼굴에 침 뱉으며 주먹으로 치고 어떤 사람은 손바닥으로 때리며

예수님은 십자가에서 조롱과 멸시를 당하기까지 자신을 낮추셨습니다.

> 그와 같이 대제사장들도 서기관들과 장로들과 함께 희롱하여 이르되 그가 남은 구원하였으되 자기는 구원할 수 없도다 그가 이스라엘의 왕이로다 지금 십자가에서 내려올지어다 그리하면 우리가 믿겠노라 그가 하나님을 신뢰하니 하나님이 원하시면 이제 그를 구원하실지라 그의 말이 나는 하나님의 아들이라 하였도다 하며(마 27:41~43)

예수님의 십자가 좌우편에 흉악범 두 명이 함께 달려 있었습니다. 그런데 그 강도들까지도 예수님을 모욕하고 조롱했습니다(마

27:44). 이러한 모욕과 조롱을 받으면서도 예수님은 그들을 용서해 달라고 기도하셨습니다(눅 23:34). 우리의 예수님은 세상의 구원을 위해 십자가에 달려 죽기까지 자신을 낮추셨던 분입니다.

〈누가복음〉 23:34
이에 예수께서 이르시되 아버지 저들을 사하여 주옵소서 자기들이 하는 것을 알지 못함이니이다 하시더라 그들이 그의 옷을 나눠 제비 뽑을새

겸손이란 무엇인지 본인의 생각을 적어 보세요.

겸손은 나를 만드신 분이 계심을 늘 깨달으며 사는 것이다.
잘난 척하지 않는 것이다.
먼저 사과하는 것이다.
등등

3. 진실_회칠한 무덤을 책망하시다

핵심요약 1. 예수님은 사람의 마음을 꿰뚫어 보시는 분이다.
2. 예수님은 가식과 위선을 싫어하신다.

사람의 마음을 꿰뚫어 보십니다

예수님은 위선적인 사람들의 마음을 꿰뚫어 보셨습니다. 〈누가복음〉 20장 20~23절을 보면 서기관과 대제사장과 바리새인이 예루살렘 성전에서 말씀을 전하시는 예수님을 책잡으려고 작전을 썼습니다. 그들이 보낸 정탐꾼들은 예수님에게 접근하여 예수님을 거짓으로 추켜세우며 이렇게 질문했습니다. "우리가 가이사에

〈누가복음〉 20:20~23

이에 그들이 엿보다가 예수를 총독의 다스림과 권세 아래에 넘기려 하여 정탐들을 보내어 그들로 스스로 의인인 체하며 예수의 말을 책잡게 하니 그들이 물어 이르되 선생님이여 우리가 아노니 당신은 바로 말씀하시고 가르치시며 사람을 외모로 취하지 아니하시고 오직 진리로써 하나님의 도를 가르치시나이다 우리가 가이사에게 세를 바치는 것이 옳으니이까 옳지 않으니이까 하니 예수께서 그 간계를 아시고 이르시되

게 세를 바치는 것이 옳으니이까 옳지 않으니이까"(눅 20:22). 그들은 예수님을 로마법의 위반자로 만들고자 하였던 것입니다. 성경은 예수님이 그 간계를 아셨다고 밝힙니다. 예수님은 정탐꾼들의 술책 어린 질문에 지혜롭게 답하셨습니다.

가이사의 것은 가이사에게, 하나님의 것은 하나님께 바치라(눅 20:25)

예수님은 사람들의 올무와 술책에 넘어갈 만큼 어리석은 분이 결코 아닙니다. 뿐만 아니라 예수님은 성자 하나님이시기에 모든 것을 아는 분이십니다. 사람은 예수님 앞에서 그 무엇도 숨길 수 없습니다.

다음 성경 말씀을 적어 보세요.

〈사무엘상〉 16장 7절 하반절

내가 보는 것은 사람과 같지 아니하니 사람은 외모를 보거니와 나 야훼는 중심을 보느니라

〈예레미야서〉 17장 10절

나 야훼는 심장을 살피며 폐부를 시험하고 각각 그의 행위와 그의 행실대로 보응하나니

〈예레미야서〉 20장 12절

의인을 시험하사 그 폐부와 심장을 보시는 만군의 야훼여 나의 사정을 주께 아뢰었사온즉 주께서 그들에게 보복하심을 나에게 보게 하옵소서

하나님은 어떤 분이신가요?

사람의 속을 꿰뚫어 다 아시는 분

내가 절대로 속일 수 없는 분

이와 같이 예수님은 사람의 마음과 생각을 꿰뚫어 보십니다.

가식과 위선을 싫어하십니다

모든 것을 보고, 모든 것을 아는 예수님은 형식과 외형적인 것에 젖어서 내용과 내면적인 것에 소홀한 서기관들과 바리새인들을 싫어하고 질책하셨습니다.

사람에게 보이려고 그들 앞에서 너희 의를 행하지 않도록 주의하라 그리하지 아니하면 하늘에 계신 너희 아버지께 상을 받지 못하느니라 그러므로 구제할 때에 외식하는 자가 사람에게서 영광을 받으려고 회당과 거리에서 하는 것 같이 너희 앞에 나팔을 불지 말라 진실로 너희에게 이르노니 그들은

자기 상을 이미 받았느니라 너는 구제할 때에 오른손이 하는 것을 왼손이 모르게 하여 네 구제함을 은밀하게 하라 은밀한 중에 보시는 너의 아버지께서 갚으시리라(마 6:1~4)

〈마태복음〉 6장 1~4절을 보면 당시 바리새인들을 비롯한 외식하는 사람들은 회당이나 거리에서 나팔을 불어 사람들의 주의를 자신에게 집중시킨 후에 사람들이 보는 앞에서 가난한 사람을 구제함으로써 자신의 선행을 주변 사람들에게 알리고 생색냈습니다. 이러한 구제 행위는 가난한 사람을 참으로 불쌍히 여겨서 구제하는 것이 아니라, 자신의 선행을 가식적으로 드러내려는 위선적 행위에 불과했습니다.

또한 바리새인들을 비롯한 외식하는 사람들은 주변 사람들에게 보이려고 회당과 큰 거리의 어귀에서 큰 소리로 기도하는 것을 좋아했습니다. 이러한 사람들은 하나님과 진정으로 대화하기 위하여 기도하는 것이 아니었으며, 따라서 그들의 기도는 하나님이 받으실 만한 진정한 기도가 아니었습니다. 이런 식으로 기도 생활을 하는 사람의 신앙은 진정한 신앙이 아닙니다. 예수님은 이렇게 기도하는 사람들에게 이미 상을 받았다고 말씀하셨습니다(마 6:5).

〈마태복음〉 6:5

내가 진실로 너희에게 이르노니 그들은 자기 상을 이미 받았느니라

〈마태복음〉 6장 6절 말씀을 적어 보세요.

너는 기도할 때에 네 골방에 들어가 문을 닫고 은밀한 중에 계신 네 아버지께 기도하라 은밀한 중에 보시는 네 아버지께서 갚으시리라

예수님은 은밀한 중에 보시는 아버지께서 기도를 갚으실 것이라 말씀하심으로써, 우리의 개인 기도와 신앙생활에서 가식과 위선을 없이하고 하나님 앞에 솔직히 나아가는 신앙이 참된 신앙이라고 말씀하셨습니다. 거짓 신앙을 가진 사람들에게는 하나님이 주실 응답이 없다는 것입니다. 그런 신앙은 주변 사람들에게 외견상 신앙 좋은 사람으로 비춰지는 것 외에는 더 이상 아무것도 받을 것이 없는 신앙에 불과합니다.

이와 같이 선행과 구제는 물론 개인적인 신앙생활에 있어서도 가식과 위선을 행하는 사람들에 대해 예수님은 '회칠한 무덤'이라는 말을 쓰시면서 심하게 책망하셨습니다(마 23:27). 이 사람들은 겉으로 깨끗해 보이는 일에만 관심과 신경을 썼을 뿐 다른 사람들의 눈에 잘 보이지 않는 내면의 진정한 선행과 신앙에 대해서는 전혀 관심과 신경을 쓰지 않았습니다. 그러나 사람의 중심과 폐부를 살피시는 예수님에게는 그런 사람들 내면의 죄상이 그대로 다 비추어졌기에 예수님은 그들을 질책하셨습니다.

> 화 있을진저 외식하는 서기관들과 바리새인들이여 잔과 대접의 겉은 깨끗이 하되 그 안에는 탐욕과 방탕으로 가득하게 하는도다 눈 먼 바리새인이여 너는 먼저 안을 깨끗이 하라 그리하면 겉도 깨끗하리라 화 있을진저 외식하는 서기관들과 바리새인들이여 회칠한 무덤 같으니 겉으로는 아름답게 보이나 그 안에는 죽은 사람의 뼈와 모든 더러운 것이 가득하도다 이와 같이 너희도 겉으로는 사람에게 옳게 보이되 안으로는 외식과 불법이 가득하도다(마 23:25~28)

핵심 요약 1. 예수님은 죄 없이 순결하신 분이다.
2. 예수님은 인간으로 이 세상에 와서 우리와 똑같은 여건에서 살았지만, 결코 죄를 짓지 않으셨다.

4. 순결_죄 없이 순결하시다

죄 없이 순결하십니다(히 4:15)

이 세상에 완전히 순결하고 무죄한 사람은 아무도 없습니다. 〈창세기〉 3장은 사탄의 유혹에 넘어가 하나님의 명령을 거역한 아담과 하와가 죄의 지배를 벗어날 수 없는 저주받은 상태가 되었다고 말하고 있습니다. 또한 〈로마서〉 5장은 한 사람으로 말미암아 죄와 사망이 세상에 들어왔고, 이 죄와 사망은 모든 사람에게 해당한다고 말하고 있습니다. 아담과 하와 이후 이 세상의 모든 사람은 본질적으로 순결할 수 없게 되었다고 말하는 것입니다.

〈로마서〉 5:12
그러므로 한 사람으로 말미암아 죄가 세상에 들어오고 죄로 말미암아 사망이 들어왔나니 이와 같이 모든 사람이 죄를 지었으므로 사망이 모든 사람에게 이르렀느니라

〈베드로전서〉 2장 22~23절 말씀을 적어 보세요

그는 죄를 범하지 아니하시고 그 입에 거짓도 없으시며 욕을 당하시되 맞대어 욕하지 아니하시고 고난을 당하시되 위협하지 아니하시고 오직 공의로 심판하시는 이에게 부탁하시며

예수님은 원래 하나님이기에 죄와는 상관없는 신성을 가지고 계십니다. 그 예수님이 이 세상에 인간으로 태어나셨습니다. 예수님이 이 세상에 성육신하신 것입니다. 예수님은 우리 인간과 모든

면에서 똑같은 육체를 가지셨지만 전혀 죄 없는 순결한 분으로 태어나신 것이었습니다. 성경은 "이러므로 나실 바 거룩한 이는 하나님의 아들이라 일컬어지리라"(눅 1:35)고 말함으로써 이 세상에 오신 예수님은 죄 없이 순결하고 거룩하신 분이라고 증거합니다.

세상에서 죄를 지은 적이 없으십니다

예수님은 행위와 삶에 있어서도 죄를 짓지 않고 순결한 삶을 사셨습니다. 일생 동안 한 번도 하나님의 뜻을 거스르거나 악한 생각과 말과 행동을 하지 않으신 분입니다. 우리는 이 예수님의 순결무죄하심을 예수님의 말에서도 발견할 수 있습니다. 〈요한복음〉 8장에서 예수님은 자신을 믿지 않고 대적하려는 사람들에게 "너희 중에 누가 나를 죄로 책잡겠느냐"(요 8:46)라고 반문하셨습니다. 예수님은 인간으로 이 세상에 와서 우리와 똑같은 여건에서 살았지만, 결코 죄악에 물들지 않는 순수한 삶을 사셨던 것입니다.

> 우리에게 있는 대제사장은 우리의 연약함을 동정하지 못하실 이가 아니요 모든 일에 우리와 똑같이 시험을 받으신 이로되 죄는 없으시니라(히 4:15)
>
> 이러한 대제사장은 우리에게 합당하니 거룩하고 악이 없고 더러움이 없고 죄인에게서 떠나 계시고 하늘보다 높이 되신 이라(히 7:26)

그렇기 때문에 예수님은 우리 모두의 죄악을 대신 짊어지고 십자가에 달려 죽으심으로써 죄악과 저주의 세력에서 우리를 온전히 구원하셨던 것입니다. 예수님은 순결한 어린 양으로 우리의 죄를 대신해서 돌아가셨고 구원의 길을 열어 주셨습니다(벧전 1:19).

〈베드로전서〉 1:19
오직 흠 없고 점 없는 어린 양 같은 그리스도의 보배로운 피로 된 것이니라 핵심 요약 1. 예수님은 성품이 온유하시다.
2. 예수님은 언제나 우리를 온유하게 대해 주신다.

5. 온유_마음이 온유하시다

예수님의 성품 중 대표적인 다른 한 가지는 '온유'입니다. 이는 예수님이 친히 자신에 대해서 말씀하신 것을 통해서도 알 수 있습니다. 예수님은 "나는 마음이 온유하고 겸손하니 나의 멍에를 메고 내게 배우라 그리하면 너희 마음이 쉼을 얻으리니"(마 11:29)라고 말씀하셨습니다. 온유는 다른 말로 풀어서 표현하면 '부드러운 성품'이라고 말할 수 있습니다. 온유는 스펀지처럼 누르면 쑥 들어갔다가 원래 상태로 돌아오는 부드러운 성품입니다. 즉, '온유'란 '부드럽고 너그러우며, 차분하고 화내지 않고 참을성 있는 상태로 사람을 감동시키는 성품'을 말합니다.

> 그는 외치지 아니하며 목소리를 높이지 아니하며 그 소리를 거리에 들리게 하지 아니하며 상한 갈대를 꺾지 아니하며 꺼져가는 등불을 끄지 아니하고 진실로 정의를 시행할 것이며(사 42:2~3)
>
> 그는 다투지도 아니하며 들레지도 아니하리니 아무도 길에서 그 소리를 듣지 못하리라 상한 갈대를 꺾지 아니하며 꺼져가는 심지를 끄지 아니하기를 심판하여 이길 때까지 하리니(마 12:19~20)

예수님은 참으로 온유하고 겸손한 하나님의 아들이셨습니다.

언제나 우리를 온유하게 대해 주십니다

예수님은 비록 우리가 죄 짓고 불의하고 방탕하여 때때로 잘못된 길로 갈지라도 우리를 온유함으로 보호하며 용서하시는 분입니다. 〈요한복음〉 8장에는, 서기관과 바리새인이 간음죄를 짓던 한 여자를 현장에서 잡았다고 하면서 예수님에게 끌고 온 이야기가 있습니다. 그들은 예수님에게, 모세는 이런 여자를 돌로 치라 명했는데 선생은 어떻게 말하겠냐고 물었습니다(요 8:5). 예수님을 고발할 근거를 마련하고자 한 것입니다. 그때 예수님은 "너희 중에 죄 없는 자가 먼저 돌로 치라"(요 8:7)고 말씀하심으로 사람들에게서 간음하다가 잡힌 여자를 구해 주셨습니다. 여기에서 예수님이 온유한 분이 아니셨다면 서기관들과 바리새인들의 말대로 '율법대로 돌로 쳐라'고 하셨을 것입니다. 그리고 그렇게 함으로써 예수님 자신에 대해서도 서기관과 바리새인이 고발할 근거를 얻지 못하게 하셨을 것입니다.

〈요한복음〉8:5
모세는 율법에 이러한 여자를 돌로 치라 명하였거니와 선생은 어떻게 말하겠나이까

그러나 예수님은 냉정하게 율법대로 사람을 심판하고 처벌하기를 원하지 않으셨습니다. 예수님 자신의 신상에 해가 될 수 있는 위험이 있음에도 불구하고, 예수님은 죄를 지은 여자를 보호해 주셨습니다. 또한 예수님은 그 여자의 죄를 정죄하지 않고 용서해 준다고 말씀하셨으며, 다시는 그런 죄를 짓지 말라고 권면하여 주셨습니다(요 8:10~11). 여기서 우리는 예수님의 관용뿐만 아니라, 예수님이 사람을 부드럽고 온유하게 대하시는 모습을 엿볼 수 있습니다.

〈요한복음〉8:10~11
예수께서 일어나사 여자 외에 아무도 없는 것을 보시고 이르시되 여자여 너를 고발하던 그들이 어디 있느냐 너를 정죄한 자가 없느냐 대답하되 주여 없나이다 예수께서 이르시되 나도 너를 정죄하지 아니하노니 가서 다시는 죄를 범하지 말라 하시니라

✣ 과제

- 다음 주 예습
- 중보 기도
- 예수님이 본인에게 하신 일 3가지 적어 오기
- 요일 4:10 암송하기

예수님의 인품 5가지를 본인의 말로 모두 적어 보세요.

1. 순종_하나님의 뜻에 순종하여 세상에 오시고 십자가를 지셨다.
2. 겸손_자신을 낮추고 낮추셨다.
3. 진실_회칠한 무덤을 책망하셨다.
4. 순결_죄 없이 순결하시다.
5. 온유_마음이 온유하시다. 등

예수님의 사역

20

항상 우리를 그리스도 안에서 이기게 하시고
우리로 말미암아 각처에서 그리스도를 아는 냄새를 나타내시는 하나님께 감사하노라
우리는 구원 받는 자들에게나 망하는 자들에게나 하나님 앞에서 그리스도의 향기니
〈고린도후서〉 2:14~15

1. 용서_죄인까지도 끝까지 용서하고 사랑하시다

예수님은 인간에게 죄 사함의 은혜를 주기 위해 이 세상에 오셨습니다. 〈창세기〉 3장에서 아담과 하와는 사탄의 유혹에 빠져 하나님의 명령을 거역하고 선악을 알게 하는 나무의 열매를 따 먹었습니다. 그로 인해 인간은 죄와 저주와 사망의 지배를 벗어날 수 없는 절망적인 운명으로 떨어지게 되었습니다. 예수님은 이러한 운명에 대해 "죄를 범하는 자마다 죄의 종"(요 8:34)이라고 말씀하셨습니다. 인간은 그 누구도 이러한 운명으로부터 스스로 구원받을 수 없습니다.

인간의 죄는 이미 죄인이 된 인간 스스로는 결코 해결할 수 없

✣19~21과
- 시작 찬송: 449장, 455장
- 복음성가: 내가 그리스도와 함께, 오 주여 나의 마음이
- 마무리 찬송: 430장

핵심 요약 1. 예수님은 인간에게 죄 사함의 은혜를 주기 위해 이 세상에 오셨다.
2. 예수님은 서로서로 용서하라고 가르치셨다.
3. 예수님은 끝까지 용서하셨다. 예수님의 십자가는 끝없는 용서의 상징인 것이다.

〈요한일서〉3:5
그가 우리 죄를 없애려고 나타나신 것을 너희가 아나니 그에게는 죄가 없느니라

〈요한일서〉3:8
죄를 짓는 자는 마귀에게 속하나니 마귀는 처음부터 범죄함이라 하나님의 아들이 나타나신 것은 마귀의 일을 멸하려 하심이라

는, 죄가 없는 이만 해결할 수 있는 문제입니다. 따라서 인간이 그 죄를 온전히 사함 받을 수 있는 길은 하나님의 독생자 예수님이 인간의 죄를 대신 짊어지고 십자가에 달려 죽으심으로만이 가능한 일이었습니다(요일 3:5, 8). 우리는 침례 요한이 예수님을 가리켜 "보라 세상 죄를 지고 가는 하나님의 어린 양이로다"(요 1:29)라고 사람들 앞에서 선포한 것을 기억합니다. 예수님은 참으로 우리의 죄를 대신 짊어지고 죄 사함의 은혜를 베풀어 주시기 위해 이 세상에 오셨던 것입니다.

다음 성경 말씀을 적어 보세요.

〈고린도전서〉15장 3절
내가 받은 것을 먼저 너희에게 전하였노니 이는 성경대로 그리스도께서 우리 죄를 위하여 죽으시고

〈갈라디아서〉1장 4절
그리스도께서 하나님 곧 우리 아버지의 뜻을 따라 이 악한 세대에서 우리를 건지시려고 우리 죄를 대속하기 위하여 자기 몸을 주셨으니

왜 예수님이 십자가를 지셨나요?

우리 죄를 없애려고, 대속하려고

그리고 예수님은 이 세상에 오셔서 실제로 십자가에 달려 죽으심을 통해 인간들에게 죄 사함의 은혜를 베풀어 주셨습니다. 예수님은 십자가에서 죄 사함과 구원을 위한 모든 것을 다 이루신 것입니다(요 19:30; 골 2:13; 히 10:12).

사람들의 죄를 용서해 주셨습니다

〈마가복음〉 2장을 보면 예수님이 가버나움에 있는 한 집에 들어가셨을 때, 수많은 사람이 예수님의 가르침을 배우기 위해 몰려들었습니다. 그때 사람들이 중풍 병자 한 사람을 데려왔는데 그곳에 사람이 너무 많아서 예수님이 계신 집으로 들어가기가 어려웠습니다. 그러자 중풍 병자를 데려온 네 사람은 그 집의 지붕을 뜯어 구멍을 내고 예수님이 계신 곳 위로 중풍 병자가 누운 상을 달아 내렸습니다. 이들의 믿음을 본 예수님은 "작은 자야 네 죄 사함을 받았느니라"(막 2:5)고 말씀하셨습니다. 예수님의 이 말씀은 그 자리에 있던 서기관들을 자극하는 말이었습니다. 여기서 예수님은 누군가가 예수님에게 입힌 피해를 용서해 주신 것이 아닙니다. 이 중풍 병자는 개인적으로 예수님에게 잘못한 것이 없습니다. 예수님은 중풍 병자의 좀 더 근본적인 죄를 용서해 주셨던 것이었습니다. 이런 차원의 용서는 서기관들의 생각처럼 아무나 할 수 있는 용서가 아니었습니다. 그렇기 때문에 서기관들은 신성 모독(막 2:7)이라 생각했고, 예수님은 그런 서기관들의 생각을 꿰뚫어 보시고 그들에게 이렇게 말씀하셨습니다.

〈마가복음〉 2:7
이 사람이 어찌 이렇게 말하는가 신성 모독이로다 오직 하나님 한 분 외에는 누가 능히 죄를 사하겠느냐 중풍 병자에게 네 죄 사함을 받았느니라 하는 말과 일어나 네 상을 가지고 걸어가라 하는 말 중에서 어느 것이 쉽겠느냐 그러나 인자가 땅에서 죄를 사하는 권세가 있는 줄을 너희로 알게 하려 하노라 하시고 중풍 병자에게 말씀하시되 내가 네게 이르노니 일어나 네 상을 가지고 집으로 가라 하시니(막 2:9~11)

우리는 이 사건을 통해 세상에서 사람들의 죄를 용서해 주는 예수님의 사역을 알 수 있습니다. 또한 용서해 줄 수 있는 능력이 예수님에게 있는 것이 강조되고 있음을 봅니다.

그밖에도 앞에서 다루었던 바와 같이, 예수님은 현장에서 간음하다 잡힌 한 여자를 용서해 주셨으며(요 8:3~11), 어떤 바리새인의 집에 들어갔을 때 예수님에게 향유를 부어 드리고 자신의 머리카락으로 예수님의 발을 닦은 여자의 죄를 용서해 주셨습니다(눅 7:36~50). 또한 세리장 삭개오를 용서해 주셨을 뿐만 아니라(눅 19:1~10), 죄인과 세리를 차별하지 않고 그들을 맞아 주셨으며(눅 15:1), 그들과 더불어 식사하기를 마다하지 않으셨습니다(막 2:16). 예수님은 우리의 잘잘못을 지적하고 그것을 들추어내서 야단치시는 분이 아니라 우리가 죄짓고 불의했을 때 회개하고 돌아오기를 기다리시는 분입니다. 회개하고 돌아와서 주님 앞에 눈물로 우리의 죄를 고백할 때 우리를 용서하고, 눈물을 닦아 주시며 새로운 희망과 용기를 삶 가운데 불어 넣어 주시는 참으로 좋은 분이십니다.

서로서로 용서하라고 가르치셨습니다

예수님은 우리가 서로를 용서하지 않는다면, 우리가 어떻게 하나님에게 용서를 구하겠느냐고 반문하시면서 서로가 서로를 용서해 주라고 말씀하셨습니다.

> 그때에 베드로가 나아와 이르되 주여 형제가 내게 죄를 범하면 몇 번이나 용서하여 주리이까 일곱 번까지 하오리이까 예수님이 이르시되 네게 이르노니 일곱 번뿐 아니라 일곱 번을 일흔 번까지라도 할지니라(마 18:21~22)
>
> 너희가 사람의 잘못을 용서하면 너희 하늘 아버지께서도 너희 잘못을 용서하시려니와 너희가 사람의 잘못을 용서하지 아니하면 너희 아버지께서도 너희 잘못을 용서하지 아니하시리라(마 6:14~15)

예수님의 용서에 대한 가르침은 〈마태복음〉 18장에 나오는 일만 달란트 빚진 자의 비유에서 구체적으로 언급되고 있습니다. 주인에게 일만 달란트의 빚을 진 종은 자신의 아내와 자식들과 소유를 모두 팔아도 그 빚을 다 갚지 못하는 상황에 있었습니다. 그 종이 주인에게 엎드려 조금만 참아 달라고 자비를 구하자 주인은 그 종을 불쌍히 여겨서 그의 빚을 다 탕감해 주었습니다. 그런데 그 종은 자신에게 백 데나리온 빚진 동료 한 사람을 만나자 동료를 붙들어 목을 잡고 빚을 갚으라고 강제했습니다. 동료가 조금만 참아 달라고 자비를 구했으나 그는 동료를 감옥에 가두어 버렸습니다. 이 소식을 들은 그 종의 주인이 매우 노하여 종을 불러다가 탕감해 주었던 일만 달란트의 빚을 다시 갚도록 하고 그를 감옥에 가두었습니다. 이 비유에서 예수님은 우리가 각각 마음으로부터 형제를 용서하지 않으면 하나님도 우리에게 이와 같이 하신다고 말씀하셨습니다(마 18:32~35).

〈마태복음〉 18:32~35

이에 주인이 그를 불러다가 말하되 악한 종아 네가 빌기에 내가 네 빚을 전부 탕감하여 주었거늘 내가 너를 불쌍히 여김과 같이 너도 네 동료를 불쌍히 여김이 마땅하지 아니하냐 하고 주인이 노하여 그 빚을 다 갚도록 그를 옥졸들에게 넘기니라 너희가 각각 마음으로부터 형제를 용서하지 아니하면 나의 하늘 아버지께서도 너희에게 이와 같이 하시리라 또한 예수님은 우리가 기도할 때도 먼저 용서해 주는 것이 중요하다고 가르치셨습니다.

다음 성경 말씀을 적어 보세요.

〈마가복음〉 11장 25절

서서 기도할 때에 아무에게나 혐의가 있거든 용서하라 그리하여야 하늘에 계신 너희 아버지께서도 너희 허물을 사하여 주시리라 하시니라

〈누가복음〉 11장 4절

우리가 우리에게 죄 지은 모든 사람을 용서하오니 우리 죄도 사하여 주시옵고 우리를 시험에 들게 하지 마시옵소서 하라

위의 말씀들은 우리에게 무엇을 요구하나요?

다른 사람의 허물을, 너에게 죄 지은 모든 사람을 용서해라

끝까지 용서해 주셨습니다

우리가 잘 알다시피 예수님은 양손과 양발에 못이 박힌 채 십자

가에 달리셨습니다. 사람들은 우리의 죄를 용서하기 위해 십자가에 달리신 예수님을 조롱했습니다.

> 지나가는 자들은 자기 머리를 흔들며 예수를 모욕하여 이르되 아하 성전을 헐고 사흘에 짓는다는 자여 네가 너를 구원하여 십자가에서 내려오라 하고 그와 같이 대제사장들도 서기관들과 함께 희롱하며 서로 말하되 그가 남은 구원하였으되 자기는 구원할 수 없도다(막 15:29~31)
>
> 백성은 서서 구경하는데 관리들은 비웃어 이르되 저가 남을 구원하였으니 만일 하나님이 택하신 자 그리스도이면 자신도 구원할지어다 하고 군인들도 희롱하면서 나아와 신 포도주를 주며 이르되 네가 만일 유대인의 왕이면 네가 너를 구원하라 하더라(눅 23:35~37)

이러한 조롱과 박해를 받으시면서도 예수님은 저들을 용서해 달라고 기도드렸습니다(눅 23:34). 예수님은 끝까지 우리를 용서하시고 하나님 아버지께 우리의 죄를 용서해 달라고 기도하신 것입니다.

예수님이 십자가에 달리셨을 때, 예수님 옆에는 흉악한 범죄를 저질렀던 강도들이 함께 십자가에 달렸습니다. 그중에 한 강도는 다른 사람들처럼 예수님을 조롱하고 욕했으나, 다른 한 강도는 죽음의 순간에 예수님에게 회개하면서 은혜를 구했습니다(눅 23:40~42). 예수님은 이 죽음이 임박한 상황에서도 그 강도에게 "내가 진실로 네게 이르노니 오늘 네가 나와 함께 낙원에 있으리라"(눅 23:43)고 말씀하셨습니다. 예수님은 참으로 끝까지 용서의 은혜를 베풀어 주시는 분이었습니다. 예수님의 십자가는 끝없는 용서의 상징입니다.

〈누가복음〉23:40~42
하나는 그 사람을 꾸짖어 이르되 네가 동일한 정죄를 받고서도 하나님을 두려워하지 아니하느냐 우리는 우리가 행한 일에 상당한 보응을 받는 것이니 이에 당연하거니와 이 사람이 행한 것은 옳지 않은 것이 없느니라 하고 이르되 예수여 당신의 나라에 임하실 때에 나를 기억하소서 하니

2. 화목_하나님과 세상, 그리고 세상에서의 화목을 위해 사시다

핵심요약 1. 예수님은 하나님과 우리를 화목하게 만들기 위해 이 세상에 오셨다.
2. 예수님은 하나님과 세상 사이의 화목을 이루셨다.
3. 예수님은 서로 화목하게 살라고 가르치셨다.

〈요한일서〉4:10
사랑은 여기 있으니 우리가 하나님을 사랑한 것이 아니요 하나님이 우리를 사랑하사 우리 죄를 속하기 위하여 화목 제물로 그 아들을 보내셨음이라

〈로마서〉3:25
이 예수를 하나님이 그의 피로써 믿음으로 말미암는 화목제물로 세우셨으니 이는 하나님이 길이 참으시는 중에 전에 지은 죄를 간과하심으로 자기의 의로우심을 나타내려 하심이니

하나님과 우리를 화목시키셨습니다

아담과 하와가 범죄하여 타락한 이후 인류는 죄와 저주의 세력 밑에서 살게 되었습니다. 그러나 하나님은 죄와 화목할 수 없는 거룩하고 선한 분이십니다. 따라서 하나님과 인간은 더 이상 에덴동산에서처럼 화목한 관계로 지낼 수 없었습니다. 하나님은 죄를 미워하기에 범죄한 인간들은 하나님과 어쩔 수 없이 원수처럼 멀어질 수밖에 없었습니다. 이러한 안타까운 인간의 운명과 현실 상황을 개선해 보고자, 우리를 사랑하시는 하나님은 외아들 성자 예수님을 화목 제물로 보내기로 하셨습니다(요일 4:10; 롬 3:25). 구약시대에는 이미 모세 당시부터 화목제의 규율이 있었습니다. 화목제는 범죄한 인간이 동물을 잡아 번제를 드림으로 자신의 죄를 회개한 뒤에 하나님과 화목을 이루는 제사입니다. 예수님의 십자가는 우리의 죄를 다 청산하였으며 그럼으로써 우리를 하나님 아버지와 화목하도록 만든 것입니다.

다음 성경 말씀을 적어 보세요.

〈골로새서〉1장 20절
그의 십자가의 피로 화평을 이루사 만물 곧 땅에 있는 것들이나 하늘에 있는 것들이 그로 말미암아 자기와 화목하게 되기를 기뻐하심이라

〈요한일서〉 2장 2절
그는 우리 죄를 위한 화목 제물이니 우리만 위할 뿐 아니요 온 세상의 죄를 위하심이라

예수님은 참으로 화목을 이루어 주셨고 우리가 하나님 아버지를 '아빠 아버지'라고 부를 수 있도록 새로운 은혜의 길을 열어 주셨습니다(롬 8:15; 갈 4:6).

〈로마서〉 8:15
너희는 다시 무서워하는 종의 영을 받지 아니하고 양자의 영을 받았으므로 우리가 아빠 아버지라고 부르짖느니라

〈갈라디아서〉 4:6
너희가 아들이므로 하나님이 그 아들의 영을 우리 마음 가운데 보내사 아빠 아버지라 부르게 하셨느니라

곧 우리가 원수 되었을 때에 그의 아들의 죽으심으로 말미암아 하나님과 화목하게 되었은즉 화목하게 된 자로서는 더욱 그의 살아나심으로 말미암아 구원을 받을 것이니라(롬 5:10)

서로 화목하게 살라고 가르치셨습니다

하나님과 우리 사이에 화목을 이루어 주신 예수님은 우리 성도들도 서로 화목하게 살라고 말씀하셨습니다.

새 계명을 너희에게 주노니 서로 사랑하라 내가 너희를 사랑한 것 같이 너희도 서로 사랑하라 너희가 서로 사랑하면 이로써 모든 사람이 너희가 내 제자인 줄 알리라(요 13:34~35)

하나님은 천지와 만물의 창조주이십니다. 그리고 자신이 창조한 만물이 서로 사랑하면서 화목하게 살기를 원하십니다. 자식이

여러 명인 부모는 자식들이 서로 미워하고 싸우며 살기를 원하지 않고, 서로 사랑하며 화목하게 살기를 원하기 마련입니다. 그러니 하나님도 하나님의 형상대로 지음 받은 인간들이 서로 사랑하며 화목하게 사는 것을 당연히 원하시지 않겠습니까? 하나님은 그리스도로 말미암아 우리와 화목을 이루셨고, 또 우리에게 화목하게 하는 직분을 주셨습니다(고후 5:18).

〈고린도후서〉5:18
모든 것이 하나님께로서 났으며 그가 그리스도로 말미암아 우리를 자기와 화목하게 하시고 또 우리에게 화목하게 하는 직분을 주셨으니

사람의 일생은 관계와 만남의 연속입니다. 세상에 태어나서 홀로 일생을 살아가는 사람은 없습니다. 많은 사람과의 만남과 관계 속에서 자신의 삶을 살아가게 되는 것입니다. 우리 그리스도인에게는 크게 두 가지 관계가 있습니다. 하나님과 자신과의 수직적인 관계, 그리고 자신과 이웃과의 수평적인 관계입니다. 그 수직적인 관계와 수평적인 관계가 완성된 것이 바로 십자가입니다. 하나님은 예수님의 십자가를 통해서 하나님과 사람 사이의 관계를 회복시켜 화목하게 하셨고, 사람과 사람 사이에도 서로 사랑하면서 화목을 이룰 수 있게 해 주셨습니다.

핵심요약 1. 예수님은 하나님의 정의를 이루기 위해 이 세상에 오셨다.
2. 예수님은 이 세상에서 하나님의 정의를 위해 사셨다.

3. 정의_세상에 정의를 이루기 위해 자신을 희생하시다

예수님은 하나님의 정의를 이루기 위해 이 세상에 오셨습니다. 아담과 하와가 하나님에게 범죄하고 죄악과 저주와 죽음의 상태로 떨어졌을 때, 하나님은 인간을 그 절망적인 상황에서 구원하기 원하셨습니다. 그러나 인간의 죄악 문제를 해결하지 않은 채 인간

을 구원한다는 것은 하나님의 자기모순이 될 수 있는 문제였습니다. 죄에 대해서는 마땅히 벌이 따라야 하고 그에 상응하는 대가가 있어야 하기 때문입니다. 그것이 하나님의 정의입니다. 따라서 인간의 죄악에 따른 형벌을 감당하도록 하나님 아버지는 그 아들 예수님을 이 세상에 보내셨습니다. 성경은 이와 관련하여 "우리는 다 양 같아서 그릇 행하여 각기 제 길로 갔거늘 야훼께서는 우리 모두의 죄악을 그에게 담당시키셨도다"(사 53:6)라고 말합니다.

예수님은 하나님 아버지의 뜻에 순종하여 정의를 이루기 위해 이 세상에 오셨습니다. 그리고 십자가를 지셨습니다. 십자가의 고통만이 온 인류에게 구원을 베풀기 원하시는 하나님의 뜻을 이룸과 동시에 하나님의 정의를 이룰 방법이었기 때문입니다. 성경은 예수님의 이 필연적인 상황에 대해 "피흘림이 없은즉 사함이 없느니라"(히 9:22)고 말합니다. 인류의 죄를 사하면서도 하나님의 정의가 훼손되지 않도록 예수님은 십자가의 죽음과 고통을 담당하셨던 것입니다. 그러므로 예수님의 십자가는 우리를 향하신 하나님의 무한한 사랑과 정의가 교차하는 자리입니다.

4. 구원_자신의 희생을 통해 구원의 길을 이루어 놓으시다

핵심요약 1. 예수님은 구원을 주기 위해 이 세상에 오셨다.
2. 예수님의 공생애는 구원 사역을 이루어 가는 과정이었다.
3. 예수님은 십자가의 죽음을 통해 구원을 온전히 이루셨다.

세상에 구원을 주기 위해 오셨습니다

예수님은 세상에 구원을 주기 위해 오셨습니다. 그렇기 때문에 우리는 예수님을 '구세주 예수님'이라고 부릅니다. 아담과 하와가 범죄하여 죄악과 저주와 죽음의 지배를 받을 수밖에 없는 운명에 처하게 된 이후 하나님은 모세를 통해 율법을 제시하셨습니다. 그러나 율법으로 온전히 구원을 얻을 수 있는 사람은 세상에 없습니다(롬 3:20). 하나님은 이러한 상황을 이미 알고 있었고, 그러기에 이미 온 세상의 구원자로 성자 예수님을 보내기로 예정하셨습니다. 예수님이 이 세상에 오셔서 구원을 이루실 것에 대한 예언은 구약성경에서 여러 번 반복적으로 예언되어 있습니다.

〈로마서〉3:20

그러므로 율법의 행위로 그의 앞에 의롭다 하심을 얻을 육체가 없나니 율법으로는 죄를 깨달음이니라

> 주 야훼의 영이 내게 내리셨으니 이는 야훼께서 내게 기름을 부으사 가난한 자에게 아름다운 소식을 전하게 하려 하심이라 나를 보내사 마음이 상한 자를 고치며 포로된 자에게 자유를, 갇힌 자에게 놓임을 선포하며 야훼의 은혜의 해와 우리 하나님의 보복의 날을 선포하여 모든 슬픈 자를 위로하되 무릇 시온에서 슬퍼하는 자에게 화관을 주어 그 재를 대신하며 기쁨의 기름으로 그 슬픔을 대신하며 찬송의 옷으로 그 근심을 대신하시고 그들이 의의 나무 곧 야훼께서 심으신 그 영광을 나타낼 자라 일컬음을 받게 하려 하심이라 (사 61:1~3)

이사야는 예수님이 세상에 구원자로 오시기 수백 년 전에 이 말씀을 하나님의 계시를 받아 예언하였던 것입니다. 그리고 그 예언대로 이 세상에 오신 예수님은 회당에서 〈이사야서〉 61장 1~3절 말씀을 펼쳐서 읽으셨습니다(눅 4:18~19). 그리고 예수님은 "이 글이 오늘 너희 귀에 응하였느니라"(눅 4:21)고 말씀하셨습니다. 예수님은 공생애 초기에 당신이 이 세상에 구원을 주기 위해 왔으며, 이제 그 일을 시작하였다는 사실을 사람들에게 가르치신 것입니다.

예수님의 공생애는 구원 사역을 이루어 가는 과정이었습니다

예수님은 공생애 기간 동안 수많은 병자를 치료하셨습니다. 중풍 병자를 치료하셨으며(마 9:1~8; 막 2:1~12; 눅 5:18~25), 손 마른 사람을 치료하셨습니다(마 12:9~13; 막 3:1~5; 눅 6:6~10). 예수님은 또한 베데스다 못가에서 서른여덟 해 동안 병에 걸려 누워 있던 병자를 치료하셨으며(요 5:1~10), 맹인들의 눈을 뜨게 해 주었고(마 20:30~34; 눅 18:35~43; 요 9:1~15), 나병 환자들을 치료하는 등 공생애를 살아가는 동안 수많은 사람을 질병으로부터 구원해 주셨습니다(마 8:1~4; 막 1:40~45; 눅 17:11~19).

더 나아가서 예수님은 회당장의 죽은 딸을 살려 주셨고(막 5:36~43), 나인이라는 성에서 과부의 죽은 아들을 살리셨으며(눅 7:11~15), 죽은 지 나흘 된 나사로까지도 다시 살리셨습니다(요 11:11~45).

또한 예수님은 공생애 동안 수많은 사람을 귀신의 세력에서 벗어나게 해 주셨습니다. 예수님은 거라사인의 땅에서 군대 귀신 들린 사람에게서 귀신을 쫓아내셨으며(마 8:26~34; 막 5:6~20; 눅 8:26~40), 변화산에서 내려온 후 어떤 사람의 귀신 들린 외아들에게서 귀신을 쫓아내셨고(막 9:24~27; 눅 9:39~40), 말 못하게 하는 귀신을 쫓아내셨으며(눅 11:14) 그밖에도 수많은 귀신 들린 사람을 구원해 주셨습니다(마 8:16).

그리고 예수님은 사람들에게 구원으로 나아가는 하나님 나라의 진리를 가르쳐 주셨으며(마 5~7장; 눅 6:20~49), 물고기 두 마리와 보리떡 다섯 개로 여자들과 아이들 외에 오천 명의 남자를 먹이셨고(마 14:16~21; 막 6:41~44; 눅 9:13~15; 요 6:6~10), 떡 일곱 개와 생선 두 마리로 여자들과 아이들 외에 사천 명의 남자를 먹이셨습니다(마 15:36~39; 막 8:1~9).

예수님의 이러한 사역은 곧 구원을 이루어 가는 사역입니다. 요한의 제자들이 예수님에게 "세상의 구원자로 오시는 분이 당신이십니까?"라고 물었을 때, 예수님은 "맹인이 보며 못 걷는 사람이 걸으며 나병 환자가 깨끗함을 받으며 못 듣는 자가 들으며 죽은 자가 살아나며 가난한 자에게 복음이 전파된다 하라"(마 11:5)고 대답하셨습니다. 예수님은 세상에서 질병과 사망을 이기고, 귀신을 쫓아내고, 말씀을 가르치고, 배고픔을 해결해 주시는 사역들을 통해 구원의 사역을 이루어 나가신 것입니다.

십자가를 통해 구원을 온전히 이루셨습니다

예수님의 공생애 사역의 절정은 두말할 것 없이 십자가인데, 예수님의 십자가가 가지는 가장 큰 의미는 곧 구원입니다. 예수님은 십자가에 달려 우리의 죄악과 저주를 친히 감당하고 돌아가셨으며, 이로써 우리는 질병과 죽음과 사탄의 세력과 가난과 고통에서 온전히 구원받았습니다. "다 이루었다"(요 19:30)는 예수님의 말씀처럼 십자가는 구원이 온전히 이루어진 곳입니다. 그러므로 참된 구원의 길은 오직 예수님의 십자가밖에 없습니다. 요즘 종교 다원주의라고 해서 구원에 이르는 여러 길이 있다고 주장하는데 이러한 주장은 잘못된 것입니다. 구원의 길은 오직 예수 그리스도의 십자가 외에는 없습니다.

〈요한복음〉 14장 6절 말씀을 적어 보세요.

예수님이 이르시되 내가 곧 길이요 진리요 생명이니 나로 말미암지 않고는 아버지께로 올 자가 없느니라

이 〈요한복음〉 말씀과 같이 예수님만이 길이요 진리요 생명이십니다. 십자가는 이론이 아니라 하나님의 능력입니다. 십자가는 구원의 능력이요, 치료의 능력이요, 영생의 능력인 것입니다. 우리는 예수님의 십자가를 통하여 구원을 체험하고 날마다 예수님을 닮아 가며 예수님이 가신 그 길을 걸어가야 합니다. 예수님이 구원 사역을 이루신 저 십자가는 바로 우리에게 보여 주신 영생의 길이요, 천국의 길이요, 구원의 길이요, 축복과 기적의 길인 것입니다.

예수님의 사역 4가지를 본인의 말로 모두 적어 보세요.

1. 용서_죄인까지도 끝까지 용서하고 사랑하시다.
2. 화목_하나님과 세상, 그리고 세상에서의 화목을 위해 사시다.
3. 정의_세상에 정의를 이루기 위해 자신을 희생하시다.
4. 구원_자신의 희생을 통해 구원의 길을 이루어 놓으시다.

과제

- 다음 주 예습
- 중보 기도
- 예수님처럼 되고 싶은 것 3가지 적어 오기
- 고후 2:14~15 암송

21 예수님 닮기

항상 우리를 그리스도 안에서 이기게 하시고
우리로 말미암아 각처에서 그리스도를 아는 냄새를 나타내시는 하나님께 감사하노라
우리는 구원 받는 자들에게나 망하는 자들에게나 하나님 앞에서 그리스도의 향기니
〈고린도후서〉 2:14~15

핵심 요약 1. 하나님의 뜻에 순종하는 성도가 되어야 한다.
2. 겸손하게 자기를 낮추는 성도가 되어야 한다.
3. 가식을 버리고 진실하게 사는 성도가 되어야 한다.
4. 죄를 멀리하고 순결하게 사는 성도가 되어야 한다.

1. 예수님을 닮아 가는 인품

하나님의 뜻에 순종하는 성도가 되어야 합니다

예수님이 하나님 아버지의 뜻에 순종하여 이 세상에 오셨고, 십자가에 달려 죽기까지 순종하셨던 것처럼 우리는 하나님의 뜻에 순종하는 삶을 살아야 합니다.

> 너희 자신을 종으로 내주어 누구에게 순종하든지 그 순종함을 받는 자의 종이 되는 줄을 너희가 알지 못하느냐 혹은 죄의 종으로 사망에 이르고 혹은 순종의 종으로 의에 이르느니라(롬 6:16)

우리도 전에는 어리석은 자요, 순종하지 아니한 자요 속은 자요 여러 가지 정욕과 행락에 종노릇 한 자요 악독과 투기를 일삼은 자요 가증스러운 자요 피차 미워한 자였지만(딛 3:3), 이제는 더 이상 죄의 종이 아니라 하나님의 종으로 살아야 하는 것입니다. 예수님은 누구든지 하늘에 계신 내 아버지의 뜻대로 하는 자가 형제요, 자매요 어머니라고 말씀하셨습니다(마 12:50; 막 3:35). 예수님처럼 하나님 아버지의 뜻에 순종하는 삶을 사는 성도는 곧 예수님의 형제요, 자매가 되는 것입니다.

✣ 19~21과
- 시작 찬송: 449장, 455장
- 복음성가: 내가 그리스도와 함께, 오 주여 나의 마음이
- 마무리 찬송: 430장

〈마가복음〉 3:35
누구든지 하나님의 뜻대로 행하는 자가 내 형제요 자매요 어머니이니라

우리는 〈창세기〉 22장에서 아브라함의 순종을 발견합니다. 아브라함은 믿음의 조상이라고 불리는 인물입니다. 왜 그렇습니까? 그는 백세의 나이에 이삭을 얻었습니다. 그러니 이삭은 눈에 넣어도 아프지 않은 아들이었습니다. 그런데 어느 날 하나님이 아브라함에게 그 아들을 번제로 드리라고 명령하셨습니다(창 22:2). 이 말씀을 들었을 때 아브라함은 아마도 잘못 들었다고 생각할 정도로 큰 충격을 받았을 것입니다. 그러나 아브라함은 말씀에 순종하여 이삭을 데리고 모리아 땅으로 갔습니다. 그리고 산에 올라가서 아들 이삭을 번제로 드리기 위해 묶고 칼을 들었습니다. 그때에 하나님이 아브라함을 멈추게 하셨습니다. 미리 제물을 예비해 놓았다가 아들 대신 제사를 드리게 하셨고 그에게 복을 내려 주셨습니다.

〈창세기〉 22:2
네 아들 네 사랑하는 독자 이삭을 데리고 모리아 땅으로 가서 내가 네게 일러 준 한 산 거기서 그를 번제로 드리라

이르시되 야훼께서 이르시기를 내가 나를 가리켜 맹세하노니 네가 이같이 행하여 네 아들 네 독자도 아끼지 아니하였은즉 내가 네게 큰 복을 주고 네 씨가 크게 번성하여 하늘의 별과 같고 바닷가의 모래와 같게 하리니 네 씨가

그 대적의 성문을 차지하리라 또 네 씨로 말미암아 천하 만민이 복을 받으리니 이는 네가 나의 말을 준행하였음이니라 하셨다 하니라(창 22:16~18)

이와 같이 아브라함은 순종으로 믿음의 조상이 되었습니다. 하나님은 순종하는 자에게 복을 주십니다.

〈이사야서〉 1장 19절 말씀을 적어 보세요.

너희가 즐겨 순종하면 땅의 아름다운 소산을 먹을 것이요

겸손하게 자기를 낮추는 성도가 되어야 합니다

성도는 먼저 예수님을 겸손히 섬기는 삶을 살아야 합니다. 어떤 사람은 물질을 섬기며 살아갑니다. 또 어떤 사람은 세상의 인기, 명예를 섬기며 살아갑니다. 그러나 이러한 것들은 다 헛된 것입니다. 예수님을 믿고 예수님을 섬기며 살아가는 것이 인간의 행복이요 기쁨이며, 축복이요 은혜인 것입니다. 그런데 성도가 예수님을 섬기며 살면서 예수님을 닮아 가기 위해서는 겸손하게 자기를 낮추는 삶을 살아야 합니다. 예수님이 먼저 섬김의 본을 보여 주셨던 것을 기억해야 합니다.

〈마가복음〉 10:45

인자가 온 것은 섬김을 받으려 함이 아니라 도리어 섬기려 하고 자기 목숨을 많은 사람의 대속물로 주려 함이니라

〈빌립보서〉 2:5

너희 안에 이 마음을 품으라 곧 그리스도 예수의 마음이니

많은 사람이 대접받기를 좋아하고 섬김 받기를 좋아하는데 예수님은 그 반대의 삶을 사셨던 것입니다. 예수님은 섬기려 한다고, 대속물이 되려 한다고 말씀하셨습니다(막 10:45). 그리고 성경은

"예수 그리스도의 마음을 품으라"(빌 2:5)고 말함으로써 바로 그런 겸손의 마음, 예수님의 자기 낮추심의 마음을 가지라고 권면하고 있습니다.

우리가 예수님의 제자로서 예수님의 모습을 닮아 가고자 한다면 이처럼 겸손히 자기를 낮추고 섬기는 삶을 살아야 합니다. 참된 예수님의 제자는 마땅히 그런 삶을 살아가고, 그럴 수 있습니다. 왜 그럴 수 있습니까? 우리가 예수님을 믿고 나면 우리에게 '주님을 섬기는 기쁨', '사람들을 사랑하는 기쁨'을 하나님이 우리에게 주시기 때문입니다. 하나님은 하나님과 사람들을 위해 겸손히 자신을 희생하고 섬길 수 있는 능력을 우리에게 주십니다. 그 근원은 하나님의 사랑에서 나오는 것입니다. 〈이사야서〉는 분명히 우리에게 지극히 높은 곳에 계신 하나님은 겸손한 자와 함께하시며 그의 영을 소생시키신다고 말씀하십니다(사 57:15).

세계대학생선교회인 CCC(Campus Crusade for Christ)의 창설자인 빌 브라이트(Bill Bright) 목사님이 있습니다. 이분은 1996년에 기독교 발전에 이바지한 공로로 기독교계의 노벨상이라고 불리는 템플턴상을 수상한 분입니다. 이 목사님은 한국을 매우 사랑하였습니다. 그래서 한국을 여러 번 방문하였고, 1966년에는 전북대학교에서 명예 교육학 박사를 받기도 하였습니다. 그 당시는 한참 한국 CCC가 발전하고 있을 때였는데, 한국에 와서 CCC 스태프와 밤늦게까지 대화를 나누고 그들에게 큰 은혜와 감동을 끼쳤습니다.

다음날 이른 아침에 그 목사님을 수행하던 미국인 간사가 하루

빌 브라이트 (1921~2003)
국제대학생선교회(CCC)의 창립자. 무신론자였던 그는 24세에 그리스도를 영접하고 프린스턴신학교와 풀러신학교에서 신학을 공부하였다.
'젊은이들을 훈련시켜서 이 세상을 변화시켜야 되겠다'는 거룩한 꿈을 꾸고 UCLA에 들어가서 선교단체를 조직했다. 대학생들에게 복음을 선포하고 기독교를 전파하기 위해 설립된 국제대학생선교회(CCC:Campus Crusade for Christ)가 그것이다.
1996년 종교계의 노벨상이라 불리는 템플턴상을 수상했다. 빌리 그레이엄 목사와 함께 제2차 세계대전 이후 미국의 개신교 복음운동을 이끈 지도자 가운데 한 사람으로 평가받는다. 주요 저서로《묵상》,《성령》등이 있다.

일정을 의논하려고 목사님에게 갔는데 목사님이 숙소에 안 보였습니다. 방마다 모두 가 봐도 목사님이 안 보였습니다. "어디 가셨나?" 하고 현관에 나가 보니 목사님이 거기에 쭈그리고 앉아서 우리 한국 스태프들의 구두를 닦고 있었습니다. 간사는 깜짝 놀랐습니다. 그러자 목사님은 싱긋 웃으면서 말했습니다. "나는 이렇게 헌신되고 신실한 한국 간사들에게 넘치는 감동을 받았네. 그런 내 마음을 이렇게 구두를 닦아 주는 것으로 표현하고 싶었네." 이 이야기가 알려졌을 때 모두가 감동을 받았습니다. 그 분은 평생을 그렇게 겸손히 섬기며 살았습니다. 자기 수입을 주님을 위해 모두 바치고, '겸손'이라는 아름다운 신앙의 유산을 남겨 놓고 이 세상을 떠났습니다. 훗날 우리가 이 세상을 떠날 때 무엇을 남기고 떠나야 할까요? 예수님을 사랑하는 그 흔적을 남겨 놓고 가시기 바랍니다.

겸손한 사람은 어떠한 문제와 어려움도 다 이기고 잘 감당하여 주님 앞에서 인정받고 복된 삶을 살아갈 수 있습니다. 하나님이 제일 싫어하는 것이 교만입니다. 그런데 사람에게는 그 교만이 마음 깊이 자리 잡고 있습니다. 왜 그렇습니까? 죄의 뿌리가 교만이기 때문입니다. 어떤 사람은 말합니다. "저는 절대 교만하지 않습니다." 그것이 바로 교만입니다. 누구나 자기를 나타내려 하고, 더 높아지려 하고, 더 많은 것을 움켜쥐려 하는 교만한 모습으로 삽니다. 교만한 사람의 특징이 자기 혼자 잘되면 그것으로 만족하고, 남은 옆에서 어려움을 당하든지 피해를 입든지 상관하지 않는 것입니다. 그래서 하나님은 교만을 미워하십니다. 우리 삶 가운데 교만을 깨뜨려야 합니다. 예수님이 한없이 낮아지셨던 것을 잊지 마십시오. 십자가의 고난을 앞두고 제자들의 발을 씻기신 예수님의 마지막 가르침은 겸손한 섬김이었습니다. '섬김'은 예수님을 따르는 모든 제자가 일생 동안 자신의 삶 가운데서 갖추어야 될 신앙의 자세인 것입니다. "주님, 섬기며 살기를 원합니다. 위로는 하나님을 섬기고, 이 땅에서는 교회를 섬기고, 이웃을 섬기며 살기 원합니다." 저는 이러한 기도와 고백이 우리의 내면에서 계속되기를 소망합니다.

가식을 버리고 진실하게 사는 성도가 되어야 합니다.

예수님은 서기관, 율법 교사, 바리새인들이 가식적으로 행동하는 것을 싫어하셨습니다. 예수님은 성도들이 가식적인 것들을 버리고 진솔한 삶을 살아가기를 원하십니다. 하나님은 외모를 보시는 분이 아니라, 그 마음의 중심을 보시는 분입니다.

〈사무엘상〉 16:7
야훼께서 사무엘에게 이르시되 그의 용모와 키를 보지 말라 내가 이미 그를 버렸노라 내가 보는 것은 사람과 같지 아니하니 사람은 외모를 보거니와 나 야훼는 중심을 보느니라 하시더라

다음 성경 말씀을 적어 보세요.

〈예레미야서〉 17장 10절
나 야훼는 심장을 살피며 폐부를 시험하고 각각 그의 행위와 그의 행실대로 보응하나니

〈예레미야서〉 20장 12절 상반절
의인을 시험하사 그 폐부와 심장을 보시는 만군의 야훼여

이와 같이 하나님은 가식적으로 행동하는 사람들의 내면 깊은 곳까지 다 시험하고 아시는 분입니다. 그러므로 우리는 바리새인들처럼 사람들에게 보여 주기 위해 가식적으로 기도하고 구제해서는 안됩니다(마 6:5~6).

특별히 우리는 사람들이 듣는 것을 의식하는 기도가 아니라, 하나님이 들으시는 기도를 해야 합니다.

다음 성경 말씀을 적어 보세요.

〈누가복음〉 5장 16절

예수는 물러가사 한적한 곳에서 기도하시니라

〈누가복음〉 6장 12~13절

이때에 예수님이 기도하시러 산으로 가사 밤이 새도록 하나님께 기도하시고 밝으매 그 제자들을 부르사 그 중에서 열둘을 택하여 사도라 칭하셨으니

위의 말씀들을 통해서 무엇을 배울 수 있나요?

예수님은 늘 기도하셨다.

한적한 곳에서, 남이 보지 않는 데서 기도하셨다.

그렇습니다. 이와 같은 말씀들에서 볼 수 있듯이 예수님은 사람들이 없는 한적한 곳이나 사람들이 잠을 자는 한밤에 하나님에게 나아가서 기도하셨습니다. 예수님은 바리새인처럼 많은 사람이 보는 앞에서 큰 소리로 기도하시지 않았습니다. 그러므로 우리 성도들은 이러한 모습을 본받아 사람들에게 보이는 가식적인 기도가 아니라, 하나님에게 진솔히 나아가 솔직하게 자신의 마음을 드리며 기도하는 신앙생활을 해야 합니다.

그리고 예수님은 기도할 때 중언부언하지 말라고 말씀하셨습니다(마 6:7). 우리는 기도할 때 각종 미사여구를 만들어서 말을 많이 해야 하나님이 그 기도를 들어주신다고 생각해서는 안 됩니다. 말을 많이 하고, 미사여구를 많이 사용하는 기도는 하나님이 좋아하시지 않습니다. 오히려 가식적인 기도로 여기시기 때문에 듣지 않으신다는 사실을 우리는 말씀을 통해서 알 수 있습니다. 그러므로 말을 적게 하고, 화려하지 않더라도 하나님에게 진심으로 간구하는 기도는 오히려 더 기뻐 받아주시는 것입니다. 하나님에게는 가식적인 신앙이 아닌 진정한 신앙이 통하는 것입니다.

〈마태복음〉6:7
또 기도할 때에 이방인과 같이 중언부언하지 말라 그들은 말을 많이 하여야 들으실 줄 생각하느니라

금식할 때에 너희는 외식하는 자들과 같이 슬픈 기색을 보이지 말라 그들은 금식하는 것을 사람에게 보이려고 얼굴을 흉하게 하느니라 내가 진실로 너희에게 이르노니 그들은 자기 상을 이미 받았느니라(마 6:16)

금식을 할 때도 마찬가지입니다. 이 말씀에서 우리가 파악해야 할 예수님의 의도는 사람들에게 자신의 신앙을 드러내고 내세우

는 신앙은 잘못된 신앙이며, 신앙의 경륜이나 노력을 드러내거나 내세우지 말라는 점입니다. 이런 외식적인 신앙은 항상 사람들을 의식합니다. 그러나 신앙은 사람들을 의식해서 성장하는 것이 아닙니다. 하나님에게 초점을 맞추고 하나님에게만 나아가는 신앙일 때 비로소 성장할 수 있습니다. 가식적 신앙은 하나님과 소통하지 못하기 때문입니다.

〈마태복음〉 6:2~4

그러므로 구제할 때에 외식하는 자가 사람에게서 영광을 받으려고 회당과 거리에서 하는 것 같이 너희 앞에 나팔을 불지 말라 진실로 너희에게 이르노니 그들은 자기 상을 이미 받았느니라
너는 구제할 때에 오른손이 하는 것을 왼손이 모르게 하여 네 구제함을 은밀하게 하라 은밀한 중에 보시는 너의 아버지께서 갚으시리라

구제할 때도 마찬가지입니다(마 6:2~4). 바리새인들을 비롯해 외식하는 사람들은 자신의 구제 행위를 200% 이상 생색내며 홍보했습니다. 그들은 사람들이 없는 곳이나 남이 알아주지 않는 상황에서는 결코 구제 행위를 하지 않았고, 진심으로 가난하고 어려운 사람들을 도와줄 마음이 없었던 사람들이었습니다. 그들은 구제 행위라는 외형적인 모습을 통해 자신의 명예를 높이려는 이기심밖에 없는 사람들에 불과했습니다. 이런 사람들은 참된 신앙인이 아닙니다. 하나님은 이런 사람들의 구제 행위에 전혀 은혜와 상급을 내리시지 않습니다. 예수님은 이런 사람들에 대해 이미 자기 상을 받았다고(마 6:2, 5, 16) 말씀하셨습니다.

그러므로 우리는 남을 참으로 불쌍히 여기고, 진정으로 도와주되, 그것을 알리거나 생색내지 않고 도와주는 성도가 되어야 합니다. 예수님은 그러한 자를 사랑하고, 그러한 자의 구제를 높이 사십니다.

가식적인 신앙인은 하나님에게 사랑받지 못합니다. 그들은 자신이 참으로 의롭다고 스스로 생각합니다. 자신만이 의인이고, 자신만이 고결하며, 자신이 가장 잘났다고 생각하는 교만한 사람들

입니다. 그러므로 이런 사람들은 자신의 결점과 한계를 보지 못하고 항상 다른 사람들을 자신보다 열등하게 생각하고 가르치려고 들며, 다른 사람들의 결점을 찾아내어 흠잡는 것을 일삼습니다. 이런 행위는 예수님이 질책하고 미워하시던 행위입니다. 예수님은 이런 사람들을 향해서 "외식하는 자여 먼저 네 눈 속에서 들보를 빼어라 그 후에야 밝히 보고 형제의 눈 속에서 티를 빼리라"(마 7:5)고 말씀하셨습니다. 더 나아가서 예수님은 이러한 가식적인 신앙을 가진 사람들은 주변의 다른 사람들이 참된 신앙으로 성장해 나가지 못하도록 방해하는 장애물과 같다고 비난하셨습니다.

> 화 있을진저 외식하는 서기관들과 바리새인들이여 너희는 천국 문을 사람들 앞에서 닫고 너희도 들어가지 않고 들어가려 하는 자도 들어가지 못하게 하는도다 화 있을진저 외식하는 서기관들과 바리새인들이여 너희는 교인 한 사람을 얻기 위하여 바다와 육지를 두루 다니다가 생기면 너희보다 배나 더 지옥 자식이 되게 하는도다 화 있을진저 눈 먼 인도자여 너희가 말하되 누구든지 성전으로 맹세하면 아무 일 없거니와 성전의 금으로 맹세하면 지킬지라 하는도다 …… 화 있을진저 외식하는 서기관들과 바리새인들이여 회칠한 무덤 같으니 겉으로는 아름답게 보이나 그 안에는 죽은 사람의 뼈와 모든 더러운 것이 가득하도다 이와 같이 너희도 겉으로는 사람에게 옳게 보이되 안으로는 외식과 불법이 가득하도다(마 23: 13~16, 27~28)

그러므로 우리는 가식적인 기도, 가식적인 구제, 가식적인 행위들을 멀리하여 예수님이 원하시는 신앙, 예수님을 닮아 가는 신앙을 소유한 성도들이 되어야 할 것입니다.

죄를 멀리하고 순결하게 사는 성도가 되어야 합니다

성도는 예수님이 그러셨던 것처럼 죄를 멀리하고 순결한 인품을 가져야 합니다. 순결한 인품을 가진다는 것은 먼저 성결하게 된다는 것입니다. 성결은 세상과 구별되는 모습인데, 우리가 사람들에게 존경받을 수 있는 인격을 소유하게 되는 것을 말합니다. 예수님을 믿는 사람이 세상 사람과 똑같이 화내고 욕하고 거짓말하고 사기를 치면 믿지 않는 세상 사람과 무슨 구별이 되겠습니까? 성도는 세상 사람과 달라야 합니다. 성결이라고 하는 것은 세상의 일반 사람들을 감동시킬 만한, 그러한 아름다운 모습을 가지고 있는 것을 말합니다.

성도는 말하는 것이 절제 있고 아름다우며 쉽게 화내지 않고, 자신을 잘 다듬을 줄 알고, 또 어디를 가든지 사랑을 베풀어서 사람들을 감동시키고, 대접을 받기보다는 대접함으로써 구별된 삶, 성결한 삶을 살아야 합니다. 유혹이라는 욕심을 따라 사는 옛 사람을 벗어버리고, 하나님을 따라 의와 진리의 거룩함으로 지음받은 새 사람을 입어야 합니다(엡 4:21~24).

〈에베소서〉4:21~24

진리가 예수 안에 있는 것 같이 너희가 참으로 그에게서 듣고 또한 그 안에서 가르침을 받았을진대 너희는 유혹의 욕심을 따라 썩어져 가는 구습을 따르는 옛 사람을 벗어 버리고 오직 너희의 심령이 새롭게 되어 하나님을 따라 의와 진리의 거룩함으로 지으심을 받은 새 사람을 입으라

성도의 순결한 인품으로 주변을 변화시켜야 합니다

설령 집안이나 회사에서 자기 혼자만 예수님을 믿고 있다고 할지라도 우리의 성결한 삶을 통해 온 가족과 직원들이 예수님을 믿게 되고 구원받는 역사가 나타날 수 있어야 합니다. 성 어거스틴은 말했습니다. "성결한 삶이야말로 기독교의 핵심이다." 우리가 변화된 모습으로 살면 하나님이 우리를 통하여 주님의 사랑을 만방

에 증거해 주실 것입니다.

〈고린도후서〉 2장 15절 말씀을 적어 보세요.

우리는 구원받는 자들에게나 망하는 자들에게나 하나님 앞에서 그리스도의 향기니

그리스도의 향기란 무슨 뜻일까요?

그리스도를 증거하는/보여 주는 존재/사람이라는 뜻 등등

우리가 성결하게 살면 하나님은 우리를 그리스도의 향기가 되게 하십니다. 우리를 통하여 그리스도를 증거해 주십니다.

참 빛 되신 예수님(요 1:9)은 우리에게 빛과 소금이 되라고 명령하셨습니다. 우리에게는 참 빛이 되시는 예수님을 본받아 세상에서 빛과 소금의 삶을 살아가야 할 사명이 있는 것입니다.

〈요한복음〉 1:9
참 빛 곧 세상에 와서 각 사람에게 비추는 빛이 있었나니

너희는 세상의 소금이니 소금이 만일 그 맛을 잃으면 무엇으로 짜게 하리요 후에는 아무 쓸 데 없어 다만 밖에 버려져 사람에게 밟힐 뿐이니라 너희는 세상의 빛이라 산 위에 있는 동네가 숨겨지지 못할 것이요 사람이 등불을 켜서 말 아래에 두지 아니하고 등경 위에 두나니 이러므로 집 안 모든 사람에게 비치느니라 이같이 너희 빛이 사람 앞에 비치게 하여 그들로 너희 착한 행실을 보고 하늘에 계신 너희 아버지께 영광을 돌리게 하라(마 5:13~16)

핵심 요약 1. 성도는 용서하며 살아야 한다.
2. 성도는 화목을 이루어 가는 삶을 살아야 한다.
3. 성도는 구원을 위해 헌신하는 삶을 살아야 한다.
4. 성도는 거룩한 삶을 지향하며 살아야 한다.

2. 예수님을 닮아 가는 사역

용서를 실천하는 성도가 되어야 합니다

예수님은 용서를 굉장히 중시하셨습니다. 어느 날 예수님의 수제자인 베드로가 예수님에게 형제를 얼마나 용서해야 하냐고 묻자 예수님은 다 용서하라고 하셨습니다(마 18:21~22).

다음 성경 말씀을 적어 보세요.

〈에베소서〉 4장 32절

서로 친절하게 하며 불쌍히 여기며 서로 용서하기를 하나님이 그리스도 안에서 너희를 용서하심과 같이 하라

〈누가복음〉 11장 4절

우리가 우리에게 죄 지은 모든 사람을 용서하오니 우리 죄도 사하여 주시옵고 우리를 시험에 들게 하지 마시옵소서 하라

〈마가복음〉 11장 25절

서서 기도할 때에 아무에게나 혐의가 있거든 용서하라 그리하여야 하늘에 계신 너희 아버지께서도 너희 허물을 사하여 주시리라 하시니라

〈마태복음〉 18장 35절
너희가 각각 마음으로부터 형제를 용서하지 아니하면 나의 하늘 아버지께서도 너희에게 이와 같이 하시리라

예수님은 이렇게 용서를 강조하면서 우리에게 용서를 가르치셨습니다. 우리가 마음으로 형제를 용서해야 하나님도 우리를 용서하신다고 말씀하셨습니다. 또한 용서가 기도 응답을 잘 받기 위한 하나의 조건이라고까지 말씀하셨습니다. 이렇듯 용서의 중요성을 강조하신 예수님을 닮아 성도는 용서하는 사역을 감당해야 합니다.

우리는 진정으로 마음속에서 우러나오는 사랑과 용서를 가지고 살고 있습니까? 다른 사람의 작은 잘못도 용서하지 못하고 그것을 확대시켜서 정죄하고 짓밟는 우리들의 모습은 없었는지 돌아보아야 할 것입니다. 세상에서 가장 아름다운 마음은 남의 수치를 가려주고 품어 주고 용서해 줄 수 있는 마음입니다. 남의 허물을 보면서 즐거워하고, 오래 기억하면서 들추어내는 마음은 예수님이 원하시는 마음이 아닙니다. 남의 허물을 덮어 주고 용서하는 것이 바로 그리스도인의 사랑의 모습이요, 용서의 모습입니다.

용서는 놀라운 힘을 가지고 있습니다. 우리가 죄와 싸워서 승리하기 위해서는 예수님이 베푸시는 용서의 은혜를 체험해야 되고, 우리도 이웃을 용서하며 살아야 됩니다. 우리는 자신에게 상처를

입힌 이웃을 용서하고, 나아가 사랑을 베풀며 살아야 합니다. 자신에게 상처를 입힌 사람을 용서하지 않는 사람은 그 마음속에 있는 상처에 계속 매여 있게 됩니다. 사랑과 용서는 그리스도인의 삶의 본질입니다. 성경은 "악에게 지지 말고 선으로 악을 이기라"(롬 12:21)고 말합니다. 그것이 예수님이 죄악과 사탄의 세력을 이기신 길이었기 때문입니다.

화목을 이루는 성도가 되어야 합니다

화목을 위한 성도의 사역은 먼저 하나님과 사람들과의 화목을 이루는 측면에서 생각해볼 수 있습니다. 이 일은 물론 이미 예수님이 이루어 놓으신 것입니다. 그리고 이 복음을 전해야 하는 전도의 사명이 예수님의 제자인 우리들에게 있습니다. 죄악 가운데 사는 사람들에게 하나님의 사랑과 은혜와 구원을 전함으로 그들이 하나님에게로 나오도록 인도하는 것이 전도입니다. 그리고 전도만이 하나님과 사람들을 화평하게 만드는 도구입니다.

또한 우리는 사람들이 하나님과 지속적으로 화목한 관계를 유지하도록 돕는 사역을 해야 합니다. 사람이 하나님과 지속적으로 화목하기 위해서는 이미 하나님에게로 돌아온 사람들이 다시 죄악에 빠지거나 신앙적으로 나태해지지 않도록 그들의 삶과 신앙을 돕고 지원하는 사역이 필요합니다. 그 사역을 하나님은 우리에게 부탁하셨습니다(고후 5:19). 그러므로 성도는 서로의 신앙을 격려하고, 서로가 죄악과 시험에 빠지지 않도록 배려해 주는 신앙 공동체 안에서 함께 성장해 가야 합니다. 사도 바울은 "그러므로 우리가 믿

〈고린도후서〉5:19

곧 하나님께서 그리스도 안에 계시사 세상을 자기와 화목하게 하시며 그들의 죄를 그들에게 돌리지 아니하시고 화목하게 하는 말씀을 우리에게 부탁하셨느니라

음으로 의롭다 하심을 받았으니 우리 주 예수 그리스도로 말미암아 하나님과 화평을 누리자"(롬 5:1)라고 권고했습니다.

화목을 위한 성도의 사역의 또 다른 측면은 사람과 사람이 화목하게 살도록 하는 사역입니다. 예수님은 우리에게 서로 사랑하며 살라는 계명을 분명히 주셨습니다(요 13:34~35). 성도는 서로 미워하고 시기하면서 살아서는 안 되며 서로 사랑하고 서로를 세워주는 삶을 살아야 합니다.

〈요한복음〉13:34~35
새 계명을 너희에게 주노니 서로 사랑하라 내가 너희를 사랑한 것같이 너희도 서로 사랑하라 너희가 서로 사랑하면 이로써 모든 사람이 너희가 내 제자인줄 알리라

그러므로 주 안에서 갇힌 내가 너희를 권하노니 너희가 부르심을 받은 일에 합당하게 행하여 모든 겸손과 온유로 하고 오래 참음으로 사랑 가운데서 서로 용납하고 평안의 매는 줄로 성령이 하나 되게 하신 것을 힘써 지키라(엡 4:1~3)

이러한 화평과 화목은 물론 사람의 힘만으로는 불가능합니다. 이 일은 성령님이 우리에게 임하셔서 서로를 사랑하게 하시고 서로가 하나님의 자녀라는 공감대를 강하게 만들어 주실 때, 온전히 이루어질 수 있습니다.

오직 성령의 열매는 사랑과 희락과 화평과 오래 참음과 자비와 양선과 충성과 온유와 절제니 이 같은 것을 금지할 법이 없느니라 그리스도 예수의 사람들은 육체와 함께 그 정욕과 탐심을 십자가에 못 박았느니라 만일 우리가 성령으로 살면 또한 성령으로 행할지니 헛된 영광을 구하여 서로 노엽게 하거나 서로 투기하지 말지니라(갈 5:22~26)

화평은 성령의 열매입니다. 성령님이 임하셔야 우리는 육체의 정욕과 탐심을 십자가에 날마다 못 박아 버리고, 헛된 영광을 구하면서 서로 투기하거나 노하지 않는 사랑의 공동체를 만들어 갈 수 있습니다.

다음 성경 말씀을 적어 보세요.

〈고린도전서〉 14장 33절
하나님은 무질서의 하나님이 아니시요 오직 화평의 하나님이시니라 모든 성도가 교회에서 함과 같이

〈로마서〉 12장 18절
할 수 있거든 너희로서는 모든 사람과 더불어 화목하라

〈요한복음〉 15장 12절
내 계명은 곧 내가 너희를 사랑한 것같이 너희도 서로 사랑하라 하는 이것이니라

〈마가복음〉 8:35
누구든지 자기 목숨을 구원하고자 하면 잃을 것이요 누구든지 나와 복음을 위하여 자기 목숨을 잃으면 구원하리라

구원을 위해 헌신하는 성도가 되어야 합니다

〈마태복음〉, 〈마가복음〉, 〈누가복음〉은 모두 우리에게 구원을 위해 목숨을 바치라고 말합니다(마 16:25; 막 8:35; 눅 9:24). 구원을

위해 헌신하는 것이 성도에게 있어서 그만큼 중요한 사역이기 때문입니다. 예수님은 우리의 구원을 위해 목숨을 버리셨습니다. 성경은 우리도 형제를 위하여 목숨을 버리는 것이 마땅하다고 말합니다(요일 3:16). 그러므로 우리 성도들은 예수님을 우리의 마음속에 구주로 항상 모셔 들이고, 구원을 위해 헌신하는 삶을 살아가야 합니다.

〈요한일서〉 3:16
그가 우리를 위하여 목숨을 버리셨으니 우리가 이로써 사랑을 알고 우리도 형제들을 위하여 목숨을 버리는 것이 마땅하니라

우리가 우리를 구원하신 예수님을 마음에 두고, 예수님의 은혜 가운데 다스림을 받는 삶을 살면, 우리는 그 구원의 은혜를 전하기 위해 기꺼이 희생하고 헌신하게 됩니다. 예수님은 "사람이 친구를 위하여 자기 목숨을 버리면 이보다 더 큰 사랑이 없나니 너희는 내가 명하는 대로 행하면 곧 나의 친구라"(요 15:13~14)고 말씀하셨습니다.

오래 전 영화 〈콰이강의 다리〉에 보면, 제2차 세계대전 당시 태국에서 일본군이 영국인 포로들을 붙잡아서 다리를 놓게 하는 이야기가 나옵니다. 그런데 어느 날 일본군이 중요한 장비를 하나 잃어버렸습니다. 일본군은 영국인 포로들이 그 장비를 숨겨 놓은 줄 알고 포로들을 모두 연병장에 세워놓고 "장비를 숨긴 자는 자수하라. 만약 자수하지 않으면 너희 모두가 다 총살이다. 하나, 둘, 셋!" 하자 한 사람이 나와서 제가 "그 장비를 훔쳐서 저 강물에 던져 버렸습니다"라고 말했습니다. 일본군은 그 사람을 총살했습니다. 그런데 나중에 알고 보니 그 장비는 다른 창고에 보관되어 있었습니다. 그때 그 한 사람이 "내가 그걸 가져갔습니다"라고 하지 않았더라면, 모두가 죽게 되기 때문에 그 사람은 다른 동료들을 구원하

기 위해 스스로를 희생한 것이었습니다. 이것이 바로 그리스도인의 사랑의 모습입니다. 예수님은 온 인류를 위하여 대신 죽으시기 위해서 이 땅에 오셨습니다. 이와 관련하여 성경은 "그런즉 한 범죄로 많은 사람이 정죄에 이른 것 같이 한 의로운 행위로 말미암아 많은 사람이 의롭다 하심을 받아 생명에 이르렀느니라"(롬 5:18)고 말합니다. 우리도 예수님을 본받아 구원을 위해 의롭게 살아가야 할 것입니다.

거룩한 삶을 지향하는 성도가 되어야 합니다

성도는 개인의 거룩한 삶을 지향해야 합니다. 예수님은 원래부터 죄 없고 거룩한 분이시면서 이 세상에 있는 동안 거룩한 삶을 사셨습니다. 예수 그리스도의 십자가 구속의 은혜로 말미암아 죄악의 세력에서 해방된 성도들은 거룩한 삶을 살아야 합니다(롬 6:22). 종국적으로 영생 천국에 이르기까지 거룩한 삶을 살아야 하는 것입니다. 거룩한 삶은 성도를 향한 하나님의 뜻입니다(살전 4:7). 그러면 성도는 어떻게 거룩한 삶을 살아갈 수 있을까요?

〈로마서〉6:22

그러나 이제는 너희가 죄로부터 해방되고 하나님께 종이 되어 거룩함에 이르는 열매를 맺었으니 그 마지막은 영생이라

〈데살로니가전서〉4:7

하나님이 우리를 부르심은 부정하게 하심이 아니요 거룩하게 하심이니

먼저 성도는 개인 자신의 삶이 거룩해야 합니다. 이것은 앞장 '예수님을 닮아가는 인품'에서 '죄를 멀리하고 순결하게 사는 성도'와 비슷한 개념이기도 합니다.

〈디모데전서〉4장 7절 말씀을 적어 보세요.

망령되고 허탄한 신화를 버리고 경건에 이르도록 네 자신을 연단하라

성도는 무엇보다도 하나님의 말씀과 기도로 거룩해져야 합니다(딤전 4:5). 성도가 하나님의 말씀을 항상 가까이하여 묵상하면, 하나님의 말씀은 그 성도의 영혼과 삶이 죄악을 멀리하고 진리 안에 살도록 인도하십니다. 하나님의 말씀은 살아 있고 활력이 있기 때문입니다(히 4:12). 그러므로 예수님도 "그들을 진리로 거룩하게 하옵소서 아버지의 말씀은 진리니이다"(요 17:17)라고 기도하셨던 것입니다.

〈디모데전서〉 4:5
하나님의 말씀과 기도로 거룩하여짐이라

또한 성도가 개인적으로 거룩해지기 위해서는 성령 충만을 받아 언제나 성령님을 모시고 동행하면서 살아가야 합니다. 예수님은 "그러나 진리의 성령이 오시면 그가 너희를 모든 진리 가운데로 인도하시리니 그가 스스로 말하지 않고 오직 들은 것을 말하며 장래 일을 너희에게 알리시리라"(요 16:13)고 말씀하셨습니다. 성령님은 우리가 거짓과 죄악에 빠지지 않고 언제나 하나님의 진리와 거룩함으로 나아갈 수 있도록 인도하는 분이십니다. 성령님은 예수님이 공생애 사역을 하는 동안 예수님의 사역을 도우셨으며, 예수님이 부활 승천하신 이후에는 예수님의 사역을 이어 제자들과 오늘의 우리들에게 임하셔서 우리가 예수님을 닮아 진리에 합당하고 거룩하게 살아가도록 도우십니다. 성령 충만한 삶의 모습은 예수님을 닮아 가는 것인데, 그것은 예수님처럼 마귀의 유혹과 죄악의 세력을 이기며 항상 거룩하게 살아가는 삶입니다.

거룩한 삶은 자신뿐만 아니라 주변 사람들까지도 거룩하게 하는 삶을 의미합니다. 예수님은 "또 그들을 위하여 내가 나를 거룩하게 하오니 이는 그들도 진리로 거룩함을 얻게 하려 함이니이다"

(요 17:19)라고 성부 하나님에게 기도하셨습니다. 예수님에게서 시작된 거룩함이 그 제자들과 성도들에게로 확산되고, 성도들은 또한 세상에서 거룩함을 확산시키는 삶을 살아야 합니다. 예수님은 거룩함을 얻게 된 모든 성도를 기쁘게 형제로 맞이하는 분이십니다(히 2:11).

〈히브리서〉 2:11
거룩하게 하시는 이와 거룩하게 함을 입은 자들이 다 한 근원에서 난지라 그러므로 형제라 부르시기를 부끄러워하지 아니하시고

성도의 거룩한 삶은 가깝게는 자신의 가족으로부터 시작합니다(고전 7:14). 성도인 아내는 자신으로 인하여 믿지 않는 남편을 거룩한 삶을 살도록 돕고, 성도인 믿는 남편은 자신으로 인하여 믿지 않는 아내가 거룩한 삶을 살도록 도와야 합니다. 부부가 각자 거룩한 삶을 살아감으로써 서로가 거룩하게 살도록 돕는 것, 그것이 하나님의 뜻입니다.

〈고린도전서〉 7:14
믿지 아니하는 남편이 아내로 말미암아 거룩하게 되고 믿지 아니하는 아내가 남편으로 말미암아 거룩하게 되나니 그렇지 아니하면 너희 자녀도 깨끗하지 못하니라 그러나 이제 거룩하니라

우리는 원래 하나님 앞에서 거룩한 존재들이었습니다. 하나님은 원래 우리를 죄악의 지배를 받는 존재가 아니라, 서로 사랑하면서 하나님의 이름을 높이고 하나님의 뜻에 순종하면서 거룩하게 살도록 창조하셨습니다. 그것이 우리를 향하신 하나님의 뜻이었습니다. 우리는 이제 예수 그리스도의 구속의 은혜를 입어서 그러한 원래의 모습으로 회복되어야 합니다. 우리를 거룩하고 흠이 없게 회복시키기 원하시는 하나님의 뜻에 합당하게 살아야 하는 것입니다(엡 1:4, 고후 7:1).

〈에베소서〉 1:4
곧 창세 전에 그리스도 안에서 우리를 택하사 우리로 사랑 안에서 그 앞에 거룩하고 흠이 없게 하시려고

지금까지 우리는 예수님의 인품에서 예수님의 순종, 겸손, 진실, 순결, 온유에 관해 살펴보았고, 예수님의 사역에서 용서와 화목, 정의와 구원에 관해 살펴보았습니다. 이러한 예수님의 인품과 사역을 본받아 우리도 하나님의 뜻에 순종하며, 겸손히 자기를 낮

추며, 가식을 버리고 진실하게 살아가며, 죄를 멀리하는 순결한 인품을 갖추어 나가야 할 것입니다. 예수님처럼 용서하며, 화목을 이루며, 구원을 위해 헌신하면서, 거룩한 삶을 지향하는 성도의 삶을 살아가야 할 것입니다.

〈고린도후서〉 7:1
그런즉 사랑하는 자들아 이 약속을 가진 우리는 하나님을 두려워하는 가운데서 거룩함을 온전히 이루어 육과 영의 온갖 더러운 것에서 자신을 깨끗하게 하자

지금 바로 시작합니다. 예수님의 인품과 사역의 항목에서 내가 닮고 싶은 것 하나씩 정하고, 그 이유를 적어 보세요.

- 용서 : 용서하지 못하고 있는 친구가 있다. 내가 용서해야 하나님의 용서를 받는다는데, 마음이 무겁다. 용서에서 시작해야겠다.
- 온유 : 난 성질이 급하다. 버럭 화를 잘 낸다. 예수님을 믿는 사람으로서 변해야겠다.
- 겸손 : 하나님이 계시다는 것을 믿는 사람은 겸손할 수밖에 없는데, 난 왜 자꾸만 잘난 척하는지 모르겠다. 이것부터 고쳐야겠다. 등

과제
- 다음 주 예습
- 중보 기도
- 작은 예수라면 꼭 해야 할 일 3가지 적어 오기
- 딤후 4:2 암송하기

노방전도지
인도자는 노방 전도지를 넉넉하게 준비해 온다. 함께 연습할 수 있도록 단계별로 적혀 있는 전도지를 구한다.

8장

선교의 영성 (예수 전하기)

예수님은 "또 이르시되 너희는 온 천하에 다니며 만민에게 복음을 전파하라"(막 16:15)고 말씀하셨습니다. 이 말씀은 예수님이 승천하기 전에 제자들에게 분부한 명령입니다. 그러므로 우리는 때를 얻든지 못 얻든지 열심히 복음을 전해야 합니다. 하나님은 '전도의 미련한 것'으로 믿는 자들이 구원받는 것을 기뻐하십니다(고전 1:21).

그러나 많은 그리스도인이 전도해야 한다는 사실을 알고, 전도에 대한 사명감을 느끼면서도 막상 자신의 삶의 현장에서는 전도하지 못하는 경우를 보게 됩니다. 그러므로 이번 장에서는 먼저 복음 전도의 동기와 사명을 다시 한 번 점검하면서 많은 성도가 전도하지 못하는 이유를 생각해 보겠습니다. 또한 우리가 선교하는 삶을 살기 위해서는 왜 성령님의 도우심이 필수적인지, 그리고 어떻게 하면 삶의 현장에서뿐만 아니라 땅끝까지 나아가 전도자로 살아갈 수 있는지에 대해서도 살펴보도록 하겠습니다.

22 예수 그리스도의 증인

하나님 앞과 살아 있는 자와 죽은 자를 심판하실 그리스도 예수 앞에서
그가 나타나실 것과 그의 나라를 두고 엄히 명하노니 너는 말씀을 전파하라
때를 얻든지 못 얻든지 항상 힘쓰라 범사에 오래 참음과 가르침으로 경책하며 경계하며 권하라
〈디모데후서〉 4:1~2

핵심 요약 1. 전도는 하나님에게 받은 사랑의 실천이다. 하나님의 사랑을 깊이 체험하고, 다른 사람을 사랑하는 사람은 자연스럽게 전도하게 된다.
2. 전도는 구원의 감격에서 시작된다. 구원에 대한 감격과 기쁨을 다른 사람들과 함께 나누고 싶은 마음에 복음을 전하게 된다.
3. 전도는 하나님에게 영광이 될 뿐 아니라 전도자에게도 복이 된다. 동시에 성경은 복음을 전하지 않으면 화가 임한다고 말한다.

1. 복음 전도의 동기

하나님에게 받은 사랑을 실천하기 위해서입니다

본래 인간은 하나님의 형상대로 지음 받았기 때문에 영혼을 가진 특별한 존재로 하나님과 더불어 교제하며 살도록 디자인되었습니다(창 1:26~27, 2:7). 그러나 인류의 조상 아담과 하와가 하나님에게 불순종하여 죄를 지은 결과, 모든 인간은 죄 가운데서 태어나 죄 가운데 살다가 죄 가운데 죽을 수밖에 없는 운명에 처하게 되었습니다(롬 5:12). 하나님과 단절된 상태에서 육신의 질병과 온갖 저주로 인해 고통당하며 살게 되었습니다. 인간의 상황이 더욱 절망적인 것은 스스로의 힘으로는 결코 구원받을 수 없기 때문입

니다. 희망은 어디에도 존재하지 않는, 말 그대로 절대 절망의 상황에 처하게 된 것입니다.

하나님의 사랑은 이렇게 칠흑같이 어두운 절대 절망에 희망의 빛을 비추어 주었습니다. 하나님은 절대 절망 속에서 죽을 수밖에 없는 인간들을 사랑하여 구원하려고 독생자 예수 그리스도를 보내셨습니다. 예수님은 인간의 몸을 입고 이 땅에 오셔서 인류의 모든 죄를 담당하고 십자가에 달려 죽으심으로 우리의 죗값을 대신 감당하셨습니다. 〈로마서〉 3장 23~24절은 "모든 사람이 죄를 범하였으매 하나님의 영광에 이르지 못하더니 그리스도 예수 안에 있는 속량으로 말미암아 하나님의 은혜로 값 없이 의롭다 하심을 얻은 자 되었느니라"고 말합니다.

그러므로 예수님의 십자가는 인류 구원의 상징이자 인류를 향한 하나님의 위대한 사랑에 대한 가장 큰 증거입니다. 예수님의 십자가에 나타난 사랑, 무조건적이고 희생적인 그 사랑으로 말미암아 죄에서 구원받는 길이 온 인류에게 열리게 되었습니다.

✣22~24과
- 시작 찬송: 497장, 500장
- 복음성가: 난 예수가 좋다오, 예수 믿으세요
- 마무리 찬송: 502장

> 하나님의 사랑이 우리에게 이렇게 나타난 바 되었으니 하나님이 자기의 독생자를 세상에 보내심은 그로 말미암아 우리를 살리려 하심이라 사랑은 여기 있으니 우리가 하나님을 사랑한 것이 아니요 하나님이 우리를 사랑하사 우리 죄를 속하기 위하여 화목 제물로 그 아들을 보내셨음이라(요일 4:9~10)

우리가 먼저 하나님을 사랑한 것이 아닙니다. 우리가 아직 죄 가운데 있을 때, 하나님 앞에서 불의하고 방탕하여 하나님의 마음을 아프게 하며 살고 있을 때, 하나님이 먼저 우리를 사랑하셨습니다. 이와 같이 우리를 향한 하나님의 사랑은 일방적이고 무조건적인 사랑입니다.

하나님의 놀라운 사랑을 받고 있는 우리 그리스도인들은 사랑하며 살아야 합니다. 예수님은 한 율법사가 "율법 중에서 어느 계명이 제일 큰 계명입니까?"라고 물었을 때 "마음을 다하고 목숨을 다하고 뜻을 다하여 하나님을 사랑하고 네 이웃을 네 자신같이 사랑하라"(마 22:37~40)고 답하셨습니다. 예수님은 하나님을 사랑하고 이웃을 사랑하라는 계명을 이야기하면서 이것이 '온 율법과 선지자의 강령', 즉 성경의 핵심이라고 말씀하셨습니다. 그러니까 이 두 가지 계명은 '예수님을 믿고 구원받은 그리스도인은 어떻게 살아야 하는가?'에 대한 답변이며 그리스도인의 삶을 지탱하는 핵심적인 원리입니다. 예수님을 믿는 믿음으로 구원받아 하나님의 사랑을 누리고 있는 우리들은 어떻게 살아야 합니까? 사랑하며 살아야 합니다. 하나님을 사랑하고 이웃을 사랑하며 사는 것이 우리를 향한 하나님의 뜻입니다.

전도 역시 사랑의 계명에서 시작됩니다. 우리는 하나님을 사랑하고 이웃을 사랑하기 때문에 전도합니다. 빌 하이벨스(Bill Hybels) 목사님이 쓰신 책《사랑하면 전도합니다》의 제목은 이러한 원리를 잘 말해 주고 있습니다. 우리가 사랑하면 전도하게 됩니다. 아니, 전도할 수밖에 없습니다. 만일 우리가 예수님을 알지 못하는 사람들에게 전도하지 않고 그들을 사랑한다고 말한다면 그것은 거짓말입니다. 왜냐하면 예수님을 알지 못하는 사람들의 결

빌 하이벨스 (1951~)
미국에서 가장 영향력 있는 교회로 선정된 윌로우크릭 커뮤니티 교회의 담임 목사다. 구도자 예배, 열린 예배를 전세계로 확대시킨 장본인이다. 복음의 메시지를 전하는 혁신적인 목회자로 널리 존경받는데, 특히 시카고 교외의 불신자 전도 사역으로 유명하다. 그는 새들백교회의 릭 워렌 목사와 함께 미국교회를 이끄는 양대 축으로 일컬어지며 교계는 물론 정 · 재계에 큰 영향을 미치고 있다. 저서로《사랑하면 전도합니다》,《너무 바빠서 기도합니다》 등이 있다.

국은 죽음과 멸망뿐이기 때문입니다. 누군가를 사랑한다고 하면서 그 사람이 죽음과 멸망에 빠지는 것을 가만히 지켜볼 수는 없습니다. 그러므로 우리가 진정으로 하나님을 알지 못하는 사람들을 사랑한다면 그들에게 복음을 전해야 합니다.

그럼에도 불구하고 왜 많은 그리스도인이 전도에 대해 그토록 소극적인 것일까요? 전도에 대한 사명감을 느끼면서도 실제로 전도하지 못하는 이유는 무엇일까요? 그 이유는 하나님의 사랑에 대해 어느 정도 알고는 있지만, 영혼을 압도하는 그분의 사랑을 충분히 경험하지 못했기 때문입니다. 그래서 진정으로 하나님을 사랑하고 이웃을 사랑하지 못하는 것입니다.

우리가 하나님의 사랑으로 가득 차게 되면 '하나님이 이렇게 나를 사랑하시는구나!'라고 감격하고 감사하게 됩니다. 이 엄청난 사랑 앞에서 "저는 주님의 사랑이 없으면 하루도, 한 시간도 제대로 살아갈 수 없습니다. 저에게는 매 순간 주님의 사랑이 필요합니다. 주여, 주님에게 저의 모든 것을 드립니다. 한량없는 그 사랑으로 언제나 저와 함께하여 주시고 저의 삶을 인도하여 주옵소서"라고 고백하게 됩니다. 그러면 자연스럽게 하나님과 우리의 이웃을 진정으로 사랑하게 되고, 자연스럽게 전도도 하게 됩니다. 그 사랑이 너무나도 감사하고 감격스러워서 전도하지 않고는 버틸 수가 없게 됩니다.

그러므로 우리는 먼저 기도해야 합니다. 누군가를 전도하기에 앞서 먼저 그를 사랑하게 해 달라고 기도해야 합니다. 우리 주변에 아직 예수님을 알지 못하는 사람들을 사랑하게 해 달라고, 그들을

〈베드로후서〉3:9 하반절
오직 주께서는 너희를 대하여 오래 참으사 아무도 멸망하지 아니하고 다 회개하기에 이르기를 원하시느니라

향한 하나님의 마음을 품게 해 달라고 부르짖어야 합니다. '아무도 멸망하지 않기를 원하시는'(벧후 3:9 하반절) 하나님의 마음으로 그들을 사랑하게 해 달라고 기도해야 합니다.

동시에 우리를 향한 하나님의 사랑을 계속해서 묵상해야 합니다. 하나님의 사랑의 결정체라고 할 수 있는 십자가를 바라보고 그 사랑을 더욱 깊이 경험하게 해 달라고 주님에게 간구하십시오. 그리할 때 하나님이 우리를 사랑으로 채워 주실 것이고, 우리는 그 사랑으로 이웃을 사랑하며 그들에게 복음을 전할 수 있게 될 것입니다.

앞에서 소개해 드린 마리안느 수녀와 마가렛 수녀를 기억하십니까? 소록도의 나환자들과 43년 동안 동고동락했던 수녀들은 그와 같은 사랑을 어떻게 실천할 수 있었을까요? 모든 사람이 기피하는 한센인들과 함께 일생을 보내며 그들에게 그리스도의 사랑을 전할 수 있었을까요? 그 이유는 바로 그들이 하나님의 사랑 안에 거하는 사람들이었기 때문입니다. 예수님의 십자가를 통하여 우리에게 베풀어 주신 그 사랑이 너무나도 감격스럽고 감사하기에 그 사랑을 나누지 않고는 견딜 수 없었던 것입니다.

사랑은 전도의 기초이며 출발입니다. 우리는 사랑하기 때문에 전도합니다. 그러나 이 사랑은 억지로 만들어 낼 수 있는 것이 아닙니다. 우리가 하나님을 알기도 전에 하나님이 우리를 먼저 사랑하셨기에, 우리는 하나님에게 사랑받는 자로서 하나님을 사랑하고 이웃을 사랑합니다. 우리의 사랑은 하나님에게 받은 사랑에 반응하는 것이며, 하나님이 베풀어 주신 사랑을 이웃에게 나누는 것

일 뿐입니다. 그러므로 우리가 전도하는 삶을 살기 위해서는 무엇보다도 먼저 하나님의 사랑을 깊이 경험해야 합니다. 그리고 다른 사람을, 특별히 주님을 알지 못하는 사람들을 사랑할 수 있게 해 달라고 간구하십시오. 그러면 하나님이 넘치도록 부어 주시는 사랑으로 말미암아 다른 사람을 사랑할 수 있게 되고, 자연스럽게 그에게 복음을 전할 수 있게 될 것입니다.

사랑하는 사람 가운데 아직 구원받지 못한 사람의 이름을 적고 그들을 위해 기도하세요.

1.
2.
3.
4.

구원의 감격을 나누기 위해서입니다

전도는 또한 구원의 감격에서 시작합니다. 우리를 구원하신 하나님의 은혜를 진정으로 체험한 사람은 눈물을 흘리며 "사랑의 주님, 저 같은 죄인을 구원하여 주시니 감사합니다. 이제부터 주님의 뜻대로 살겠습니다"라고 고백하며 하나님에게 헌신하게 되고, 그 결과 전도도 하게 됩니다. 주님의 은혜에 대한 감격과 기쁨을 다른 사람들과 함께 나누고 싶은 마음에 복음을 전하게 되는 것입니다.

사도 바울이 바로 이러한 삶을 살았습니다. 그는 본래 예수님을 믿는 사람들을 잡아 죽이는 일에 앞장섰지만 예수님을 만난 뒤에는 완전히 다른 삶을 살았습니다. 그의 남은 일생을 복음 전하는 일에 전적으로 헌신했습니다. 죄인 중에 괴수와 같았던 자신을 구원하신 하나님의 은혜가 너무나도 감사했기 때문입니다. 그는 이렇게 고백했습니다.

나를 능하게 하신 그리스도 예수 우리 주께 내가 감사함은 나를 충성되이 여겨 내게 직분을 맡기심이니 내가 전에는 비방자요 박해자요 폭행자였으나 도리어 긍휼을 입은 것은 내가 믿지 아니할 때에 알지 못하고 행하였음이라 우리 주의 은혜가 그리스도 예수 안에 있는 믿음과 사랑과 함께 넘치도록 풍성하였도다 미쁘다 모든 사람이 받을 만한 이 말이여 그리스도 예수께서 죄인을 구원하시려고 세상에 임하셨다 하였도다 죄인 중에 내가 괴수니라(딤전 1:12~15)

찰스 스펄전 (1834~1892)
19세기 영국은 물론 전 세계를 변화시켰던, 영혼을 사로잡은 설교자. 그리스도와의 깊은 교제를 심장부로 간주했던 청교도 영성의 영향을 어린 시절 조부에게서 받았다. 죄의 문제로 고민하던 16세에 "그리스도를 바라보라"는 설교를 듣고 놀라운 영적 체험을 한 뒤 새로운 영적 세계를 발견하였다. 17세에 워터비치 침례교회 설교사역자로 부름받았다. 역사가들은 그에게 '설교의 황태자'라는 칭호를 부여해 왔다. 그런데 설교의 황태자이기 이전에 그는 구원받은 하나님의 자녀로서 그리스도를 호흡처럼 간주하고 산 영적인 사람이다. 당대 세계에서 가장 큰 교회를 건축하여 많은 이를 그리스도께로 인도한 목회자이기도 하다.

그러므로 우리가 전도하기 위해서는 하나님의 은혜로 말미암아 죄를 용서받고 하나님의 자녀가 되었다는 감격이 있어야 합니다. 우리가 경험하지 못한 것을 다른 사람에게 줄 수는 없습니다. 우리가 구원을 진정으로 누리고 있지 못하다면 나눌 것이 없습니다.

전도에 대한 정의가 많지만, 19세기 영국의 위대한 설교자이자 전도자인 찰스 스펄전은 다음과 같이 정의했습니다. "전도는 빵을 찾은 거지가 다른 거지에게 그 빵 있는 곳을 알려 주는 일이다."

사람은 자신이 좋아하고 즐거워하는 것을 다른 사람에게 소개할 때 기쁨을 느낍니다. 정말 재미있게 본 영화나 드라마를 다른 이에게 알려 줄 때, 아주 맛있게 식사를 했던 식당을 주변 사람들에게 소개시켜 줄 때, 우리는 소개해 주는 사람의 입장이면서도 즐거워합니다. 전도 역시 마찬가지입니다. 전도는 내가 받은 구원이 너무나도 좋아서 내가 만난 예수 그리스도를 다른 사람에게 소개하는 일입니다.

물론 전도는 쉽지 않습니다. 전도를 하다 보면 기쁨이 넘쳐서 하기보다는 오히려 의무감 때문에, 어쩔 수 없이 하게 되는 경우도 많습니다. 그러나 전도 현장에는 분명 기쁨과 감격이 있습니다. 하나님을 모르던 사람이 주님에게 돌아와 감격의 눈물을 흘리는 것을 보신 적이 있습니까? 세상에는 가슴 벅찬 감동의 순간이 많지만, 한 사람이 그리스도께로 돌아오는 그 순간만큼 아름답고 감격적인 사건은 없을 것입니다. 전도하는 사람에게는 바로 이러한 감격과 감동이 있습니다. 전도의 현장으로 나아가는 길은 결코 쉽지 않지만, 그 길에는 그 무엇과도 바꿀 수 없는 기쁨과 즐거움이 있습니다.

순회선교단에서 사역하고 있는 김용의 선교사님의 책《십자가의 완전한 복음》에는 선교사님의 삶에 대해 간증하는 부분이 나옵니다. 선교사님은 예수님을 믿기 전에 버림받은 삶을 살았습니다. 어린 시절 선교사님의 아버지는 제법 잘나가는 고급 술집 사장님이었습니다. 그 술집은 동네에서 흔하게 볼 수 있는 평범한 주점이 아니었습니다. 유명한 기생들이 일하는 최고급 술집이었기 때문에 국회의원이나 경찰서장, 고위 관리만이 드나들 수 있었습니다. 그때 선교사님은 어린 나이였지만 사회적으로 명망 있는 사람들이 망가지는 모습을 보면서 삶에 큰 회의를 느꼈습니다. 입버릇처

김용의
순회선교단 소속 선교사이자 열방기도센터 대표이며 '복음학교'의 메인 강사이다. 깨진 질그릇 같은 인생을 살다가 예수 그리스도를 만나 그 삶이 180도 바뀌었다고 고백하는 그는, 십자가 외에는 자랑할 것이 없고 십자가 복음 외에는 아는 것이 없다고 고백하는 사역자다. 수많은 강의와 사역을 통해, 우리 삶의 중심이 되어야 할 가장 귀한 진리인 '십자가 복음'과 그 앞에서의 참된 회복이라는 메시지를 전해 왔다.

럼 애국심을 강조하고 평소에 체면과 품위를 생명처럼 여기는 점잖은 분들의 이중성을 알게 되었기 때문입니다.

선교사님이 중학교 2학년 때 갑자기 아버지가 돌아가셨습니다. 선교사님은 빚더미를 떠안은 채 학교를 중퇴하고 길거리로 쫓겨나 말할 수 없이 절망적인 삶을 살았습니다. 선교사님은 늘 자신의 처지를 비관했습니다. '나는 왜 사는 걸까? 나는 술집 아들로 태어나 공부도 못하고 능력도 없다. 이 비참한 인생을 끝장낼 배짱도 없고 보란 듯이 성공하겠다는 욕심도 없다. 나를 알아주는 사람도, 나를 도와줄 사람도 없다'라고 생각했습니다. 그러나 예수님이 절망의 밑바닥에서 선교사님을 만나 주셨습니다. 선교사님에게 다가와 "내가 너를 사랑한다. 너는 망해 버린 술집 사장의 아들이 아니다. 내가 너를 대신해서 죽어야 했을 만큼 소중한 하나님의 자녀다"라고 말씀해 주셨습니다.

그 이후로 선교사님은 완전히 다른 사람이 되었습니다. 평생을 예수님을 위하여 살다가 죽겠노라고 다짐하며 주님에게 자신의 모든 것을 드렸습니다. 다섯 자녀도 모두 선교사로 서원시켰습니다.

선교사로 산다는 것은 쉬운 일이 아닙니다. 더욱이 자신도 선교사로서 힘든 길을 가면서 자식들 역시 선교사로 보내는 일은 결코 쉽지 않습니다. 한번은 선교사님의 딸이 해외에서 선교사 훈련을 받다가 병이 들어 한 달 동안이나 먹지도 마시지도 못했던 일이 있었습니다. 선교사님이 뒤늦게 소식을 접하고 부랴부랴 그곳에 도착해 보니 1분도 지체할 수 없을 만큼 심각한 상황이었습니다. 그러나 그 나라에서는 치료할 방법도 없었습니다. 하는 수 없이 딸을 데리고 한국에 돌아오려는데 항공사에서 탑승을 거부했습니다. 비행기를 타고 가다가 갑자기 죽을 수 있다는 이유 때문이었습니다. 선교사님은 이런 일을 겪으면서도 자녀를 선교사로 바치겠다는 결심을 굽히지 않았습니다. 결국 지금은 자신을 포함한 모든 가족이 선교사의 삶을 살아가고 있습니다.

선교사님이 그렇게 할 수 있었던 이유가 무엇일까요? 주님이 주신 은혜에 대한 감격 때문입니다. 그는 하나님의 놀라운 은혜가 감당할 수 없을 만큼 너무나도 감사하기에 "저에게 있는 모든 것을 다 바쳐서 주의 복음을 전하는 일에 헌신하기 원합니다"라고 고백하며 선교사의 삶을 살고 있는 것입니다. 이처럼 참된 전도는 내가 받은 구원이 너무나 좋고 기뻐서 나타나는 결과입니다. 진정으로 자신이 받은 구원을 누리고 있는 사람에게는 전도가 자연스럽습니다. 우리 모두가 넘치는 감사와 감격 가운데 주의 복음을 전하는 일에 헌신하게 되기를 바랍니다.

전도자가 받을 상급과 전도자로서의 책임

전도는 하나님에게 영광이 될 뿐만 아니라 우리에게도 복이 되어 돌아옵니다. 하나님이 하늘의 상급으로 갚아 주시기 때문입니다. 예수님은 제자들에게 보물을 땅에 쌓아 두지 말고 하늘에 쌓아 두라고 가르치셨습니다(마 6:19~20).

동시에 전도는 전도하는 사람에게 구원의 감격을 회복시켜 줍니다. 예수님을 믿고 구원받은 직후에는 누구나 구원의 감격, 구원의 즐거움이 넘쳐 납니다. 나 같은 죄인을 구원하신 하나님의 은혜

〈마태복음〉6:19~20
너희를 위하여 보물을 땅에 쌓아 두지 말라 거기는 좀과 동록이 해하며 도둑이 구멍을 뚫고 도둑질하느니라 오직 너희를 위하여 보물을 하늘에 쌓아 두라 거기는 좀이나 동록이 해하지 못하며 도둑이 구멍을 뚫지도 못하고 도둑질도 못하느니라

와 사랑에 너무나도 감사하고 기뻐합니다. 그러나 시간이 흐를수록 처음 믿었을 때의 감사와 감격은 어딘가로 사라지고 신앙의 형식만 남아 있는 경우가 많습니다. 그러나 한 영혼이 주님에게로 돌아오는 순간의 감격을 체험하게 되면, 자신이 받은 구원을 돌아보며 구원의 감격과 즐거움을 회복하게 됩니다.

또한 전도는 우리로 하여금 영적으로 성장하게 한다는 점에서 유익합니다. 다른 사람에게 복음을 전하기 위해서는 전도자 자신이 먼저 말씀과 성령으로 준비되어야 합니다. 하나님의 말씀을 알아야 다른 사람에게 가르칠 수 있으며, 성령님이 역사하지 않으면 아무도 그리스도께로 인도할 수 없기 때문입니다. 그러므로 전도하는 사람은 말씀을 읽고 묵상할 수밖에 없고, 성령님의 역사하심을 구하기 위해 부르짖어 기도할 수밖에 없습니다. 이것은 내가 전하는 복음을 듣는 사람에게 유익하기 이전에, 먼저 복음을 전하는 전도자 자신에게 유익합니다. 말씀과 기도에 집중하는 만큼 영적으로 더 성장하고 성숙할 수 있기 때문입니다.

〈고린도전서〉 9장 16절 말씀을 적어 보세요.

내가 복음을 전할지라도 자랑할 것이 없음은 내가 부득불 할 일임이라 만일 복음을 전하지 아니하면 내게 화가 있을 것이로다 이러한 바울의 고백은 지금 우리에게도 동일하게 적용될까요? 본인의 생각을 적어 보세요.

만일 우리가 전도하지 않는다면 전도에 따르는 상급을 받지 못하는 것으로 끝나지 않습니다. 성경은 복음을 전하지 않으면 화가 임한다고 말씀합니다(겔 3:17~19; 고전 9:16). 이것은 영혼을 살리는 일이 그만큼 두렵고 떨리는 마음으로 임해야 할 중요한 사명임을 알게 해 줍니다.

〈에스겔서〉 3:17~19
인자야 내가 너를 이스라엘 족속의 파수꾼으로 세웠으니 너는 내 입의 말을 듣고 나를 대신하여 그들을 깨우치라 가령 내가 악인에게 말하기를 너는 꼭 죽으리라 할 때에 네가 깨우치지 아니하거나 말로 악인에게 일러서 그의 악한 길을 떠나 생명을 구원하게 하지 아니하면 그 악인은 그의 죄악 중에서 죽으려니와 내가 그의 피 값을 네 손에서 찾을 것이고 네가 악인을 깨우치되 그가 그의 악한 마음과 악한 행위에서 돌이키지 아니하면 그는 그의 죄악 중에서 죽으려니와 너는 네 생명을 보존하리라

엘리사 시대에 아람 왕 벤하닷이 군대를 이끌고 이스라엘에 쳐들어 왔습니다. 수도 사마리아에 진격해서 성을 완전히 포위한 것입니다. 그래서 사마리아 성은 아무도 들어갈 수도 나갈 수도 없도록 봉쇄되었습니다. 시간이 흐를수록 사마리아 성에는 먹을거리가 떨어지기 시작했습니다. 굶주림이 얼마나 심했던지 나중에는 어린 자녀들을 잡아먹기까지 했고, 왕은 너무나 고통스러운 마음에 입었던 굵은 베옷을 찢었습니다(왕하 6:28~30).

이때 성문 밖에는 나병 환자 네 사람이 있었습니다. 그들도 먹을 것이 없어서 이제는 꼼짝없이 굶어 죽을 수밖에 없는 상황이었습니다. 그들은 “어차피 이래 죽으나 저래 죽으나 마찬가지다. 아람 군대에게 항복하자. 그들이 우리를 살려 주면 우리가 살 것이요,

죽이면 죽을 것이다"라고 말하며 사마리아 성을 에워싸고 있는 아람 군대 진영으로 향했습니다(왕하 7:3~4).

그러자 놀라운 광경이 그들을 기다리고 있었습니다. 전쟁 물자들은 산더미처럼 쌓여 있었는데 아무리 찾아보아도 아람 군대는 그림자도 보이지 않았습니다. 하나님이 역사하셔서 아람 군대로 하여금 병거 소리와 말 소리와 큰 군대의 소리를 듣게 하셔서 아람 사람들이 모두 다 도망친 것이었습니다. 죽을 것을 각오할 만큼 굶주려 있었던 네 명의 나병 환자는 그 자리에서 실컷 먹었습니다. 그리고 자신들의 남루한 옷을 벗어버리고 좋은 옷으로 갈아입고, 값진 물건들도 챙겨서 사람들이 찾기 어려운 장소에 숨겼습니다.

네 명의 나병 환자는 이제 어떻게 할 것인지 의논하였습니다.

> 나병 환자들이 그 친구에게 서로 말하되 우리가 이렇게 해서는 아니되겠도다 오늘은 아름다운 소식이 있는 날이거늘 우리가 침묵하고 있도다 만일 밝은 아침까지 기다리면 벌이 우리에게 미칠지니 이제 떠나 왕궁에 가서 알리자 하고(왕하 7:9)

사실 네 명의 나병 환자는 아람 군대가 왜 도망쳤는지도 몰랐습니다. 그렇지만 그들은 이 좋은 소식을 성내에 있는 자신의 동족들에게 전하기로 결정했습니다. 그런데 이들은 아무리 기쁜 소식을 전해도 사람들에게 다가갈 때 조심해야 했습니다. 나병 환자였기 때문입니다. 다른 사람들이 그들과 접촉하게 되면 부정하게 되었기 때문입니다. 게다가 이미 해가 져서 어두워진 상황이었기 때문에 다음 날 아침까지 기다렸다가 전하자고 생각할 수도 있었습니다. 그럼에도 불구하고 그들은 아람 군대가 도망쳤다는 기쁜 소식을 사람들에게 전했습니다. 그리고 만일 자신들이 당장 전하지 않고 밝은 아침까지 기다린다면 벌이 자신들에게 미칠 것이라고 말했습니다.

우리가 전해야 할 기쁜 소식, 즉 복음은 나병 환자들이 전한 소식과는 비교할 수 없는 큰 기쁨의 소식입니다. 주님이 태어나시던 날 밤에 천사들이 노래했던 것처럼 '온 백성에게 미칠 큰 기쁨의 좋은 소식'(눅 2:10)입니다. 그러므로 우리는 잠잠하고 있을 수 없습니다. 이 복음은 지금 당장 전해야 합니다. 만약 이 복음을 전하지 않고 마냥 기다리기만 한다면 우리에게도 벌이 미치게 될 것입니다.

〈누가복음〉 2:10
천사가 이르되 무서워하지 말라 보라 내가 온 백성에게 미칠 큰 기쁨의 좋은 소식을 너희에게 전하노라

그러므로 우리는 복음을 전하지 않고는 견딜 수 없을 만큼의 사명감을 가져야 합니다. 복음을 전할 때 누리게 될 상급과 전하지 않았을 때 감당해야 할 책임을 기억하고, 예수 그리스도의 복음을 최선을 다해 전파하며 살아가야 합니다.

믿지 않는 5명의 친구에게 카카오톡이나 문자 메시지로 예수님의 사랑을 나타내는 이미지를 보내고 기록해 보세요. 혹시 답장이 왔다면 그것도 적어 보세요.

1.

2.

3.

핵심 요약 1. 선교는 우리의 힘으로 하는 것이 아니라 예수님의 권세로 하는 것이다.
2. 지상 명령의 핵심은 "제자로 삼으라"는 것이다. 이를 위해 우리 자신이 먼저 제자가 되어야 하고, 다른 사람으로 하여금 예수님을 따르도록 인도해야 한다.
3. 복음을 전하는 일에는 항상 많은 어려움이 따르지만, 우리 주님이 우리와 함께하고 우리를 지키신다.

2. 복음 전도의 사명

사람이 죽기 전에 마지막으로 남기는 말을 유언이라고 합니다. 이때에는 일반적으로 반드시 남기고 싶은 중요한 말을 하게 됩니다. 예수님도 승천하기 직전에 제자들을 향하여 유언과 같은 말씀을 남기셨습니다. 이것을 가리켜서 지상명령(至上命令, The Great Commission)이라 하며, 〈마태복음〉, 〈마가복음〉, 〈누가복음〉, 〈요한복음〉의 마지막 부분과 〈사도행전〉의 처음 부분에 담겨 있습니다. 성경에서 예수님의 사역을 담고 있는 모든 책이 주님의 지상명령을 전하고 있는 것입니다. 그중에서도 〈마태복음〉의 지상명령, 즉 〈마태복음〉 28장 18~20절의 말씀은 복음 전도의 사명을 보다 구체적으로 풀어내고 있습니다.

> 하늘과 땅의 모든 권세를 내게 주셨으니 그러므로 너희는 가서 모든 민족을 제자로 삼아 아버지와 아들과 성령의 이름으로 침례를 베풀고 내가 너희에게 분부한 모든 것을 가르쳐 지키게 하라 볼지어다 내가 세상 끝날까지 너희와 항상 함께 있으리라 하시니라(마 28:18~20)

예수님의 권세로 선교하라

예수님이 십자가에서 죽고 부활하심으로 온 우주 만물이 예수님의 권세 앞에 무릎을 꿇게 되었습니다. 하나님이 예수님을 높여 주셨습니다.

> 이러므로 하나님이 그를 지극히 높여 모든 이름 위에 뛰어난 이름을 주사 하

늘에 있는 자들과 땅에 있는 자들과 땅 아래에 있는 자들로 모든 무릎을 예수의 이름에 꿇게 하시고 모든 입으로 예수 그리스도를 주라 시인하여 하나님 아버지께 영광을 돌리게 하셨느니라(빌 2:9~11)

이와 같이 하늘과 땅의 모든 권세를 가진 예수님이 우리에게 선교를 명하셨습니다. 그러므로 선교는 우리의 힘으로 하는 것이 아닙니다. 선교는 예수님의 권세로 하는 것입니다. 우리가 우리 자신의 힘으로 선교하려면 너무나도 힘이 듭니다. 우리에게 다가오는 갖가지 도전들을 이겨낼 수가 없습니다. 그러나 주님이 함께하시면 우리는 넉넉히 이길 수 있습니다. 주님이 주시는 권세로 능력 있게 복음을 전하는 그리스도의 증인이 될 수 있습니다.

선교는 물질만 가지고 할 수 없습니다. 우리의 지식이나 경험만 가지고 할 수 없습니다. 예수님의 권세가 함께해야 합니다. 성령님이 임하셔서 우리가 예수님의 권세를 가져야만 이 모든 일을 넉넉히 감당할 수 있게 됩니다. 우리 모두가 성령으로 충만하여서 예수님의 권세를 가지고 우리 이웃을 변화시키고 온 세상을 변화시키는 복음의 일꾼이 되기를 바랍니다.

모든 민족을 제자로 삼으라

예수님이 마태를 통하여 주신 지상명령의 핵심은 한 마디로 말해서 "제자로 삼으라"는 것이었습니다. 〈마태복음〉 28장 19~20절에서 명령어는 모두 네 가지, 즉 "가라", "제자로 삼으라", "침례를 베풀라", "가르쳐 지키게 하라"입니다. 우리말 성경에서는 이 네 가지 명령어가 단순히 병치되어 있는 것처럼 보이지만, 원어 성경을

후안 까를로스 오르띠즈 (1934~)
아르헨티나 출신의 목회자이자 종교 지도자. 아르헨티나의 영적갱신운동을 주도한 인물로 높이 평가받고 있다. 1974년 스위스의 로잔에서 열린 로잔대회의 주강사로 초청을 받아 "으깬 감자"라는 제목으로 설교하여 전 세계 종교지도자들로 하여금 충격과 감동을 주었다. 세계 각국의 국회, 대학, 신학교를 비롯하여 많은 교회의 초청을 받아 강연하고 있다. 오늘날 그의 메시지는 라틴 아메리카 및 세계 곳곳에 방송되며 여러 목회자에 의해 인용되고 있다. 1995년 한국에서도 초청 강연을 한 바 있다. 저서로는 《제자입니까?》를 비롯하여 20여 종의 번역본이 나와 있다.

보면 "제자로 삼으라"가 본동사이며 나머지 명령어들은 모두 분사형으로 되어 있습니다. 그러므로 예수님이 주신 명령의 핵심은 "모든 족속을 제자로 삼으라"는 것이며, 나머지 세 가지 명령형 분사들, 즉 "가라", "침례를 베풀라", "가르쳐 지키게 하라"는 모든 사람을 제자로 삼는 방법을 보여 주는 말들입니다.

'제자'는 예수님의 삶을 닮아 가며 그분의 말씀을 지켜 행하는 사람들을 말합니다. "오늘날 교회 신자는 많지만 제자는 적다"라는 말이 있습니다. 후안 까를로스 오르띠즈(Juan Carlos Ortiz) 목사님은 그의 저서《주님과 동행하십니까》에서 다음과 같이 말했습니다.

> 요즈음 교회 안에서는 제가 '만년 갓난아기 신자'라고 부르는 기이한 현상이 벌어지고 있습니다. 우리들의 교회 가운데는 수년 동안 설교를 꼬박꼬박 들었는데도 처음과 전혀 다를 바가 없는 신자들이 있습니다. 목사는 어제나 오늘이나 여전히 그들의 하나하나를 돌봐 주어야 합니다. …… 주님은 우리를 십자가의 군병들이라고 말씀하셨지만, 오늘날의 대부분의 교회들은 군대라기보다는 차라리 신생아들로 가득 찬 산부인과 병원처럼 보입니다.

왜 오늘날의 교회에 대해서 이렇게 평가할까요? 그 이유는 많은 그리스도인이 세상에서 믿는 사람답게 살지 못하기 때문입니다. 우리가 예수님을 믿고 구원받는 것으로 충분한 것이 아닙니다. 우리의 믿음이 자라야 합니다. 우리의 믿음이 자라나서 우리 모두가 주님이 기뻐하시는 모습으로 쓰임 받아야 합니다. 예수님의 제자다운 삶을 통해 하나님에게 영광을 돌려야 합니다.

또한 '제자'는 주님이신 예수 그리스도를 닮아갈 뿐 아니라 다른 사람들을 예수님을 따르는 제자로 삼는 사람입니다. 이렇게 제자로 살면서 다른 사람을 제자로 삼는 것은 세계 복음화를 위한 가장 완전하고 가장 효과적인 방법입니다. 세계적인 전도자 레이튼 포드(Leighton Ford)는 그의 저서 《사귀는 전도 나누는 전도》에서 다음과 같이 말했습니다.

> 나의 아내에게는 두 형제가 있다. 한 명은 세계적 전도자 빌리 그래함이고, 또 한 명은 농부인 멜빈 그래함이다. …… 가령 빌리가 앞으로 32년 간, 1년에 다섯 차례의 중요한 전도 집회에서 설교하여, 매번 평균 만 명이 회심한다고 하자. 그 기간 동안 150만여 명이 그리스도 앞으로 돌아오게 될 것이다! 그러나 멜빈은 그 기간 동안에 매년 1년에 한 사람씩 예수 그리스도께로 인도하여 그 사람이 성장하도록 도왔다고 하자. 그리고 그 다음 해에는 멜빈과 그 사람이 같은 일을 반복하여, 그 다음 해에는 네 명이 되고, 또 그 사람들이 매년 갑절씩 증가한다면, 32년 안에 멜빈과 같은 사람이 40억 명 이상이 될 것이다.

레이튼 포드
전 세계 젊은 지도자들이 예수님을 닮도록 이끄는 '레이튼 포드 사역'의 대표. 설교와 강연, 집필, 방송활동을 통해 37개국의 수백만명에게 복음을 전파하고 있다. 올해의 목회자, 올해의 장로교 설교자로 선정된 바 있으며, 육체적·영적으로 굶주린 사람들을 도운 공로를 인정받아 1990년 TWO HUNGERS AWARD를 수상했다. 《타임》지는 "복음을 가장 역동적으로 전하는 영향력 있는 설교자"로 그를 지목했다. 현재 미국 월드비전, 듀크대학교 종합암센터, 고든콘웰신학교 등의 이사진으로 참여하고 있으며, 세계 복음화를 위한 로잔위원회의 종신 명예의장이기도 하다.

물론 현실과 이론은 다르기 때문에 위의 계산대로만 되는 것은 아닐 것입니다. 그래도 다른 사람을 예수 그리스도의 제자로 삼는 방법이 가장 완전하고 가장 효율적인 것만은 분명합니다. 이러한 원리를 실천했던 사도 바울 역시 그의 영적 아들인 디모데에게 같은 원리를 가르쳤습니다.

〈디모데후서〉 2장 2절 말씀을 적어 보세요.

또 네가 많은 증인 앞에서 내게 들은 바를 충성된 사람들에게 부탁하라 그들이 또 다른 사람들을 가르칠 수 있으리라 예수님은 '제자 삼기'의 원리를 가르치면서 친히 그 방법까지도 말씀해 주셨습니다. 이미 언급한 대로 세 가지 명령형 분사인 "가라", "침례를 베풀라", "가르쳐 지키게 하라"가 바로 그것입니다.

가라 : 예수님이 제자들을 향해 "가라"고 명령하신 것은 그들이 '모든 족속'을 제자로 삼아야 했기 때문입니다. 주님의 제자들은 먼저는 그들이 있는 '예루살렘'에서, 그리고 지리적 정치적 문화적인 장벽을 뛰어넘어 '땅끝'까지 나아가 하나님을 알지 못하는 사람들에게 복음을 전하여 그리스도의 제자를 만들어야 했습니다.

〈사도행전〉 6장을 보면 교회 내에서 문제가 생겼습니다. 구제하는 일 때문에 분란이 생겼고, 이 문제를 해결하기 위해 교회에 제직을 세웠습니다. 그런데 그 후에 〈사도행전〉 7장에 가면 스데반 집사가 돌에 맞아 순교하는 장면이 나옵니다. 교회가 선교는 하지 않고 내가 옳다, 네가 그르다 하면서 다투니까 환난과 박해가 다가온 것입니다. 결국 예루살렘교회 성도들은 박해를 피해 사방으로 흩어지게 되었습니다(행 8:1).

예루살렘교회 성도들이 박해를 피해 흩어지면서 깨달은 것이 있습니다. '그렇구나. 우리가 복음을 전하지 않고 우리들끼리만 옳다, 그르다고 하면서 싸우니까 이런 박해가 다가왔구나.' 그래서 그들은 흩어지면서 복음을 전했습니다(행 8:4). 우리 한국 교회도 '모이는 교회'로서의 사명뿐만 아니라 '흩어지는 교회', '가는 교회'로서의 사명을 잘 감당해야 합니다. 모여서 함께 예배 드리고 기도할 뿐만 아니라 흩어져서 전도하는, 복음을 들고 땅끝까지 나아가는 사명을 감당해야 합니다.

〈사도행전〉 8:4
그 흩어진 사람들이 두루 다니며 복음의 말씀을 전할새

우리가 가서 복음을 전하지 않으면 어떻게 하나님을 알지 못하는 사람들이 복음을 들을 수 있겠습니까?

> 그런즉 그들이 믿지 아니하는 이를 어찌 부르리요 듣지도 못한 이를 어찌 믿으리요 전파하는 자가 없이 어찌 들으리요 보내심을 받지 아니하였으면 어찌 전파하리요 기록된 바 아름답도다 좋은 소식을 전하는 자들의 발이여 함과 같으니라(롬 10:14~15)

우리도 이 말씀에 순종하여 주님의 복음을 땅끝까지 전해야 합니다. 지금 내가 살고 있는 곳에서 예수님을 알지 못하는 불쌍한 영혼들에게 복음을 전해야 합니다. 북한에도, 중국과 일본에도, 영적으로 쇠퇴해 가는 유럽에도, 미주 지역에도, 아직도 복음을 듣지 못한 미전도 종족들에게도 나아가 복음을 전해야 합니다. 아직도 복음을 듣지 못한 사람들이 우리에게 손짓하며 외치고 있습니다. "와서 우리를 도우소서!"(행 16:9). 우리는 이제 하나님의 축복을 받은 자녀로서 우리 주위에 소외되고 헐벗고 굶주리고 병들고 문제가 있는 이웃에게 복음을 들고 나아가야 합니다. 땅끝까지 나아가 복음을 전하는 그리스도의 증인이 되어야 합니다.

침례를 베풀라 : '침례'란 불신자가 예수님에게 돌아온 후에 예수 그리스도를 믿고 구원받아 하나님의 자녀가 되었음을 선언하는 예식입니다. 침례는 그저 물에 들어갔다가 나오는 것으로 그치지 않습니다. 침례는 물에 잠길 때 예수님과 함께 옛 사람이 죽고, 물에서 나올 때 주님과 함께 부활하여 변화된 모습으로 세상을 변화시키는 삶을 시작한다는 의미가 있습니다. 그러므로 우리가 다

미전도 종족

미전도 종족(Unreached Peoples)이란 아직까지 예수 그리스도의 복음을 들어볼 기회를 한 번도 갖지 못한 사람들(종족)을 가리킨다. 미전도종족선교연대(UPMA)의 발표에 따르면, 2013년까지 미전도 종족의 수는 6,918에 이른다.

침례

침례는 물속에 들어가는 의식으로, 예수님과 함께 죄에 대하여 죽고 예수님과 함께 부활하여 하나님의 백성과 연합되었음을 뜻한다. 그 형식은 다양할 수 있지만, 신약성경과 초대교회가 따른 방식은 물속에 완전히 잠기는 '침례'였다(막 1:9~10, 행 8:36~38 참조).

〈골로새서〉2:12
너희가 침례로 그리스도와 함께 장사되고 또 죽은 자들 가운데서 그를 일으키신 하나님의 역사를 믿음으로 말미암아 그 안에서 함께 일으키심을 받았느니라

른 사람을 그리스도의 제자로 삼기 위해서는 먼저 그에게 복음을 전하여 예수 그리스도를 믿게 하고 거듭나게 해야 합니다. 그리고 지역 교회로 인도하여 물 침례를 받게 함으로써 자신의 신앙을 고백하도록 해야 합니다.

초대교회에서 침례를 받는다는 것은 자신의 목숨을 내놓아야 하는 일이었습니다. 왜냐하면 당시에는 예수님을 믿는 사람들을 박해하고 심지어 처형하는 시대였기 때문입니다. 그래서 침례는 보통 담대한 믿음이 아니면 쉽게 받지 못했습니다. 당시에는 모든 사람이 보는 가운데 강가에서 침례를 받았는데, 그들은 침례를 받을 때 "주님, 저의 일생은 주님의 것입니다. 제가 지금 죽어도 예수님을 위해 죽기 원합니다"라고 고백했습니다. 자신의 생명을 걸고 복음의 증인으로 살겠노라는 사명감을 분명히 한 것입니다. 이러한 순교자적 영성은 교회의 이천 년 역사 동안 계속해서 이어져 왔고, 지금도 수많은 주님의 제자가 오직 예수 그리스도의 복음을 전하기 위해 자신의 목숨까지도 내어놓고 있습니다.

가르쳐 지키게 하라 : 한 사람이 회개하고 하나님에게 돌아와 예수 그리스도를 믿음으로 영접하여 침례를 받고 지역 교회의 일원이 되면, 그는 그 교회를 통해 신앙적으로 인격적으로 성장해서 성숙한 그리스도인이 되어야 합니다. 그런데 이 성장 과정에서 빼놓을 수 없는 것이 바로 교육입니다. 그렇기 때문에 예수님은 "가르쳐 지키게 하라"고 명하셨습니다.

교육의 내용은 예수님이 제자들에게 분부하신 모든 것이며, 나아가 신구약 성경 전체라고 할 수 있습니다. 우리가 예수 그리스도

를 따르는 제자답게 살지 못하는 이유는 하나님의 말씀대로 살지 않기 때문입니다. 하나님의 말씀에는 사람을 변화시키는 능력이 있습니다(히 4:12).

〈히브리서〉4:12
하나님의 말씀은 살아 있고 활력이 있어 좌우에 날선 어떤 검보다도 예리하여 혼과 영과 및 관절과 골수를 찔러 쪼개기까지 하며 또 마음의 생각과 뜻을 판단하나니

그러나 단순히 말씀을 지적으로 가르치는 것만으로는 부족합니다. 예수님은 단순히 "가르치라"고 말하지 않고, "가르쳐 지키게 하라"고 말씀하셨습니다. 주님의 제자는 하나님의 말씀을 실천하여 그 말씀대로 살면서 다른 사람들에게 말씀을 가르쳐 그 말씀대로 살아가게 만드는 사람입니다. 이는 무엇보다도 예수님이 친히 보이셨던 모범을 따르는 일입니다. 예수님은 삼 년 반 동안 제자들과 함께하셨습니다. 그 과정을 통해 제자들은 주님의 말씀과 삶을 직접 듣고 보았습니다. 예수님은 제자들을 향해 자신과 같은 사역을 하라고 말씀하십니다. 하나님의 말씀을 지적으로 가르칠 뿐 아니라, 말씀대로 사는 것을 보여 줌으로써 그들 역시 주님을 닮아가는 그리스도의 제자가 되게 하라는 말씀입니다. 그러므로 우리는 먼저 나 자신이 말씀을 배우고 지켜 행하는 자가 되고, 또 다른 사람에게 말씀을 가르쳐 그도 나와 같이 말씀대로 살아가는 그리스도인으로 만들어야 합니다.

너희와 항상 함께 있으리라

우리가 복음을 전하는 일에는 항상 많은 어려움이 따릅니다. 문제가 있고 고통도 있습니다. 그러나 우리는 기억해야 합니다. 예수님이 우리와 함께하십니다. 주님은 절대로 우리를 버리거나 떠나시지 않습니다. 주님은 보혜사 성령님을 우리에게 보내셔서 영원

토록 우리와 함께하시고 우리를 돌보아 주시며 우리가 주님의 은혜 가운데 승리하는 삶을 살게 만들어 주십니다.

예수님의 제자들은 성령을 받자 목숨 바쳐 복음을 전하는 그리스도의 증인이 되었습니다. 그중 한 사람인 사도 바울도 복음을 전하다가 얼마나 많은 고난을 겪었는지 모릅니다. 사십에 하나 감한 매를 다섯 번이나 맞고, 세 번 태장으로 맞고, 한 번 돌로 맞고, 세 번 파선하고, 일주야를 깊은 바다에서 지냈으며, 감옥에 갇히고, 헐벗고 굶주리는 등 말할 수 없는 고난을 받았습니다(고후 11:24~27). 그럼에도 그는 주님이 함께하셨기 때문에 넉넉히 이길 수 있었습니다. 사도 바울은 〈로마서〉 8장 31절에서 "그런즉 이 일에 대하여 우리가 무슨 말 하리요 만일 하나님이 우리를 위하시면 누가 우리를 대적하리요"라고 고백했습니다.

〈히브리서〉 13:8
예수 그리스도는 어제나 오늘이나 영원토록 동일하시니라

우리가 믿고 섬기는 예수님은 영원토록 동일한 분이십니다(히 13:8). 그 예수님이 우리와 함께하시는데 누가 우리를 대적하겠습니까? 그러므로 우리와 함께하시는 주님을 힘입어, 가서 하나님을 알지 못하는 사람들에게 예수 그리스도의 피 묻은 복음을 전하여 그리스도의 제자로 삼아야 합니다.

우리가 믿었던 사람들이 떠나고 배신하고 우리에게 상처를 주어도 우리 주님은 절대로 떠나지 아니하고 끝까지 우리를 사랑하고 붙들고 인도해 주십니다. 그 주님은 우리에게 사명을 주셨습니다. "땅끝까지 이르러 복음의 증인이 되라." 우리는 이 귀한 사명을 마음에 품고 이제는 믿지 않는 사람들을 예수 그리스도의 제자로 삼아야 합니다. 예수님의 권세를 받아 하나님을 알지 못하는 사람들에게 가서 복음을 전함으로 그들로 하여금 예수님을 믿게 하고 하나님의 말씀을 가르쳐 지키게 해야 합니다. 영원히 우리와 함께 하시는 주님과 동행하며 주님이 다시 오는 그날까지 오직 하나님의 영광만을 위해 주님에게 충성하는 우리 모두가 되어야 할 것입니다.

다음 모임 때까지 3명에게 예수님의 복음을 전하고 그 상황을 기록해 보세요(숙제).

1.

2.

3.

과제

- 다음 주 예습
- 중보 기도
- 전도하고 기록해 오기
- 행 1:8 암송하기

노방전도

준비한 전도지로 노방 전도를 연습해 보자.

23 성령과 선교

하나님 앞과 살아 있는 자와 죽은 자를 심판하실 그리스도 예수 앞에서
그가 나타나실 것과 그의 나라를 두고 엄히 명하노니 너는 말씀을 전파하라
때를 얻든지 못 얻든지 항상 힘쓰라 범사에 오래 참음과 가르침으로 경책하며 경계하며 권하라
〈디모데후서〉 4:1~2

핵심요약 1. 선교는 오순절 날 성령님이 강림한 후에 시작되었다.
2. 성령님은 선교 사역을 구체적으로 인도하신다.
3. 선교는 내가 하는 것이 아니다. 성령님이 원하고 계획하시는 대로 따르는 것이다.

〈사도행전〉 1:8
오직 성령이 너희에게 임하시면 너희가 권능을 받고 예루살렘과 온 유대와 사마리아와 땅끝까지 이르러 내 증인이 되리라

1. 선교의 영이신 성령님

성령님은 선교를 시작하고 이끌어 가며 주도하는 '선교의 영'이십니다. 선교는 성령님이 시작하신 사역입니다. 오순절 날 성령님이 임하시자 제자들은 예수님이 약속하신 그대로 권능을 받아 그리스도의 증인이 되어 복음을 전파하기 시작하였습니다. 〈사도행전〉은 1장 8절의 말씀대로 예수님의 제자들이 성령의 권능을 받고 예루살렘에서 출발하여 땅끝까지 나아가 주님의 복음을 전하는 이야기입니다.

이와 같이 성령님은 선교를 시작하고 이끌어 갈 뿐만 아니라, 선교사들이 어디로 가야 하는지, 또 어떻게 사역해야 하는지에 대하

여 구체적으로 인도하십니다.

〈사도행전〉 8장을 읽으세요.

〈사도행전〉 8장을 보면, 사마리아에서 하나님에게 놀랍게 쓰임받은 빌립에게 천사가 찾아왔습니다. 천사는 빌립에게 예루살렘에서 남쪽 가사로 가는 광야 길로 가라고 말했습니다. 그 길은 사람이 많이 다니지 않아서 황량하기 그지없는, 말 그대로 광야 길이었습니다. 사마리아에서 큰 부흥을 경험한 빌립에게 그 명령은 터무니없어 보였을 것입니다. 그러나 빌립은 순종했습니다.

그 길에서 빌립은 에디오피아의 관리 한 사람을 만났습니다. 그는 여왕 간다게의 국고를 맡은 내시였습니다. 지금으로 말하면 기획재정부 장관이라고 볼 수 있습니다. 그는 예루살렘에 와서 예배를 드린 후 마차를 타고 귀국하는 길이었는데 구약의 〈이사야서〉를 읽고 있었습니다. 바로 그때 성령님이 빌립에게 "이 수레로 가까이 나아가라"고 명하셨습니다(행 8:29).

성령님의 인도함에 순종한 빌립은 에디오피아 내시가 읽고 있던 〈이사야서〉의 말씀을 해석해 주면서 이사야 선지자가 예언한 그분이 바로 예수 그리스도임을 말해 주었습니다. 그러자 에디오피아 내시는 그 자리에서 마음을 열고 예수님을 구주로 영접하고 빌립에게 침례를 받았습니다. 빌립이 침례를 베풀고 물에서 올라오는 순간 성령님은 빌립을 이끌어 가셨습니다(행 8:39). 빌립은

∴ 22~24과
- 시작 찬송: 497장, 500장
- 복음성가: 난 예수가 좋다오, 예수 믿으세요
- 마무리 찬송: 502장

성령님의 인도하심을 따라 북쪽으로 이동해 아소도를 비롯한 연안 지역의 여러 도시에서 복음을 전했습니다.

〈사도행전〉 10장에는 이방인이었지만 하나님을 경외하며 백성을 많이 구제하고 하나님에게 항상 기도하던 고넬료라는 인물이 등장합니다. 하나님은 그의 기도와 구제를 기억하고 그에게 베드로를 청하라고 천사를 통해 말씀하셨습니다. 당시 욥바에 머물고 있던 베드로에게 고넬료가 보낸 사람들이 찾아왔을 때, 성령님이 "두 사람이 너를 찾으니 일어나 내려가 의심하지 말고 함께 가라 내가 그들을 보내었느니라"(행 10:19~20)고 말씀하셨습니다. 베드로는 성령님의 음성에 순종하여 고넬료의 집으로 갔습니다. 이처럼 고넬료에게 베드로를 청하는 사람을 보내게 하고 베드로를 고넬료의 집으로 보낸 분은 성령님이셨습니다. 성령님이 선교의 영으로서 하나님의 구원의 역사를 이끌어 가고 계신 것입니다.

고넬료의 집에 도착한 베드로는 그곳에 모인 많은 사람에게 복음을 전했습니다. 그러자 성령님이 그 자리에 임하셨습니다(행 10:44~46). 베드로를 비롯하여 그와 동행한 형제들은 매우 놀랐습니다. 할례도 받지 않은 이방인들이 성령 침례를 받아 방언을 말하며 하나님을 찬양하는 것을 직접 목격했기 때문입니다. 이 사건을 통해 이방인들도 그리스도의 몸 된 교회의 지체로 받아들여지게 됩니다. 베드로는 예루살렘교회로 돌아가 고넬료의 가정에서 있었던 일을 보고하면서 고넬료에게 가라고 명하신 분은 성령님이셨다고 보고했고(행 11:12), 예루살렘 사도회의에서도 성령님이 고넬료의 집에 모여 있던 이방인들에게 임하신 사건을 증언했습

예루살렘 사도회의
〈사도행전〉 15장 6~22절에 기록된 회의를 말한다. 복음이 이방인들에게로 전해지면서 이방 그리스도인들이 많아지자 이로 인해 생겨난 문제들(예를 들면, 이방인 회심자들이 구약 율법을 지켜야 하는가 하는 문제)을 해결하기 위해 예루살렘 교회에서 모였다.

니다(행 15:8). 결국 교회를 이끄는 사도들과 장로들이 예루살렘에 모여 이 문제를 가지고 논의하였을 때 이방인들이 할례를 받지 않아도 구원받을 수 있음을 분명히 하였습니다(행 15:28~29). 이것은 선교의 영이신 성령님의 인도하심에 따른 결정이었습니다.

또한 성령님은 사도 바울의 선교 사역을 시작하셨고 구체적으로 인도하셨습니다. 먼저 성령님은 안디옥교회를 향해 바나바와 사울을 따로 세워 선교사로 파송하라고 명령하고, 그들을 선교지로 보내셨습니다(행 13:2, 4). 이것이 바로 사도 바울의 위대한 여정의 시작이었습니다.

사도 바울이 실라와 함께 제2차 선교 여행을 떠났을 때, 성령님은 바울 일행이 아시아에서 선교하지 못하도록 막으셨고 무시아에서 비두니아로 향하는 것도 허락하시지 않았습니다(행 16:6~7). 결국 바울은 에게 해 연안의 드로아로 갈 수밖에 없었습니다. 이곳은 당시에 마게도냐와 그리스 및 소아시아를 연결하는 중요한 항구였습니다. 바울 일행은 드로아에서 밤을 맞이하였고, 밤중에 환상 가운데 마게도냐 사람을 만났습니다. 그는 바울에게 마게도냐, 즉 지금의 그리스 지역으로 "건너와서 우리를 도우라"고 말했습니다(행 16:9).

사실 마게도냐는 바울에게 생소한 곳이었습니다. 소아시아에는 회당이 많았기 때문에 회당을 거점으로 유대인들에게 복음을 전하기가 좋았습니다. 그래서 바울은 로마 제국이 낸 길을 따라 이동하면서 소아시아 지역의 각 회당에 들러 유대인들을 중심으로 많은 사람에게 복음을 전할 계획이었습니다. 그러나 성령님은 이러한 바울의 계획을 막으시고 그를 유럽으로 인도하기 위해 환상을 보여 주셨습니다.

이 사건은 성령님이 바울의 선교 여행을 주관하고 계시다는 사실을 분명하게 보여 줍니다. 사실 바울은 제2차 선교 여행 동안에는 아시아에서 전도하지 못했지만, 제3차 선교 여행 때에는 아시아에 속한 에베소에서 무려 2년 3개월여 동안이나 머물면서 복음을 전하고 많은 사람을 주님에게 인도하고 양육할 수 있었습니다.

하나님은 우리가 복음을 전하는 것을 기뻐하십니다. 그러나 하나님이 기뻐하시는 일이라 할지라도 하나님의 방법대로 하나님의 뜻을 따라 해야 합니다. 선교는 내가 하는 것이 아닙니다. 내 방식 내 생각 내 계획으로 하는 것이 아닙니다. 선교는 오직 성령님이 원하고 계획하시는 대로 따르는 것입니다.

1885년 아펜젤러 선교사님과 함께 우리나라에 입국한 언더우드 선교사님은 본래 한국에 오려고 생각한 것이 아니라 인도에 가려고 생각했던 분입니다. 그런데 어느 날 조선이라는 나라에 그리스도를 모르는 사람이 많다는 소식을 들었습니다. 그래서 가까운 동료 목사님들 중에 조선에 갈 수 있는 이가 있는지 찾아보았으나 찾을 수 없었습니다. 누구 한 사람은 가야 할텐데 가겠다는 사람이 없었습니다. 그런 중에 기도하다가 "왜 네가 가지 않느냐?"라는 성령님의 음성을 들었습니다.

언더우드 선교사님은 이 음성을 듣고 자신이 한국에 가기를 원한다고 선교부에 신청했습니다. 그런데 지금은 선교비가 없어서 선교사를 보낼 수 없다는 회신이 왔습니다. 그때 마침 뉴욕에 있는

언더우드 (1859~1916)

조선 최초의 장로교 선교사. 경신중학교, 연희전문학교(현 연세대학교) 등 학교를 세웠으며 한국어문법, 한영사전을 집필하기도 했다. 한국 최초의 개신교회인 정동교회(현 새문안교회)를 세웠으며 여러 차례 전도여행을 통해 복음을 전파했다. 사후에도 언더우드 가문은 조선에 남아 3대에 걸쳐서 의료 선교와 교육 발전에 기여하였다.

어떤 교회에서 그를 담임 목사로 청빙하는 초청장이 왔습니다. 한국에 가는 길도 막히고 인도에 가는 일도 잘 안 되었기에, 언더우드 선교사님은 교회로 가는 수밖에 없다고 생각했습니다. 수락하는 편지를 써 가지고 우체통에 넣으려고 할 때에 또다시 성령님의 음성이 들렸습니다. "한국은 어떻게 하려고 하느냐?"

그는 편지 부치기를 포기하고 다시 선교부로 찾아가 "저는 조선에 가려고 지원했던 언더우드입니다. 그때는 선교비가 없다고 하셨는데 뭔가 새로운 소식이 없습니까?" 하고 물었습니다. 그러자 선교부 총무는 "마침 잘 오셨습니다. 그렇지 않아도 며칠 전에 어떤 사업가가 조선 선교비로 써달라며 6천 달러를 가져왔습니다"라고 대답했습니다. 언더우드 선교사님이 주님의 음성에 따르자 하나님이 길을 열어 주신 것입니다.

이와 같이 선교는 전적으로 성령님이 계획하고 시작하며 이끌어 가시는 사역입니다. 성령님은 선교사들의 사역지와 선교 방법까지도 세밀하게 인도하십니다.

2. 성령 충만_선교를 위한 능력 부여

핵심 요약
1. 성령님은 선교를 위해 능력을 부어주신다.
2. 예수님을 전하는 삶은 성령이 충만하다는 외적 표적이다.
3. 성령 충만은 예수님 충만이며, 말씀 충만이다.

선교의 영이신 성령님은 또한 능력의 영이십니다. 성령님은 선교를 시작하고 인도하실 뿐만 아니라 선교를 위해 능력을 주시는 분이십니다. 그리고 성령님에게 온전히 사로잡히는 체험을 성령 충만이라고 합니다. 우리가 성령 충만할 때 우리 안에 하나님의 능력이 부어져서 그리스도의 증인으로서 주님의 사역을 감당하고 승리의 삶을 살아갈 수 있습니다.

다음 성경 말씀을 적어 보세요.

〈누가복음〉 4장 14절

예수께서 성령의 능력으로 갈릴리에 돌아가시니 그 소문이 사방에 퍼졌고

〈사도행전〉 10장 38절

하나님이 나사렛 예수에게 성령과 능력을 기름 붓듯 하셨으매 그가 두루 다니시며 선한 일을 행하시고 마귀에게 눌린 모든 사람을 고치셨으니 이는 하나님이 함께 하셨음이라

예수님은 누구의 능력으로 자신의 사명을 감당하셨나요?

성령님

이와 같이 예수님은 성령님의 능력으로 자신의 사명을 감당하였습니다. 또한 성령님은 사도들에게 임하셔서 그들이 예수 그리스도의 복음을 전파하도록 능력을 주셨습니다. 이것은 예수님의

약속이었고, 그 약속대로 예수님의 제자들은 성령 충만하여 성령의 능력으로 예수 그리스도를 전했습니다(눅 24:49; 행 4:31). 예수 그리스도를 증거하는 삶은 성령 충만의 외적 표적이기도 합니다.

〈사도행전〉4:31
빌기를 다하매 모인 곳이 진동하더니 무리가 다 성령이 충만하여 담대히 하나님의 말씀을 전하니라

예수님의 제자들은 본래 겁이 많은 사람이었습니다. 성령받기 전 예수님의 제자들은 여전히 자기중심적인 모습을 버리지 못했습니다. 그들은 3년 반 동안 예수님을 따라다니며 말씀을 배웠지만 환난이 다가오자 도망가 버리고 말았습니다. 성경은 예수님이 붙잡히던 날 밤에 제자들이 다 예수님을 버리고 도망갔다고 말합니다(막 14:50). 마가라고 추정되는 청년은 홑이불을 덮고 예수님을 따르다가 사람들에게 들키자 벌거벗고 도망갔습니다(막 14:51~52). 다른 사람이 다 예수님을 버려도 자신은 절대로 예수님을 버리지 않겠다고 큰소리치던 베드로는 어린 여종 앞에서 세 번이나 예수님을 모른다고 부인했습니다(마 26:69~74). 또한 제자들은 예수님이 부활하셨다는 소식을 듣고서도 여전히 두려워 떨며 숨어 있었습니다(요 20:18~19). 부활하신 예수님을 직접 만난 후에도 다시 옛 모습으로 돌아가 물고기 잡으러 간다며 갈릴리로 돌아가기도 하였습니다(요 21:1~3).

막달라 마리아가 가서 제자들에게 내가 주를 보았다 하고 또 주께서 자기에게 이렇게 말씀하셨다 이르니라 이 날 곧 안식 후 첫날 저녁 때에 제자들이 유대인들을 두려워하여 모인 곳의 문들을 닫았더니 예수께서 오사 가운데 서서 이르시되 너희에게 평강이 있을지어다(요 20:18~19)

그 후에 예수께서 디베랴 호수에서 또 제자들에게 자기를 나타내셨으니 나타내신 일은 이러하니라 시몬 베드로와 디두모라 하는 도마와 갈릴리 가나

사람 나다나엘과 세베대의 아들들과 또 다른 제자 둘이 함께 있더니 시몬 베드로가 나는 물고기 잡으러 가노라 하니 그들이 우리도 함께 가겠다 하고 나가서 배에 올랐으나 그 날 밤에 아무것도 잡지 못하였더니(요 21:1~3)

그러나 이러한 제자들이 오순절 날 성령을 받자 능력 있는 주의 종들로 변화되었습니다. 담대히 복음을 전하여 한꺼번에 수천 명을 전도하였으며, 기사와 이적을 통해 하나님 나라의 능력을 보여 주었고, 마지막에는 순교로써 그들의 참된 믿음을 증명해 보였습니다.

성령 충만은 예수님 충만이며, 말씀 충만입니다. 여의도순복음교회에서 성령 충만을 그토록 강조하는 이유는 성령님이 아니고는 예수님을 알 길이 없고, 우리가 성령 충만하지 못하면 말씀의 은혜를 제대로 깨달을 수 없기 때문입니다. 우리가 성령 충만하면 말씀을 사랑하게 되고 말씀으로 충만하게 됩니다. 왜냐하면 성령님은 하나님의 말씀인 성경의 저자이시며 말씀을 통해 역사하는 분이시기 때문입니다. 또한 우리가 말씀으로 충만하면 성령으로 충만하게 됩니다. 왜냐하면 성령님은 말씀이신 예수 그리스도의 영이기 때문입니다.

그러므로 우리는 말씀 충만하고 성령 충만해야만 이 험난한 세상에서 그리스도의 능력 있는 증인으로, 예수 그리스도를 닮은 작은 예수로 살아갈 수 있습니다. 말씀과 성령으로 충만해서 예수님처럼 생각하고, 예수님처럼 말하고, 예수님처럼 행동하십시오. 우리가 말씀과 성령으로 충만하여 예수님처럼 살아갈 때, 우리의 일생이 위대한 일생으로 변화되어 예수 그리스도의 증인답게 살아갈 수 있습니다.

다 함께 기도합시다. 그리고 이 기도문으로 한 주 동안 매일, 최대한 자주 기도합시다.

하나님, 제 마음을 하나님에게 엽니다. 그러고 싶습니다.

어떻게 마음을 열어야 할지 저를 가르쳐 주세요.

이끄시는 곳으로 가겠습니다. 따르겠습니다. 하나님의 뜻을 좇겠습니다.

주님, 저를 도우셔서 온맘을 다해 따르도록 하여 주세요.

절 위한 주님의 계획이 좋은 것을 알기 때문입니다.

영혼들이 저를 기다리고 있습니다.

제 삶과 순종을 통해 맺혀질 열매들이 기다리고 있습니다.

주님의 그 크신 사랑과, 제 삶을 향한 위대한 계획을 감사 드리며,

예수님 이름으로 기도 드립니다. 아멘.

과제

- 다음 주 예습
- 중보 기도
- 예수님을 전하려면 나는 어떤 사람이 되어야 하는지 적어 오기
- 행 11:24 암송하기

24 효과적으로 예수 전하기

하나님 앞과 살아 있는 자와 죽은 자를 심판하실 그리스도 예수 앞에서
그가 나타나실 것과 그의 나라를 두고 엄히 명하노니 너는 말씀을 전파하라
때를 얻든지 못 얻든지 항상 힘쓰라 범사에 오래 참음과 가르침으로 경책하며 경계하며 권하라
〈디모데후서〉 4:1~2

핵심 요약 1. 성경은 아무 조건 없이 나그네나 손님을 따뜻하게 맞이하는 이야기, 즉 '환대'의 이야기로 가득하다.
2. 우리 그리스도인은 서로 단절된 채 살아가는 현대 사회에서 환대하는 삶을 살아야 한다.
3. 그리스도인이 환대를 실천하면 참된 전도로 이어지게 된다.

1. '환대'하는 삶을 통한 전도

'전도'라는 말을 들으면 무엇이 생각나십니까? 우리는 보통 '전도'라는 말을 들으면 불특정한 다수를 향해 전도하는 노방 전도를 생각합니다. 이러한 노방 전도 역시 훌륭한 전도입니다. 지금도 노방 전도를 통해 하나님을 알지 못하는 많은 사람이 주님에게로 돌아오고 있습니다. 그러나 노방 전도가 전도를 대표할 수 있는 형태는 아닙니다. 서로를 제대로 알지 못하는 상황에서 자신이 미리 준비한 전도지를 나누어 주는 일방적인 전도로는 충분하지 않을 수 있습니다.

요즘에는 '관계 전도'라는 말을 자주 듣게 됩니다. 처음 만나서

관계를 맺자마자 전도하려고 하지 말고, 시간을 두고 좋은 관계를 만들어 가면서 복음을 전하는 방식입니다. 관계 전도는 훌륭한 전도 방법입니다. 노방 전도에 비해 사람들의 거부감도 훨씬 적고, 전도된 사람들이 실제로 교회로 연결되는 비율도 훨씬 높습니다. 그런데 관계 전도를 훈련받은 사람들, 특히 청년들 중에는 이런 고민을 하는 사람들이 있습니다. "전도하기 위해서 관계를 맺어야 하나요?" 인간적으로는 그 사람에 대해 별로 관심이 없음에도 불구하고, 단지 전도라는 목적을 위해서 전도 대상자에게 접근하는 것이 순수한 것인지 고민합니다. 노방 전도와 마찬가지로 관계 전도 역시 인간과 인간의 만남이 도구화된다는 것입니다.

그렇다면 대안은 무엇일까요? 노방 전도뿐만 아니라 관계 전도 역시 문제가 있다면, 그 대안은 무엇일까요? 전도학으로 미국 풀러신학대학원에서 박사학위를 받고 한국의 웨스트민스터신학대학원에서 가르치고 있는 김선일 교수는 그의 저서《교회를 위한 전도 가이드》에서 '환대를 통한 전도'를 제안합니다.

✣22~24과
- 시작 찬송: 497장, 500장
- 복음성가: 난 예수가 좋다오, 예수 믿으세요
- 마무리 찬송: 502장

환대의 성경적 근거

'환대'(hospitality)는 나그네나 손님을 따뜻하게 맞이하는 행위입니다. 구약에서 환대의 명령은 출애굽 직후에 주어집니다. 하나님이 나그네를 압제하지 말라는 명령을 주신 것은 이스라엘 백성들 또한 과거 이집트에서 나그네 신분이었기 때문입니다. 이를 기초로 하나님은 그의 백성들에게 나그네를 사랑하라는 적극적인 명령을 주셨습니다(출 23:9; 신 10:19).

〈출애굽기〉23:9
너는 이방 나그네를 압제하지 말라 너희가 애굽 땅에서 나그네 되었었은즉 나그네의 사정을 아느니라

〈신명기〉10:10
너희는 나그네를 사랑하라 전에 너희도 애굽 땅에서 나그네 되었음이니라

당시 이스라엘을 비롯한 고대 근동 지방에서 나그네를 환대하는 일은 아주 유별난 것이었고 위험한 행동이었습니다. 신원이 보장되지 않는 손님들이 종종 도둑이나 강도로 돌변하는 일이 발생했기 때문입니다. 그래서 고대 근동 지방이나 고대 그리스 로마 사회에서는 주인의 유익을 위하거나, 혹은 뜻을 같이하는 동료들을 위한 환대만을 장려했습니다. 그러나 신구약 성경과 기독교 전통에서는 일관되게 조건 없는 환대를 명령합니다. 보답할 수 없는 이들을 영접하는 것은 하나님의 자비하심을 실천하는 일이기 때문입니다. 우리가 믿는 하나님은 고아와 과부, 나그네들의 하나님이십니다(신 10:17~18; 시 146:9).

〈시편〉 146:9
야훼께서 나그네들을 보호하시며 고아와 과부를 붙드시고 악인들의 길은 굽게 하시는도다

이러한 환대의 이야기는 성경에 가득합니다. 아브라함은 마므레의 상수리나무들 있는 곳에서 손님들을 영접하여 "네 아내 사라에게 아들이 있으리라"는 약속을 받았고, 롯은 하나님의 천사들을 환대하여 소돔과 고모라가 멸망할 때 피할 수 있었으며, 리브가는 아브라함의 늙은 종과 그의 낙타들에게 자기가 길은 물을 양보하여 이삭과 결혼하게 되었습니다. 또 사르밧의 과부는 마지막 남은 가루와 기름으로 엘리야를 영접하여 가뭄이 끝날 때까지 가루와 기름이 떨어지지 않는 복을 받았습니다.

이러한 예들은 신약에서도 찾아볼 수 있습니다. 예수님이 가르치신 선한 사마리아인의 비유에서 사마리아인은 원수와도 같은 유대인을 아무런 대가 없이 죽음의 위기에서 구해 주었습니다. 또 〈마태복음〉 25장에 기록된 양과 염소의 심판 비유를 보면 주님이 마지막 심판의 때에 양과 염소를 가르는 기준은 환대의 실천 여부

였습니다. 예수님은 지극히 작은 자 하나에게 한 것이 바로 나에게 한 것이라고 말씀하셨습니다(마 25:40). 서신서에서도 환대는 기독교 공동체의 매우 중요한 실천 덕목으로서 여러 차례에 걸쳐 강조되고 있습니다(롬 12:13; 히 13:2; 벧전 4:9).

〈마태복음〉 25:40

임금이 대답하여 이르시되 내가 진실로 너희에게 이르노니 너희가 여기 내 형제 중에 지극히 작은 자 하나에게 한 것이 곧 내게 한 것이니라 하시고

〈로마서〉 12장 13절 말씀을 적어 보세요.

성도들의 쓸 것을 공급하며 손 대접하기를 힘쓰라

성도가 함께 쓸 것을 공급하고, 손님 대접하기를 힘쓰며, 원망 없이 하라고 성경은 우리에게 강조하고 있습니다. 이와 같이 환대는 그리스도인의 선택 사항이 아닙니다. 환대는 예수님을 믿는 사람이라면 누구나 실천해야 하는 성경의 중요한 가르침 가운데 하나입니다.

환대하는 삶을 살아야 합니다

현대 사회의 가장 두드러진 특징 중 하나는 소외와 단절입니다. 이제는 이웃이라는 관계망이 서서히 자취를 감추고 있습니다. 사실 전도가 어려워진 이유 가운데 하나는 이웃 간에 무관심한 채 살아가는 개인주의 때문입니다. 옛날에 우리는 이웃끼리 서로 잘 알고 특별한 이유가 없어도 쉽게 만나서 이야기를 나눌 수 있었습니다. 하지만 요즘은 서로 옆집에 살면서도 이름을 모르는 것은 물론

이거니와 형식적인 인사조차도 없이 지내는 경우가 많습니다.

우리는 이 같은 현대 사회의 분위기 속에서 환대의 의미를 다시금 생각해 보아야 합니다. 오늘날의 여행은 재정적인 여유를 가지고 좋은 숙소에서 쉬면서 좋은 음식을 먹거나 쇼핑, 레저 등을 즐기는 것이지만, 고대 사회의 나그네들이 하는 여행은 생명을 걸고 해야 하는 위험하고도 절박한 것이었습니다. 현지 주민들이 잘 곳과 먹을 곳을 제공해 주지 않으면 매우 힘든 처지에 놓일 수밖에 없었습니다. 그렇다면 오늘날 누가 환대를 받아야 할 나그네라고 할 수 있을까요? 일견으로는 장애인들이나 노숙자들, 외국인 노동자나 다문화 가정의 아이들 같은 사람들이 떠오릅니다. 우리는 분명히 이들처럼 사회적으로 소외당하는 사람들을 사랑하며 환대하는 삶을 살아야 합니다. 그러나 서로 단절된 채 살아가는 오늘날의 우리 모두가 환대를 받아야 할 나그네라고 할 수 있습니다.

오늘날 우리는 서로를 향해 환대를 베풀어야 할 지경에 이르렀습니다. 우리가 서로 낯선 자로 살기 때문입니다. 현대 기술 문명의 발달로 몸은 편해졌지만, 정신적인 외로움이 더욱 심해졌음은 부인할 수 없는 사실입니다. 특히 도시에 사는 사람들은 아파트나 빌라와 같은 좁은 공간에 서로 모여 살고 있으면서도 마음으로는 멀리 떨어져 서로를 알지 못한 채로 살아가고 있습니다. 그리고 이로 인한 우울증이나 각종 중독 현상들, '주의력결핍 과잉행동장애'(ADHD)와 같은 정신적 질환이 날로 늘어가서 성인들뿐만 아니라 아이들까지 고통을 겪고 있습니다.

그러므로 우리는 환대하는 삶을 살아야 합니다. 환대는 매일 우리를 스치고 지나가는 모든 사람이 하나님의 형상대로 고귀하게 지음 받은 존재며 하나님에게 사랑받는 존재라는 사실에 기초하고 있습니다. 사람들이 환영받는 동시에 자신이 소중한 존재임을 느낄 수 있다면 환대의 일차적 목적은 달성된 것입니다. 전도하기 위해서 환대를 이용해서는 안 됩니다. 단지 전도라는 과업을 달성하기 위해 사람들을 특별 대접하는 것은 환대가 아닙니다. 환대는 하나님의 은혜로 구원받은 사실에 감사하며, 그 하나님의 시선으로 이웃을 존귀하게 여기며 사랑하는 것입니다.

환대하는 삶은 전도로 이어지게 됩니다

환대의 실천은 참된 전도로 이어지게 됩니다. 환대는 자칫하면 사람과 사람의 관계가 전도를 위한 비인격적 수단으로 전락될 수 있는 관계 전도의 맹점을 보완해 주기 때문입니다. 관계 전도와 환대를 통한 전도가 비슷해 보일 수도 있습니다. 그러나 분명한 차이가 있습니다. 관계 전도가 전도라는 목적을 위해서 관계를 맺는, 관계를 일종의 사전 작업처럼 바라본다면, 환대를 통한 전도는 사람을 사랑하고 존중하며 그의 필요를 채우는 일 자체를 일차적 목표로 본다는 점에서 다릅니다. 환대의 관점으로 전도를 바라보게 되면 새로운 길이 열리게 됩니다. 전도하겠다는 일념으로 사람에게 접근하는 것이 아닌, 먼저 따뜻한 시선으로 그 사람을 품을 수 있게 될 것입니다.

그리스도인은 사람들 사이에 놓여진, 낯설고 서먹한 장막을 뚫고 사람들에게 가까이 다가서는 자가 되어야 합니다. 이것이 바로 인간의 몸을 입고 이 땅에 오신 예수님의 방식입니다. 우리가 예수님을 닮은 삶을 살기 원한다면 그분처럼 다른 사람들에게 먼저 다가가고 말을 걸며, 필요를 채워 주는 환대의 삶을 살아야 합니다. 그럴 때 진정한 전도의 능력도 자라나게 됩니다.

바나바는 환대를 통한 전도자였습니다. 그의 본명은 '요셉'이었으나 사람들은 그에게 '위로의 아들'이라는 뜻의 '바나바'라는 별명을 붙여 주었습니다. 그래서 바나바는 요셉이라는 본명보다 바나바라는 이름으로 더 많이 불리게 된 것입니다. 성경은 바나바에 대하여 "바나바는 착한 사람이요 성령과 믿음이 충만한 사람이라 이에 큰 무리가 주께 더하여지더라"(행 11:24)고 말합니다. 바나바는 착한 사람으로서 만나는 사람들에게 환대를 베풀었으며, 뿐만 아니라 성령과 믿음이 충만하여 사람들을 그리스도께로 인도하였기 때문에 많은 사람이 주님에게로 돌아오는 역사가 그를 통해 나타났던 것입니다. 바나바처럼 환대하는 삶을 통해 다른 사람들을 구원하는 주님의 도구로 쓰임 받게 되기를 바랍니다.

핵심요약
1. 전도는 기도로 시작해서 기도로 끝난다고 해도 좋을 만큼 기도가 중요하다.
2. 먼저 사람들을 사랑하고 섬기자. 그리고 자신의 신앙을 담대히 표현하자.
3. 전도에 있어서 간증만큼 효과적인 방법이 없다.
4. 복음을 전할 때는 우물쭈물하지 말고 담대하고 자신 있게 전해야 한다.
5. 우리는 그저 복음을 전하는 도구일 뿐이다. 결과는 하나님에게 맡기고 인내심을 가지고 계속해서 복음을 전하자.

2. 개인 전도 매뉴얼

기도로 시작합니다

전도는 기도로 시작해서 기도로 끝이 난다고 해도 좋을 만큼, 전도에서 기도는 매우 중요합니다. 우리는 아무도 변화시킬 수 없습니다. 오직 하나님이 역사하셔야만 가능합니다. 따라서 우리는 예수 그리스도의 복음만이 인간을 새롭게 변화시키는 능력임을 믿음으로 고백하며 주님이 역사해 달라고 부르짖어 간구해야 합니다.

전도를 위한 기도는 자신을 위한 기도가 아닌 다른 사람의 영혼 구원을 위한 기도입니다. 그러므로 누구를 위해 기도할 것인지 명확하게 대상을 정하는 것이 좋습니다. 기도할 때는 전도 대상자의 영적 생명이 걸린 중대한 일임을 기억하며, 그 영혼을 사랑하는 마음으로 집중적으로 기도해야 합니다.

또한 전도의 모든 과정에서 하나님의 인도하심이 있기를 간구해야 합니다. 전도 대상자를 만나는 것부터 그에게 복음을 전하고 교회로 인도하는 일에 이르기까지 그 모든 과정에 하나님의 도우심을 구하고 지혜를 달라고 간구해야 합니다. 그리고 전도 대상자의 마음에 뿌린 복음의 씨앗이 싹이 나고 자라나서 열매를 맺을 수 있도록, 예수님을 믿고 구원받는 데 그치지 않고 예수 그리스도를 닮은 작은 예수로 성장할 수 있도록 계속 기도해야 합니다. 씨를 뿌리는 것은 전도자이지만, 그것을 자라게 하고 열매 맺게 하여 거두는 분은 하나님이십니다.

한 사람을 주님에게로 인도하는 전도는 영적 전쟁이기도 합니다. 그러므로 그 사람의 배후에 있는 마귀의 세력을 기도로 물리쳐야 합니다. 그를 영적으로 해방시키기 위해서 우리의 원수인 사탄을 예수님의 이름으로 물리쳐야 합니다.

사탄은 복음이 전파되는 것을 가장 싫어합니다. 그래서 우리가 전도할 때 갖은 방법으로 방해 공작을 펼칩니다. 그러나 예수님이 십자가에서 죽으시고 삼일 만에 부활하심으로 이미 이천 년 전에

〈요한일서〉3:8
죄를 짓는 자는 마귀에게 속하나니 마귀는 처음부터 범죄함이라 하나님의 아들이 나타나신 것은 마귀의 일을 멸하려 하심이라

마귀의 일을 모두 멸하셨습니다(요일 3:8). 그러므로 우리 그리스도인들은 예수님이 십자가를 통해 이루신 일을 사용하기만 하면 됩니다. 하나님의 전신 갑주로 무장하고 하나님의 말씀과 예수님의 보혈, 예수 그리스도의 이름이라는 권세를 사용하여 마귀와의 영적 전쟁에서 승리하기 바랍니다.

사랑으로 품어야 합니다

환대의 마음으로 주변을 돌아보면 사랑해야 할 이웃들, 예수 그리스도의 복음을 나누어야 할 이웃들을 계속 발견합니다. 그들에게 먼저 다가가십시오. 단순히 전도하겠다는 일념으로가 아니라 사람들을 사랑하고 섬겼던 예수 그리스도처럼, 이 세상 모든 사람을 사랑하는 하나님의 마음으로 섬기십시오. 그러면 전도의 기회는 자연스럽게 다가오게 됩니다.

이를 위해서는 평소에 환대를 통해 섬김의 삶을 살아갈 뿐만 아니라 자신의 신앙을 담대히 표현해야 합니다. 예를 들어, 상대방이 자신의 어려움이나 고충을 토로했을 때 이렇게 말하는 것입니다. "힘드시겠네요. 저도 당신을 위해 기도하겠습니다." 또 누군가에게 칭찬을 듣게 된 상황이라면, "아닙니다. 저는 부족한 것이 많습니다. 다만 예수님을 믿는 사람답게 살고자 애쓸 뿐입니다"라고 말하면 됩니다. 만일 상대방이 나의 어려움을 걱정할 경우에는, "저도 힘이 듭니다. 그렇지만 저에게 신앙이 있다는 사실이 큰 위로가 됩니다. 힘들 때마다 기도를 하면서 마음을 다스리고 있답니다"라고 대답하십시오.

특별히 고난 속에서 고통당하는 사람들과 함께하기 바랍니다. 고통당하는 사람들과 함께하며 그들의 슬픔을 나누는 일은 하나님이 원하시는 일이며, 이를 통해 전도의 문이 열리게 됩니다. 장례가 나면 시간을 내서 찾아가 슬픔을 당한 가족을 위로하고, 장례에 필요한 것을 도와주십시오. 그리스도의 사랑으로 유족들을 위로하고 돌볼 때 하나님의 큰 은혜가 있게 되고 귀한 사랑의 열매를 맺게 됩니다.

> 즐거워하는 자들과 함께 즐거워하고 우는 자들과 함께 울라 서로 마음을 같이하며 높은 데 마음을 두지 말고 도리어 낮은 데 처하며 스스로 지혜 있는 체 하지 말라 아무에게도 악을 악으로 갚지 말고 모든 사람 앞에서 선한 일을 도모하라(롬 12:15~17)

사람은 마음이 아플 때 누가 같이 옆에 있어만 주어도 마음에 위로가 됩니다. 같이 손을 붙잡고 울어만 주어도 위로가 됩니다. 특별히 사랑하는 사람을 먼저 떠나보낸 사람들, 병들어 아픈 사람들에게는 이러한 위로가 필요합니다. 이웃을 그리스도의 사랑으로 품으며 살아가기 바랍니다.

간증을 통해 삶을 나눕니다

전도자는 예수 그리스도의 증인입니다. 그러므로 성경과 기독교를 변증하려고 하지 말고 자신이 그리스도를 통해 보고 듣고 느끼고 변화된 체험을 그대로 증거해야 합니다. 간증만큼 전도에 효과적인 방법이 없습니다. 기독교의 기본적인 진리에 대한 설명은

변증
기독교에서 변증이란 우리가 믿는 진리를 논리적으로 해명하는 것을 말한다. 변증은 사회적으로 기독교에 대한 무관심과 비난이 높아지고 있기에 지속적으로 발전시켜 나가야 하지만, 대부분의 전도 현장에서는 변증이 아니라 복음을 통해 변화된 삶을 전하는 것이 효과적이다.

신앙생활을 해 본 적이 없는 사람에게는 자칫하면 이해하기 어렵고 딱딱한 말이 될 수 있습니다. 그러나 자기가 생생하게 체험한 간증은 듣는 사람이 부담 없이 들을 수 있고 감동을 받게 합니다. 설령 기독교의 핵심 진리에 대해 정확히 알지 못한다고 하더라도 예수님을 개인적으로 만난 체험이 확실하다면 간증을 통해 훌륭한 전도자가 될 수 있습니다.

전도에 필요한 간증은 세 단계로 구분할 수 있습니다.

구원받기 전의 모습 : 구원받기 전의 어두웠던 삶의 모습을 이야기해 줍니다. 예를 들어 죄책감, 불안, 죽음에 대한 두려움, 불만, 좌절, 외로움 등에 대해 솔직하게 말하면서 구원받지 못한 당시의 삶이 얼마나 공허하고 만족스럽지 못했는가를 전해 줍니다. 이때 주의할 것은 간증에 너무 부정적인 부분이 많아서는 안 된다는 점입니다. 전도를 위한 간증은 구원받기 전의 부정적인 모습보다는 구원받은 후의 긍정적인 모습을 강조해야 합니다. 그러므로 구원받기 전의 어두웠던 삶에 대해서는 한두 가지로 요약하여 말하는 것이 좋습니다.

구원받게 된 계기 : 어떤 계기로 예수님을 만나게 되었고 구원받게 되었는지를 알려 줍니다. 그때의 감격과 감정을 실감나게 전달하는 것도 좋은 방법입니다.

구원받은 후의 모습 : 예수님을 믿고 구원받은 후의 삶의 모습에 대해 말해 줍니다. 구원받은 후 얻게 된 기쁨과 삶의 목표에 대해 들을 때, 전도 대상자들은 복음에 흥미를 갖게 될 것입니다. 특별히 구원받기 전의 모습과 대비하여 말을 하면 효과적입니다. 예를 들어, 구원받기 전의 모습을 이야기할 때 불안을 강조했다면, 구원받은 후의 모습을 말할 때는 예수님 안에서 누리는 평안에 대해 강조하는 것입니다.

복음을 담대하게 전합니다

복음을 전할 때에는 확신 없는 태도로 우물쭈물하지 말고 담대하고 자신 있게 전해야 합니다. 또한 그리스도인은 언제나 복음을 전할 준비를 하고 있어야 합니다. 음식점에 가서 음식을 주문할 때에도 칭찬하면서 복음을 전하면 상대방이 거부감을 느끼지 않습니다. 저는 이런 식으로 전도합니다. "자매님은 얼굴을 보니 예수님만 믿으면 복을 받겠어요." 복 받는 것을 싫어하는 사람은 한 사람도 없습니다. 이때 "저 예수 잘 믿고 있습니다"라는 말을 들으면 "그러니까 인상이 그렇게 좋군요"라고 말하면 됩니다. 반면에 "제가 옛날에는 교회를 다녔는데 이렇게 생업 전쟁에 뛰어들어 바쁘다 보니까 교회를 못 다녀요"라는 말을 들으면 이런 사람은 꼭 붙잡아서 전도해야 합니다. 요즘 한국 교회에서는 주일 예배를 한 번만 드리는 경우는 많지 않습니다. 주일 오전과 오후, 저녁에도 드리고, 주일 새벽이나 토요일에도 예배 드리는 경우가 있습니다. 그러므로 아무리 바빠도 교회에 나와 예배 드릴 수 있는 시간은 많습니다. 그러므로 이런 경우에도 포기하지 말고 언제든 교회에 나오라고 전도해야 합니다.

그뿐입니까? 슈퍼마켓에 가서 물건을 살 때에도 계산하는 분에게 복음을 전할 수 있고, 택시를 탈 때 기사님에게도, 엘리베이터를 탔을 때도 동승한 분에게도 "예수 믿으세요"라고 인사하며 복음을 전할 수 있습니다.

요즘 사람들은 보통 엘리베이터에 타면 가만히 서서 내릴 때까지 침묵합니다. 그럴 때는 마치 싸운 사람들처럼 어찌나 분위기가 냉랭한지 모릅니다. 미국 사람들은 엘리베이터에 타면 처음 보는 사이라도 "Hi!"(안녕!) 하면서 반갑게 인사합니다. 우리 역시 우리가 만나는 사람에게 예수님의 사랑으로 반갑게 인사하고 복음을 전할 수 있기를 바랍니다.

또 우리는 종종 길거리나 지하철에서 동냥하는 사람들을 만납니다. 겉모습만 봐도 멀쩡한 사람들이 별로 없습니다. 그러면 자신도 모르게 인상을 찌푸리고 그 자리를 피하게 됩니다. 그러나 그런 사람들을 만나더라도 얼른 지나치려고만 하지 말고 작은 정성이라도 표현해 보십시오. 그리고 "예수님은 당신을 사랑하십니다"라고 말해 보십시오. 어떤 사람들은 돈 몇 푼 주면서 유난스럽게 군다고 수군거릴 수도 있습니다. 그러나 이러한 작은 실천이 주님의 사랑으로 다른 사람을 환대하는 훈련이 되며, 모르는 사람에게 담대히 복음을 전하는 훈련이 되기도 합니다. 하나님이 기회를 주실 때 머뭇거리지 말고 성령님을 의지하면서 담대하게 복음을 전하기 바랍니다.

인내하며 전도합니다

한 영혼이 주님에게 돌아오는 것을 옆에서 지켜보는 일만큼 즐겁고 보람 있는 일은 없습니다. 전도의 열매를 맺을 때 전도자는 이 세상의 무엇과도 바꿀 수 없는 감사와 기쁨을 누리게 됩니다. 그러나 전도를 한다고 해서 모두가 주님을 영접하는 것은 아닙니다. 오히려 믿는 사람보다 믿지 않는 사람이 더 많을 수도 있습니다.

하지만 우리는 실망할 필요가 없습니다. 전도에는 실패가 없기 때문입니다. 한 영혼이 구원받는 일은 전적으로 하나님이 역사하셔야 가능합니다. 우리는 그저 복음을 전하는 도구일 뿐입니다. 결과는 하나님에게 맡겨야 합니다.

또한 우리는 인내심을 가지고 계속해서 복음을 전해야 합니다. 열 번 찍어서 안 넘어가는 나무가 없다는 속담처럼, 한두 번 전도한 후에 결실이 없다고 물러서지 마십시오. 하나님은 뒤로 물러서는 사람을 기뻐하지 않으십니다. 계속해서 복음을 전하기 바랍니다. 물론 그렇다고 해서 상대방을 환대하는 태도를 잃어버려서는 안 됩니다. 끝까지 예의를 지키면서 온유와 겸손의 태도로 권면하십시오. 하나님은 선을 행하되 낙심하지 않고 인내하는 사람을 기뻐하십니다. 사도 바울은 〈데살로니가후서〉 3장 13절에서 "형제들아 너희는 선을 행하다가 낙심하지 말라"고 권면했습니다.

개인 전도법을 요약해 정리해 보세요.

1. 기도로 시작해야 합니다.
2. 사랑으로 품어야 합니다.
3. 간증을 통해 삶을 나눕니다.
4. 인내하며 전도합니다.

핵심요약 1. 예수 그리스도의 증인답게 살아가기 위해서는 성령 충만을 받아야 한다.
2. 성령을 받으면 권능을 받아 목숨을 내놓고 복음을 전하는 증인이 된다.
3. 지금 내가 살고 있는 삶의 현장에서부터 땅끝에 이르기까지 예수님의 증인으로 살아야 한다.

3. 땅끝까지 이르는 전도자

우리가 이 세상에 태어나 체험하는 가장 큰 기적은 예수님을 믿고 구원받는 일입니다. 우리는 모두 아무런 자격이 없는 죄인임에도 불구하고 하나님의 은혜로 값없이 구원받아 하나님의 자녀가 되었습니다. 그런데 예수님을 믿은 후에 그다음으로 우리에게 꼭 필요한 것이 있습니다. 그것은 바로 성령 충만입니다. 예수님을 믿으면서도 늘 문제가 있고, 죄의 유혹에 넘어지며, 상처를 받는 삶을 살고 있다면, 예수 그리스도의 증인으로 살아야 한다는 것을 알면서도 그렇게 살지 못하고 있다면, 성령 충만하지 못하기 때문입니다. 우리가 문제와 어려움을 이기고 예수 그리스도의 증인답게 살아가기 위해서는 성령 충만을 받아야만 합니다.

성경을 보면 하나님의 사람들은 언제나 성령으로 충만함을 받아서 하나님이 맡겨 주신 사명을 잘 감당했습니다. 구약시대에는 특별히 하나님이 택한 사람들에게 성령을 부어 주셨습니다. 그러나 신약시대에 와서는 예수님을 믿고 구원받은 누구든지 성령 충만을 사모하기만 하면 성령의 사람이 되어서 승리하는 삶을 살 수 있게 만들어 주셨습니다.

〈사도행전〉 1장 8절은 〈사도행전〉 전체의 요절에 해당하는 말씀이고, 초대교회 성도들만이 아니라 오늘을 살아가는 모든 그리스도인에게 주신 하나님의 축복의 말씀입니다. 이 말씀을 통해 땅끝까지 나아가 예수님의 피 묻은 복음을 힘 있게 증거하는 그리스도의 증인으로 살아가기 바랍니다.

오직 성령이 너희에게 임하시면 너희가 권능을 받고 예루살렘과 온 유대와 사마리아와 땅끝까지 이르러 내 증인이 되리라(행 1:8)

성령 충만한 전도자가 됩시다

예수님은 제자들과 함께 마지막 만찬을 나누는 자리에서 성령을 보내 주마 약속하셨습니다(요 14:16). 또한 예수님은 승천하기 전에도 제자들에게 예루살렘을 떠나지 말고 하나님 아버지께서 약속하신 것, 즉 성령으로 침례받을 것을 기다리라고 말씀하셨습니다(행 1:4~5).

〈요한복음〉 14:16
내가 아버지께 구하겠으니 그가 또 다른 보혜사를 너희에게 주사 영원토록 너희와 함께 있게 하리니

제자들은 이 약속의 말씀을 붙잡고 예루살렘에 모여 기도했습니다. 약 120명의 제자가 마가의 다락방에 모여서 성령받기 위해서 한마음으로 간절히 부르짖었습니다(행 1:14). 기도를 시작한 지 열흘째 되던 오순절 날, 성령님이 바람같이 불같이 임하셨습니다. 성령님이 임하시자 그들은 입을 열어 방언을 말하며 하나님을 찬양했습니다(행 2:1~4).

〈사도행전〉 1:14
여자들과 예수의 어머니 마리아와 예수의 아우들과 더불어 마음을 같이하여 오로지 기도에 힘쓰더라

사도 바울이 에베소를 방문했을 때 그곳에는 아볼로가 세운 에베소교회가 있었습니다. 그렇지만 에베소교회는 성도가 12명밖에 없었습니다. 왜 그랬을까요? 문제는 성령 충만하지 않은 데 있었습니다. 바울이 "너희가 믿을 때에 성령을 받았느냐?"라고 물었을 때, 에베소교회의 성도들은 성령님이 계시는 것도 듣지 못하였다고 대답했습니다(행 19:2).

우리가 예수 그리스도의 증인답게 살아가기 위해서는 성령을 받아야 합니다. 성령의 계심을 알고 성령의 능력을 아는 것으로만

그쳐서는 안 됩니다. 실제로 성령 충만을 받아야 합니다. 성령 충만할 때, 우리는 예수 그리스도의 복음을 전하는 전도자로서 살아갈 수 있습니다.

하나님의 권능이 함께하시는 전도자가 됩시다

성령님이 임하면 권능을 받게 됩니다. 만약 권능을 받지 않았다면 그것은 아직 성령을 받은 것이 아닙니다. 성령을 받았으면 약속의 말씀대로 권능을 받아야 합니다.

'권능'이란 헬라어로 '두나미스'라고 합니다. '다이너마이트'가 이 단어에서 나왔는데, 그만큼 폭발력이 아주 큰 힘을 의미합니다. 그러므로 우리가 성령을 받으면 태산 같은 문제도 터트려 버리는 큰 권능을 받게 됩니다. 우리는 이 같은 성령의 권능을 받아서 우리에게 다가오는 모든 문제를 싸워 이기고 예수 그리스도의 복음을 만방에 전하는 주님의 일꾼이 되어야 합니다.

예수님의 제자들은 사실 제대로 된 교육을 받지도 못했고 가진 재산도 많지 않았으며 부족한 것 투성이였습니다. 그러나 그들이 성령을 받자 온 세상을 뒤집어 놓은 권능의 사도들이 되었습니다. 예수님을 세 번이나 부인한 베드로가 성령받고 나서 말씀을 전하자 하루에 삼천 명, 오천 명이 회개하고 주님에게 돌아오는 역사가 일어났습니다(행 2:41, 4:4).

우리에게 성령의 권능이 임하면 예수님이 말씀하신 대로 믿는 자들에게 따르는 표적이 우리에게도 나타나게 됩니다.

〈마가복음〉 16장 17~18절 말씀을 적어 보세요.

믿는 자들에게는 이런 표적이 따르리니 곧 그들이 내 이름으로 귀신을 쫓아내며 새 방언을 말하며 뱀을 집어올리며 무슨 독을 마실지라도 해를 받지 아니하며 병든 사람에게 손을 얹은즉 나으리라

예수님의 약속입니다. 믿는 자는, 예수 그리스도의 이름으로 귀신을 쫓아내며, 새 방언을 말하며, 뱀을 만지며, 어떤 독에도 탈나지 않으며, 병든 사람에게 손을 얹으면 낳는다는 것입니다.

낙도 선교회에서 펴낸 《교회 하나만 주고 가이소》에 실린 이야기입니다. 신학생들이 매년 여름마다 농촌에 복음을 전하러 가는데, 한 번은 마을 주민들이 부정 탄다며 아예 마을에 들어오지도 못하게 했습니다. 선교팀은 하는 수 없이 마을 밖에 텐트를 치고 아이들에게 먼저 복음을 전했습니다. 다행히 아이들은 예수님을 영접했고 선교팀은 여름성경학교를 시작할 수 있었습니다.

그러나 선교 팀원들은 어른들에게도 복음을 전하고 싶었습니다. 그래서 그들은 아이들을 이끌고 성황당 그늘에서 잠을 자는 할아버지, 할머니가 있는 쪽으로 갔습니다. 아이들에게 복음을 전하는 척하면서 할머니, 할아버지에게 복음을 전하려는 속셈이었습니다.

"얘들아, 저 나무와 꽃들은 누가 만드셨지?"

"하나님이요!"

"누구라고? 큰 소리로 말해 봐."

"하나님이요!"

"그래, 하나님이시란다. 하나님은 전능하셔서 뭐든지 못하시는 일이 없는 분이야. 너희들 모두 믿지?"

"아멘!"

그러자 주무시던 할아버지들 가운데 한 분이 일어났습니다.

"어이, 젊은이. 하나님이 정말 전능하신가? 뭐든지 못하시는 일이 없나?"

"그럼요. 하나님은 뭐든지 못하는 일이 없으세요."

"그럼 내 다리 한번 고쳐 보거라. 나는 어릴 때부터 소아마비에 걸려 이 다리를 못 썼다."

그러면서 할아버지는 두 다리를 쭉 내밀었습니다. 그 자리에 있던 선교 팀원들은 덜컥 겁이 났습니다. 팀원들 중에는 병자를 치유하는 기적을 행하거나 체험한 사람이 아무도 없었기 때문입니다. 그러나 팀장은 평생 처음 해보는 신유 기도였지만 하나님이 고쳐 주실 것을 믿고 팀원들과 다리 하나를 붙잡고 한참 동안 간절히 기도했습니다.

"주여, 낫게 해 주십시오. 믿습니다!"

기도가 끝난 후 팀장은 하나님이 다리를 낫게 하셨다고 담대히 선포했습니다. 그런데 할아버지는 "이놈들아, 이 다리가 아니야. 아픈 다리는 이쪽 다리야!"라고 하는 것이 아니겠습니까. 그래서 팀장과 팀원들은 다시 다른 다리를 붙잡고 간절히 기도했습니다.

"주여, 이쪽 다리랍니다. 낫게 해 주십시오. 믿습니다!"

한참을 기도한 후 팀장 전도사가 다시 외쳤습니다.

"할아버지, 일어나 보세요. 예수님의 이름으로 명하노니 일어나 걸어가라!"

그러자 할아버지가 팔짝팔짝 뛰면서 "신기하네. 내가 다 나았다! 내가 다 나았다!"라고 외치기 시작했습니다. 그 모습을 보고 팀원들도 놀랐습니다. 자기들이 기도해 놓고 자기들이 놀랐습니다. 결국 이 사건을 통해 하나님은 그 마을에 복음의 뿌리가 내리게 하셨고, 마침내는 교회를 세우게 하셨습니다.

이와 같이 우리가 성령을 받아 우리에게 권능이 임하면 지금도 놀라운 기적이 일어나고 하나님의 축복이 다가오게 됩니다.

순교자적인 증인으로 사는 전도자가 됩시다

우리가 성령을 받으면 권능을 받게 되는데, 이 권능은 하나님이 우리를 예수 그리스도의 증인으로 세우기 위해 주는 것입니다. '증인'은 헬라어로 '마르투스'라고 하는데, 이 단어는 '순교자'라는 의미를 함께 가지고 있습니다. 우리가 성령받으면 권능을 받아 목숨을 내놓고 복음을 전하는 증인이 됩니다.

이 말씀 그대로 수많은 주님의 일꾼이 주의 복음을 전하다가 순교했습니다. 사도 베드로는 십자가에 거꾸로 달려 순교했습니다. 사도 바울은 목 베임을 당해 순교했습니다. 마가는 알렉산드리아에서 순교했고, 빌립은 소아시아에서 십자가를 지고 순교했습니다. 바돌로매는 온몸의 가죽이 벗겨지는 고통 속에서 순교했습니다. 도마는 인도에서 순교했고, 마태는 에디오피아에서 창에 찔려 순교했으며, 맛디아는 예루살렘에서 돌팔매질을 당한 뒤에 목 베임을 당해 순교했습니다. 안드레는 에데사에서 십자가에 못 박혀 순교했고, 누가는 그리스에서 감람나무에 매달린 채 순교하였습니다.

이와 같이 수많은 사람이 예수 그리스도의 복음을 전하다가 피를 흘렸습니다. 그들이 흘린 피가 있었기에 헤아릴 수 없는 많은 영혼이 주님에게 돌아올 수 있었습니다.

내가 진실로 진실로 너희에게 이르노니 한 알의 밀이 땅에 떨어져 죽지 아니하면 한 알 그대로 있고 죽으면 많은 열매를 맺느니라(요 12:24)

루비 켄드릭 (1883~1908)
24세 젊은 나이로 조선에 와서 불과 8개월 만에 순교한 미국 남감리교회의 선교사. 해외 선교사가 되기로 결심하고 텍사스 여자고등성경학교를 졸업했다. 1907년 9월에 남감리회 여자외국선교부의 파송을 받아 조선으로 달려왔다. 그러나 이듬해 맹장염에 걸려 수술을 받았지만 회복하지 못하고 천국으로 갔다.

양화진에는 조선 땅에 선교사로 온 지 1년도 채 안 되어 25세의 나이로 주님의 품에 안긴 루비 켄드릭 선교사님의 무덤이 있습니다. 비문에 "내게 천의 생명이 있다면 그 모두를 조선을 위해 바치겠다"고 새긴 그녀의 무덤은 보는 이로 하여금 숙연한 마음을 갖게 합니다. 그녀는 죽기 전에 다음과 같은 내용의 편지를 부모님에게 보냈습니다.

아버지, 어머니! 이곳 조선 땅은 참으로 아름다운 곳입니다. 모두들 하나님을 닮은 사람들 같습니다. 선한 마음과 복음에 대한 열정으로 보아 아마도 몇 십 년이 지나면 이곳은 예수님의 사랑이 넘치는 곳이 될 것 같습니다. 저는 복음을 듣기 위해 20㎞를 맨발로 걸어오는 어린아이들을 보며 그들 안에 있는 하나님의 사랑으로 인해 위로를 받았습니다.
그러나 한편에서는 탄압이 점점 심해지고 있습니다. 그저께는 예수님을 영접한 지 일주일도 안 된 성도 서너 명이 끌려가 순교했고, 토마스 선교사와 제임스 선교사도 순교했습니다. 선교 본부에서 철수하라는 지시가 있었지만 대부분의 선교사는 그들이 전도한 조선인들과 숨어서 아직도 예배를 드리고 있습니다. 그들은 순교를 할 작정인가 봅니다.
오늘 밤은 유난히도 고향으로 돌아가고 싶습니다. 외국인을 죽이고 기독교를 증오한다는 소문 때문에 부두에서 저를 끝까지 말리셨던 어머니의 얼굴이 자꾸 제 눈앞에 어른거립니다.
아버지, 어머니! 어쩌면 이 편지가 마지막일 수도 있습니다. 제가 이곳에 오기 전 뒤뜰에 심었던 한 알의 씨앗이 자라서 이제 내년이면 온 동네가 꽃으로 가득하겠지요? 그리고 또 다른 씨앗을 만들어 내겠지요?
저는 이곳에서 작은 씨앗이 되기로 결심했습니다. 제가 씨앗이 되어 이 땅에 묻히면 조선 땅에는 많은 꽃이 피고 그들도 여러 나라에서 씨앗이 될 것입니다. 저는 이 땅에 저의 심장을 묻겠습니다. 저는 조선을 향한 저의 열정이 아니라 하나님이 조선을 향해 가지신 열정을 알게 되었습니다.
어머니, 아버지! 사랑합니다.

우리나라에 복음이 전해질 수 있었던 것은 루비 켄드릭 선교사님처럼 순교자적 영성을 가진 수많은 선교사님의 헌신이 있었기 때문입니다. 우리는 우리 신앙의 선배들의 이 같은 헌신을 기억하고 그들과 같은 순교자적 영성을 가지고 땅끝으로 나아가야 합니다. 전 세계의 영혼이 우리를 부르고 있습니다.

우리는 하나님 앞에서 자랑할 것이 아무것도 없는 죄인이었지만, 하나님은 우리를 사랑하여 예수 그리스도의 십자가 공로로 구원해 주셨습니다. 우리 모두는 이 놀라운 사랑과 은혜를 받은 사람들입니다. 그러므로 우리는 값없이 받은 사랑과 은혜를 다른 사람들에게 전하며 살아야 합니다. 선교를 시작하고 이끌어 가며 완성하시는 성령님으로 충만하여서 예수 그리스도의 피 묻은 복음을 전해야 합니다. 우리가 살아가는 삶의 현장에서부터 땅끝에 이르기까지 예수님의 증인으로 살아야 합니다. 예수님의 마지막 명령이자 부탁인 선교의 사명을 감당함으로써 하나님을 기쁘게 해 드리시기 바랍니다.

어떻게 선교의 사명을 감당할 수 있는지, 지금 할 수 있는 일을 적어 보세요.

- 전도할 대상자를 정하고 그들을 위해 매일 기도한다.
- 전도할 대상자들과 자주 소통한다.
- 세계에 나가 있는 선교사님을 위해 기도한다.
- 선교헌금을 한다.
- 선교회에 가입하여 활동한다.
- 한 나라를 정해 그 나라의 복음화를 위해 기도한다. 등